Vercors

ANNA BOLEYN

40 entscheidende Monate in Englands Geschichte

Vercors

Anna Boleyn

40 entscheidende Monate in Englands Geschichte

Weltbild Verlag

Titel der französischen Originalausgabe:
„Anne Boleyn. Les 40 mois qui ont fait l'Angleterre."
Deutsche Bearbeitung von
Susanne E. Bally

Genehmigte Lizenzausgabe für
Weltbild Verlag GmbH, Augsburg 1995
© für die Originalausgabe by
Librairie Académique Perrin, Paris
© für die deutschsprachige Ausgabe by
Casimir Katz Verlag, Gernsbach
Umschlaggestaltung: Adolf Bachmann, Reischach
Umschlagbild: Publication Department National Portrait Gallery, London
Gesamtherstellung: Kösel, Kempten
Printed in Germany
ISBN 3-89604-061-8

INHALTSVERZEICHNIS

EINFÜHRUNG:

WARUM
ANNA BOLEYN?

VERCORS, Pseudonym für Jean Marcel Bruller, der Autor dieses Buches, wurde 1902 in Paris geboren und begann seine Künstlerlaufbahn als Zeichner und Radierer. 1941 veröffentlichte er im Pariser Untergrund seine erste Novelle „Le silence de la mer", die weltweit Beachtung gefunden hat. Ihr folgten zahlreiche Romane, Essays und historische Werke. 1981 erhielt er den Preis des Europarats für sein Buch „Moi, Aristide Briand". VERCORS ist aber auch als Autor und Bühnenbildner verschiedener Theaterstücke und durch eine selbst illustrierte Hamlet Übersetzung berühmt geworden und beweist durch diese vielseitige künstlerische Tätigkeit seine Aufgeschlossenheit gegenüber den Problemen unserer Zeit und den historischen Hintergründen, die die Völker zu dem machten, was sie heute sind. Immer wieder wirft er Fragen nach den Ursachen ihrer Eigenheiten und Konflikte auf und versucht, Entwicklungen und Irrwegen auf den Grund zu gehen.

So hat er auch das Schicksal Anna Boleyns, der fast vergessenen Königin von England ans Tageslicht gezogen und seine Ehre darangesetzt, sie vor den Augen der Welt zu rehabilitieren.

Während der Studien zu seinem mehrbändigen Werk „Hundert Jahre französische Geschichte" hat er sich immer wieder die Frage gestellt, die ihn nicht mehr losließ: Warum ist England, das doch zu Europa gehört, so anders als die Länder auf dem Kontinent? Woher mag den Engländern das Gefühl der Besonderheit, ja der Überlegenheit kommen, das sie heute kennzeichnet und zu einem manchmal schwierigen Handels- und Bündnispartner macht? Aus der natürlichen Insellage des Landes? Wann aber ist England auch geistig zur Insel geworden und wodurch?

9

Dazu der Autor: Gemessen an seiner mehr als zweitausendjährigen Geschichte ist das garnicht einmal so lange her. Schweifen wir zurück ins 16. Jahrhundert. Damals hat sich England von den Staaten des Kontinents kaum unterschieden und entsprach auch nicht dem festumgrenzten Inselreich, das wir heute kennen.

Zunächst mußte das englische Königreich die Insel noch mit Wales und Schottland teilen, das ihm, mit Frankreich verbündet, in einem dauernden Machtkampf die Vormachtstellung streitig machte. Außerdem war der englische König jahrhundertelang Herrscher über weite Landstriche auf dem Festland und durch sie mit dem Kontinent verkettet. Vor allem aber war England, wie Frankreich, Spanien und Zentraleuropa vom Rhein bis an die Weichsel Tochter der römischen Kirche und damit Teil jener apostolischen, alle Länder dominierenden Gemeinschaft, in welcher der Papst über Kaiser und Könige herrschte.

Im Laufe der Zeit hat sich der ethymologische Sinn der Wörter „Religion" und „katholisch" verschoben. Ursprünglich war „katholisch" dem Begriff des Universellen, Allumfassenden gleichzusetzen, „Religion" mit dem des einenden Bandes. Heute haben sich diese Bande in Europa erheblich gelockert. Zur Zeit Heinrichs VII. und VIII. jedoch waren sie eng geknüpft. Rom verband, bestimmte, kontrollierte alles. Um zu sich selbst zu finden, mußte England diese Bindung lösen, d.h. die Kirchenspaltung herbeiführen, die ihm die freie Fahrt in die Geschichte ermöglichte. Einmal der Allmacht des Heiligen Stuhls entzogen, und 1534 durch die Gründung einer eigenen Kirche zur geistigen Selbständigkeit gelangt, konnte sich die Trennung vom Kontinent und die Wandlung zu der Inselfestung vollziehen, an der mancher Eroberungsgedanke zerschellte.

Durch diese Erkenntnis wurde meine Aufmerksamkeit zwangsweise auf die Regierungszeit Heinrichs VIII. und auf eine Persönlichkeit gelenkt, die auf den ersten Blick nur eine Nebenrolle gespielt zu haben schien: Anna Boleyn. Bei näherer Betrachtung jedoch muß dieser Königin, der allgemein so wenig Achtung gezollt wird, ein entscheidender Einfluß auf die Entwicklung ihres Landes und insbesondere auf das Bewußtsein seiner Sonderstellung unter den Völkern zugesprochen werden. Es wurde mir klar, daß nicht etwa der König, sondern vielmehr seine zweite Gemahlin, eben Anna Boleyn, die Königin der tausend Tage, die treibende Kraft zur Kirchenspaltung war. Dieser Überzeugung möchte ich das Wort leihen.

Das Bild, das in den Werken, die über die sechs Gattinnen Heinrichs VIII. erschienen, von Anna Boleyn gezeichnet ist und das auch in den wenigen ihr allein gewidmeten unverändert übernommen wird, ist weder schmeichelhaft noch überzeugend: es ist das Bild einer eitlen, oberflächlichen, rücksichtslosen und nicht einmal schönen Karrieristin, ehrgeizig genug, um sich in den Kopf zu setzen, die rechtmäßige Königin zu verdrängen und deren Platz einzunehmen. Nun stammte Anna Boleyn aus der Familie eines vermögenden Londoner Tuchhändlers, während die Königin, Katharina von Aragon, Tochter des spanischen Königshauses, von unantastbarem Adel war. Der Gedanke allein an ein solches Unterfangen schien nicht nur völlig aussichtslos, sondern zudem Ausdruck maßloser Dummheit.

Anna Boleyn war aber keineswegs dumm. Im Gegenteil. Alle Autoren sprechen ihr eine außergewöhnliche Intelligenz zu. Sie soll die geistreichste und zugleich scharfsinnigste und weitblickendste Frau am englischen Hof gewesen sein. Dieser seltsame Widerspruch zwischen Intelligenz und Oberflächlichkeit schien die Chronisten nicht zu wundern, veranlaßte mich jedoch, den Dingen auf den Grund zu gehen.

Gleich von Heinrichs ersten Gunstbezeugungen an stand es für Anna fest, daß sie von einer Liebschaft nichts wissen wollte, sondern eine Heirat mit dem König anstrebte. Ein gefährlicher Plan, der sie das Leben kosten konnte. Ist es möglich, daß eine intelligente Frau für eine Laune ein derartiges Risiko eingeht? Vielleicht müßte man die Frage anders stellen: Wofür lohnt sich das Risiko? Für den Fall, daß sie politische Pläne größeren Ausmaßes hegt.

Hätte Anna eine der üblichen weiblichen Ambitionen am Hofe im Kopf gehabt, so hätte sie ihren sicheren Weg als Favoritin beschreiten können, denn zur Zeit Heinrichs VIII. war dieser Stand für Damen bürgerlicher Herkunft nicht nur aller Ehren wert, sondern auch ein einträgliches Geschäft. Die Unbeständigkeit des Königs machte zwar ein längeres Verweilen auf diesem Platz unwahrscheinlich, doch konnte man immerhin eine Zeitlang Glanz und Ansehen an seinem Hof genießen und sich dann mit irgendeinem reichen Lord vermählen lassen. Welche Tochter des kleineren oder größeren Geldadels hätte an Annas Stelle nicht diesen Weg des raschen Aufstiegs gewählt, entschlossen, das Leben zu genießen statt es in einem Kampf mit höchst fraglichem Ausgang zu opfern? Dem Opfer müßte schon ein sehr hohes Ziel zu Grunde liegen.

Hinzukommt, daß Anna, wie alle Frauen ihres Zeitalters, streng gläubig und gottesfürchtig war. Sie wußte also genau, daß die Auflösung der heiligen Bande der Ehe zwischen Katharina und Heinrich ein Akt gegen die katholischen Glaubensgesetze und gegen die allmächtige römische Kirche war. Doch statt nachzugeben, beharrte sie auf ihrem Standpunkt und ließ es bis zur Exkommunikation kommen, die damals eine Strafe von wahrhaft tragischen Ausmaßen darstellte. Derartiges unüberlegt herbeizuführen, wäre ein Zeichen sträflichen Leichtsinns und widerspräche der Standhaftigkeit, mit der sie ihren Plan verfolgte.

Heinrichs Flatterhaftigkeit war bekannt. Er liebte es, sich mit schönen Frauen zu umgeben. Könnte eine Ehe mit ihm von Dauer sein? Würde er nicht, durch die unchristliche Scheidung und die von allen mißbilligte Heirat endlich ans Ziel seiner Wünsche gelangt, das erprobte Rezept bei der nächsten Frau anwenden, die seine Aufmerksamkeit zu fesseln wußte? Und wäre dann Anna Boleyn nicht unendlich viel leichter zu entthronen als vor ihr die königliche Katharina? Sie war intelligent genug, diese Gefahr zu erkennen und die Zukunft hat bewiesen, daß Heinrich diesen Weg noch viermal einschlagen sollte.

Die Biographen malten Annas Bild in den schwärzesten Farben. Ihren Beschreibungen nach soll sie als junges Mädchen kultiviert, charmant und fröhlich, als Frau ehrgeizig und eigensinnig und als Königin schließlich bösartig, verbittert und rachsüchtig gewesen sein, eine Frau, die über Leichen ging. Woher hatten die Chronisten diese Berichte, zunächst rosenrot, dann pechschwarz gefärbt? Die Quellen sind rar und hauptsächlich in den Botschaften zu finden, die der kaiserliche Gesandte Chapuis an seinen Auftraggeber Karl V. schickte (Karl V. war, wie erwähnt, Katharinas Neffe und daher grundsätzlich auf ihrer Seite). Sie erscheinen außerdem in der Korrespondenz von Höflingen und Vertretern des Hochadels, die Zeugen ihres Aufstiegs wurden. Mit anderen Worten, die Berichte stammen aus der Feder ihrer Feinde. Durch ihren Ursprung werden die Widersprüche erklärlich, die sie enthalten.

So soll Anna keine liebenswerte Frau gewesen sein. Daß ausgerechnet Heinrich VIII., der Frauenkenner, sie anbetete, war wohl reiner Zufall. Oder gar die Folge eines Zaubertranks? Es wird aber auch berichtet, daß sie von zahlreichen Rittern am französischen Hof und vielleicht von Franz I. selbst umschwärmt wurde; später von Henry Percy, dem zukünftigen Herzog von Northumberland und von ihrem Vetter Thomas Wyatt, dem berühmten Dichter, geliebt. Alle Edelleute ihres Gefolges waren ihr in unerschütterlicher

Treue ergeben und die meisten folgten ihr bis in den Tod. Für eine Frau, der nachgesagt wird, daß sie ihren Mitmenschen nicht begehrenswert erscheint, ist das Resultat nicht so übel. Wahrscheinlich liegen Mißgunst und Schadenfreude den Berichten eher zu Grunde als Objektivität.

Im vorliegenden Buch versuche ich, meiner persönlichen Überzeugung das Wort zu leihen und zu beweisen, daß es eine andere Anna Boleyn gab. Es war mein Bestreben, den Vorkommnissen eine logische Deutung zu geben, ohne die Ereignisse im Sinne meiner Ideen zu verzerren, aber auch ohne den Anspruch auf absolute Unparteilichkeit zu erheben. Die Dialoge zwischen Anna Boleyn und der Erzählerin sind frei erfunden, stützen sich jedoch ausnahmslos auf Tatsachen. Ich habe meinem Buch den Untertitel „Ein parteiisches, historisches Essay" gegeben und hoffe, daß es den Leser in Bezug auf gewisse „geschichtliche Tatsachen" zum Nachdenken zwingt.

EIN WENIG VORGESCHICHTE

KATHARINA

Nach der kurzen Regierungszeit Eduards VI., Sohn aus der Ehe Heinrichs VIII. mit Jane Seymour, bestieg Maria, seine Tochter aus erster Ehe (mit Katharina von Aragon) den Thron von England. Sie ist als „Maria die Katholische" und „Maria die Blutige" in die Geschichte eingegangen, denn sie richtete unter den Protestanten ein Blutbad an und setzte alles daran, das Land in den Schoß der Kirche zurückzuführen, was ihr vorübergehend gelang. Nach ihrem Tod schlug endlich die Stunde für Elisabeth Tudor, Tochter der Anna Boleyn. Zweimal waren ihr die Thronrechte abgesprochen und wieder bestätigt worden. Unter Eduard VI. verbannt, unter Maria der Blutigen ins Gefängnis geworfen, nahm sie, 1558 an die Macht gelangt, die Zügel der Regierung in die Hand und vollzog erneut die Trennung von Rom. Damit trat sie ganz bewußt in die Fußstapfen ihrer Mutter. Das Erbe, das sie antrat, war indessen weniger großartig, als man heute annehmen könnte. In der Mitte des 16. Jahrhunderts spielte das zukünftige Großbritannien nur eine untergeordnete Rolle in Europa und befand sich auf dem 9. Rang unter den Großmächten seiner Zeit. Es besaß keine Kolonien, keine Besitzungen auf dem Festland und vor allem keine Flotte, die diesen Namen wirklich verdiente! Unter Elisabeth sollte sich das ändern.

Das Schisma hatte England in der europäischen Völkergemeinschaft isoliert. Elisabeth erkannte, daß die Entwicklung von Industrie, Landwirtschaft und eigenen Handelsunternehmen zu einer Lebensnotwendigkeit wurde. Sie war es aber auch, die endlich den Bau einer großen Handels- und Kriegsflotte anregte, ohne die England ein unbedeutender Kleinstaat geblieben wäre.

Heinrich VIII. genießt in der Geschichte allgemein den Ruf eines zwar willkürlichen, aber entschlossenen, scharfsinnigen und geschickten Herrschers. In Wirklichkeit würde die Beschreibung eines wankelmütigen Despoten besser zu ihm passen. Die großen Ereignisse, die seine Regierungszeit kennzeichnen, sind weniger seiner Initiative als seiner Beeinflußbarkeit, manchmal seiner Entschlußlosigkeit zuzuschreiben. Sie fanden gewissermaßen ohne sein Zutun statt.

Zu Beginn des 16. Jahrhunderts gehörte das Königreich der Plantegenets, die über beide Ufer des Ärmelkanals und große Teile Frankreichs geherrscht hatten, längst der Vergangenheit an, und England war zu einem Kleinstaat auf seiner Insel zusammengeschrumpft. Innere Machtkämpfe hatten seine Kräfte aufgezehrt, das dünnbesiedelte Land war wenig oder schlecht bestellt, die schwache Bevölkerung noch nicht zu einer Nation zusammengewachsen. Man vergißt zu leicht, daß England mit seinen drei Millionen Einwohnern damals weniger Seelen zählte als Venedig, daß Franz I. fünfmal mehr Menschen unter seinem Zepter vereinigte, Karl V. zwanzigmal soviele. Verglichen mit Frankreich, Italien, Spanien und Deutschland lebte England noch im Mittelalter, vom Geist der Renaissance noch kaum berührt. Während in Italien Maler, Bildhauer und Architekten ein neues Zeitalter der Kunst heraufbeschworen, in Frankreich ein Fouquet, ein Clouet, ein Ambroise Paré bereits den Weg zu Rabelais und Montaigne wiesen, während Spanien seine Conquistatoren auf die Entdeckung einer neuen Welt schickte und sich zwischen Flandern und Polen die Gedankenwelt eines Erasmus, eines Luther, eines Kopernikus ausbreitete, die Kunst der van Eyck, von Dürer und Altdorfer blühte, während also ganz Europa im Umbruch war und von einem Wirbel neuer Ideen, Schöpfungen und Entdeckungen erfaßt wurde, kristallisierte sich das geistige Leben in England auf einen Namen: Thomas Morus, einziger Nachfolger von Bacon und Chaucer.

Als Heinrich VIII. 1509 den Thron besteigt, gibt es in England keinen Künstler, keinen Gelehrten, der dem Beginn seiner Regierungszeit Glanz und Gewicht verleihen könnte. Und doch mangelt es am englischen Hof nicht an Interesse für das, was auf dem Festland vorgeht. Wie auf dem Kontinent blicken auch hier alle Augen auf Italien, wie seinerzeit die Augen des antiken Roms auf Griechenland gerichtet waren. Es mangelte also nicht an Wunsch und gutem Willen. Wenn Heinrich es seinen Rivalen Franz I. und Karl V. nicht gleichtun und die Meister aus Florenz, Rom oder Perugia an seinen Hof berufen kann, so hat das einen einzigen Grund: die Knappheit seiner Mittel.

18

Knappheit an Menschen und Geld. Als sein Vater Heinrich Tudor, Heinrich VII. genannt, 1485 den letzten York, Richard III. geschlagen und, wie man ihm verächtlich nachsagt, „seine Krone im Dorngestrüpp von Bosworth aufgesammelt hatte", fand er die Staatskasse leer, die Einkünfte versiegt, die Verwaltung durch die jahrelangen inneren Kämpfe zwischen der roten und der weißen Rose zerrüttet und das Land in den Händen mächtiger Barone. So war es nach seinem Sieg, der dem endlosen Krieg der Könige ein Ende setzte, seine erste Sorge, die Dynastie der Tudor zu sichern, indem er die Ordnung im Lande wieder herstellte und Verhandlungen mit Frankreich, dem erbittertsten Gegner, anknüpfte. Während einiger Jahre hielt er sich den Konflikten auf dem Festland fern und benützte diese Friedenszeit, um den Staatssäckel zu füllen. Mißgünstige Geister verspotteten ihn als „Krämerseele", aber sein Sohn und Nachfolger Heinrich VIII. fand bei seinem Tod volle Kassen vor. Im Vergleich mit den Fürsten auf dem Kontinent war er jedoch immer noch arm dran. Die Einkünfte des Königs von Frankreich waren sechsmal höher als die seinen, die des Kaisers neunmal und diejenigen des Sultans von Konstantinopel stellten das zwölffache dar. Selbst die Serinissima war reicher als der König von England.

Ohne Geld keine Schweizer. Um seine Finanzen zu ordnen, hatte Heinrich VII. seine Militärausgaben drosseln müssen, sodaß die Armee bei der Thronbesteigung Heinrichs VIII. kaum ihren Namen verdiente. Sie war arm an Kriegern, Waffen und Disziplin. Vergangen und vergessen waren die legendären Siege von Crécy und Azincourt. Die königliche Kriegsflotte umfaßte knapp 30 mehr oder weniger manövrierbare Schiffe, die Handelsflotte gerade hundert, eine klägliche Zahl für ein Inselreich, das vom Außenhandel abhängt. Und viel zu wenig, um etwa mit Venedig zu konkurieren, oder die Niederlande, Frankreich oder Schottland zu isolieren. Es war jedoch genug, um jeden einzelnen von ihnen reihum zu belästigen. Die Rivalitäten im alten Europa geschickt nützend, komplottierte der alternde König einmal mit Ludwig XII. (von Frankreich) gegen Maximilian, dann wieder mit diesem gegen Ludwig und stärkte damit seine eigene Stellung. Als er zu Grabe getragen wurde, hinterließ er seinem Sohn nicht nur gesicherte Finanzen, sondern auch eine politische Neuheit: Das Erscheinen Englands, zum mindesten sein Wiedererscheinen, im internationalen Spiel der Mächte. Allerdings blieb es wirtschaftlich noch ganz vom Festland abhängig. England war nur vom geographischen Standpunkt aus eine Insel, die politische und geistige Wandlung mußte erst noch vollzogen werden.

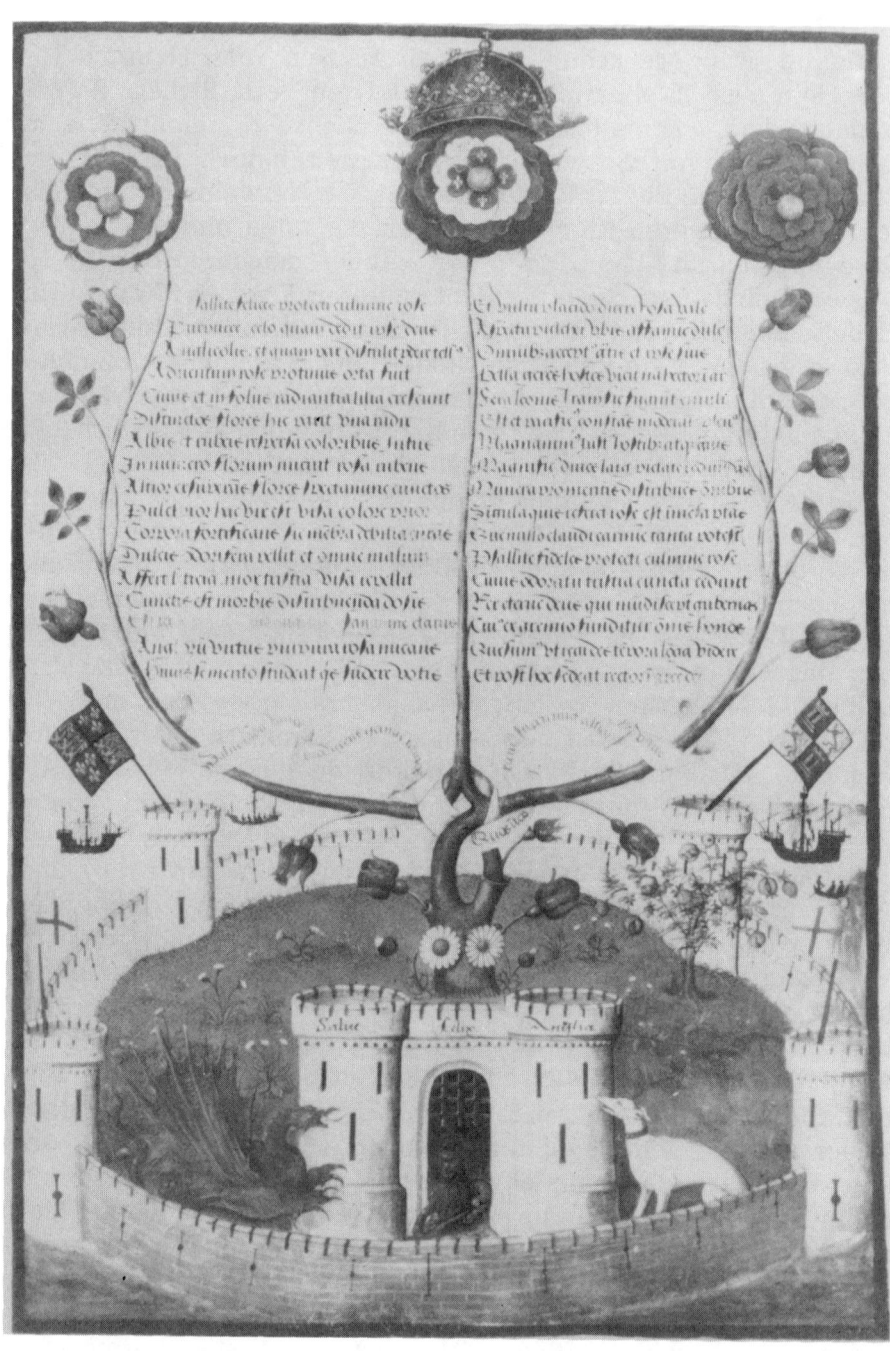

Die gekrönte Rose der Tudors auf dem Buchdeckel einer Motettensammlung, Heinrich VIII. gewidmet. Die gekrönte Tudorrose ist das Symbol der durch die Heirat Heinrichs VII. mit Elisabeth von York versöhnten Häuser Plantagenet und York, die einen blutigen, Generationen währenden Krieg ausgefochten hatten. (Archivbild)

Allgemein wird Heinrich VIII. der Verdienst zugeschrieben, die ersten Schritte in dieser Richtung unternommen zu haben. Wie ich aber bereits schilderte, waren sie weniger Ausdruck seines königlichen Willens, als die unvorhergesehene Folge seiner Schwächen. Ohne Zweifel war er für seine Zeit und seine Umgebung am englischen Hof ungewöhnlich gebildet. Sein Vater, ein des Lesens und Schreibens fast unkundiger, tüchtiger Kriegsherr, der sein Land wie ein schlauer Kaufmann verwaltete, hatte beschlossen, seinem Sohn die Erziehung zu geben, die ihm selbst gefehlt hatte. Mit fünfzehn Jahren sprach Heinrich drei Sprachen, außer Latein etwas Griechisch und Spanisch. Er zeigte Begabung für Mathematik, begeisterte sich für die Lehren des Thomas Morus über Philosophie, klassische Gelehrsamkeit und Staatskunst und korrespondierte mit Erasmus über Fragen der Theologie und Moral. Er komponierte und spielte mehrere Instrumente. Außerdem wird berichtet, daß er eine schöne Singstimme besaß. Er liebte leidenschaftlich Tanz, Jagd und Turnier und tat sich im Ballspiel, Bogenschießen und Speerwerfen hervor. So ist es nicht verwunderlich, daß der stattliche, junge Herrscher bei seinem Regierungsantritt die kühnsten Hoffnungen auf seine Fähigkeiten und seinen politischen Weitblick weckte. Wenn man aber Einblick in seinen Briefwechsel mit Ministern und Gesandten gewinnt, in das Hin und Her von Befehlen und Gegenbefehlen, von Auftrag und Widerruf, so erscheint er unter einem anderen Licht: unsicher und zaudernd, wenn nicht ratlos und feige. Eher brutal als entschlossen, eher despotisch als streng, schwankt er unter dem Einfluß seiner jeweiligen Berater von einem Entschluß zum andern. Für Spiel und Künste besser geeignet als zur Verwaltung eines Königreiches, blieb er Zeit seines Lebens der Macht eines stärkeren Willens ausgeliefert. War dieser Wille hartnäckig oder gar eigensinnig, so ließ er sich in eine eigensinnige Haltung manövrieren. Der Entschluß zur Kirchenspaltung, der ihn einerseits reizte, ihm andererseits Angst einflößte, war denn auch weniger auf seine Entscheidung als auf seine Schwäche für eine willensstarke Frau zurückzuführen: Sie hieß Anna Boleyn.

Bevor ich auf sie und ihre Regierungszeit zu sprechen komme, darf nicht unerwähnt bleiben, daß England zu jener Zeit noch weitgehend vom Feudalsystem beherrscht wird, obwohl es an Anzeichen einer zentraler geführten Regierungsweise nicht fehlt. Das Parlament hat noch eine rein beratende Funktion, in der das Oberhaus, der Adel, die Macht ausübt und das Unterhaus erst langsam an Bedeutung gewinnt. Noch können die Stände dem König keine

Die „vertonte Rose" aus der Heinrich VIII. gewidmeten Motettensammlung von 1516. (Archivbild)

Holbein zugeschriebene Zeichnung der „King's Musick". Heinrich VIII. war selber ausübender Musiker und komponierte auch.

Entscheidungen aufdrängen, doch sind sie bereits in der Lage, die wirtschaftlichen Interessen der Städte und Dörfer wahrzunehmen. Es gibt fast keine Leibeigenen mehr. Die „Yeomen" („Freibauern") verfügen über Rechte und Steuerbegünstigungen, die meist mit der Waffe in der Hand erkämpft worden waren (Bauernaufstand und Sturm auf London im Jahr 1381). Die Kaufleute, deren Geld der König für seine kriegerischen Unternehmen benötigt, bilden einen zunehmend einflußreichen Geldadel, der oft aus dem Tuch- und Wollhandel hervorgegangen ist.

Im frühen 16. Jahrhundert regiert der König, umgeben von seinen Ministern und einer Reihe von Staatsbeamten, die später „Civil Servants" (Staatsdiener) genannt werden sollten. Ihnen gegenüber die Lords, der Adel des Königreiches, die mächtigen Landbesitzer mit immensen persönlichen Einkünften. Sie üben die Macht von Kleinkönigen aus und stellen eigene Truppen auf, ohne es allerdings wie ihre Vorfahren in der Hand zu haben, nach eigenem Ermessen Könige ein- und wieder abzusetzen. Nur der Hang zum Komplott gegen die Staatsgewalt war ihnen geblieben.

Die Schaffung eines gestrafften, wohl organisierten Verwaltungs-apparates war eine der letzten Errungenschaften der Regierungs-zeit Heinrichs VII. Sie erlaubte es ihm, sich der Macht der Lords ent-gegenzustellen. Minister, Staatsbeamte und Richter gingen aus-nahmslos aus der städtischen Bürgerschaft hervor, waren vom Kö-nig selbst ernannt, daher von ihm abhängig und seiner Person be-dingungslos ergeben. In ihrem Kampf um Würden und Posten wa-ren sie bereit, die dunkelsten Geschäfte zu übernehmen. Je höher der Titel, desto tiefer der Abstieg in die Korruption. Mit Bestechung war bei ihnen alles zu kaufen, auch das Urteil der Richter, die sich dadurch bei der Bevölkerung zunehmend unbeliebt machten. Die-ser Zustand war dem König nicht unlieb, denn er machte die Beam-ten, ihren eigenen Rivalitäten, der Macht der Barone und dem Zorn des Volkes gleichermaßen ausgesetzt, zu willigen Geschöpfen in seiner Hand.

Neben den beiden Mächten Adel und Verwaltung gab es noch eine dritte: die Kirche. Der gehobene Klerus tagte im Oberhaus, der niedrigere geistliche Stand im Unterhaus. Ob gehoben oder niedrig, beide besaßen einen zweideutigen Sozialstatus: Zum einen gehör-ten sie der Macht an, die durch ihre sakrale Bestimmung und als Vertreterin des Göttlichen Respekt und Furcht einflößt. Zum ande-ren aber wurden die Priester, von Fortpflanzung und Waffengang theoretisch ausgeschlossen, nicht als richtige Männer angesehen. Das erklärt sich in einem Zeitalter und in einem Land, das die Aus-übung des Kriegshandwerks und des Jagdrechts, die Verteidigung von Leib und Ehre mit der Waffe in der Hand als unbestreitbares Recht der oberen Schichten betrachtete.

Unvollständig in ihrer Mannhaftigkeit, aber nicht ungefährlich durch ihre Position. Zahlreiche Bischöfe verfügten über enorme Ein-künfte und befaßten sich weniger mit Glaubensfragen als mit sehr weltlichen Interessen. Sie bekleideten hohe Staatsämter, wirkten oft als persönliche Berater des Monarchen und spielten eine große Rolle im politischen Leben. Da sie gleichzeitig von Rom abhängig waren, behielt der Papst Einsicht und Einfluß auf die inneren Ange-legenheiten des Landes.

Diese drei Mächte waren im Staatsgefüge fest verankert. Ihre Ri-valitäten wurden nicht offen ausgetragen, sondern unter dem Män-telchen höfischer Manieren verhüllt. Das hinderte sie jedoch nicht daran, manchmal bis ins königliche Gemach spürbar zu werden, das Heinrich mit Katharina von Aragon teilte.

Bei ihrer Verlobung im Jahre 1503 war Heinrich, Prince of Wales und später der achte seines Namens, 12 Jahre alt, Katharina bereits 18. Diese Verlobung war nicht ohne Schwierigkeiten zustande gekommen.

Im Rahmen ihrer gegen Frankreich gerichteten „Einkreisungspolitik" hatte Isabella von Kastilien ihre 16jährige Tochter Katharina Heinrich VII. für seinen ältesten Sohn Arthur zur Frau vorgeschlagen. Heinrich, der sich durch die Ehe einen Machtzuwachs versprach, hatte ohne zu zögern seine Zustimmung gegeben. Doch Arthur, von zarter Gesundheit, machte Katharina schon nach wenigen Monaten zur Witwe. Nichts lag näher, als sie darauf mit dem neuen Thronfolger Heinrich zu vermählen. Doch steht nicht geschrieben: „Du sollst Deines Bruders Weibes Blöße nicht aufdecken, denn sie ist Deines Bruders Blöße?" Was tun? Eine Ungültigkeitserklärung der Ehe war nur möglich, wenn sie nicht vollzogen worden war. Unglücklicherweise konnten mehrere Höflinge bezeugen, daß Arthur am Morgen nach seiner Hochzeit fröhlich erklärt hatte, er habe die „Nacht in Spanien verbracht". Die Zeit drängte, da sich die Franzosen anschickten, das spanische Perpignan zu nehmen. Unter dem Druck der Ereignisse und um das Bündnis mit England zu retten, versicherte Katharina, von ihrer Mutter bekräftigt, noch unberührt zu sein. Um ganz sicher zu gehen, wandte sich Isabella um eine Dispens an den Heiligen Stuhl. Alexander Borgia, der Spanier auf dem Papstthron, hätte dieser Bitte sicher ein williges Ohr geliehen, wenn der Tod ihm die Zeit dazu gelassen hätte. Aber auch sein Nachfolger, Julius II. hatte Verständnis für die Lage. Jungfrau oder nicht, Katharina erhielt ihren Dispens und die Verlobung konnte angesetzt werden. Ausgerechnet in diesem heiklen Augenblick (1503) starb Isabella.

Durch Isabellas Tod ging das Erbe Castiliens auf Johanna, Gemahlin Philipps von Habsburg und Mutter des künftigen Karl V. über. Man hat sie Johanna die Wahnsinnige genannt. Katharina war damit nur noch Tochter des Königs von Aragon und stellte in Heinrichs Augen keine gute Partie mehr für den Thronfolger dar. Das Verlöbnis war leicht zu lösen, denn Julius II. hatte zwar den Dispens erteilt, aber ohne in Frage zu stellen, daß die Ehe zwischen ihr und Arthur vollzogen worden war. Man konnte also mit diesem Dispens nach Gutdünken verfahren, ihn dem Gebot der Stunde gemäß von einem Bischof gültig, vom anderen wieder ungültig erklären lassen. Der schlaue König behielt damit zwei Trümpfe in der Hand. Um sich nach allen Seiten abzusichern, ließ er seinen jungen Sohn Heinrich vor einigen kirchlichen Würdenträgern eine Protestakte gegen das Verlöbnis mit Katharina unterzeichnen. Protestakte und Dispens wurden im Staatsarchiv niedergelegt. Je nachdem, ob sich eine bessere Verbindung für den Thronfolger bot oder nicht, lag es in der Hand Heinrichs VII., die Verlobung zwischen den beiden jungen Leuten aufrechtzuerhalten oder nicht.

Katharina, die seit Arthurs Tod am englischen Hof lebte, wurde vom König gewissermaßen als „Kronreserve" mit geschmälerten Mitteln vom Hof entfernt. Ihr Vater Ferdinand, der sich mit dem Gedanken einer Wiederverheiratung mit der schönen Germaine de Foix von Neapel trug, überließ sie ihrem Schicksal. Unter allerlei Vorwänden verzögerte er immer wieder die Auszahlung der vereinbarten Mitgift und versagte auch Katharina selbst jede finanzielle Unterstützung. Die Ärmste befand sich in einer kümmerlichen Lage. Zwei Jahre lang. Dann erlag Philipp von Habsburg einer Lungenentzündung und Heinrich VII. sah erneut Kastilien in greifbare Nähe gerückt. Könnte nicht er selbst nun Johanna, die Witwe, ehelichen, die vor Kummer über den Verlust des Gemahls zusehends den Verstand verlor? Gemessen an dem Machtzuwachs, war ihre geistige Umnachtung ohne Bedeutung. Und könnte nicht Katharina, die Verbannte und Schwester Johannas, als seine Fürsprecherin bei Ferdinand Verwendung finden? Von Stund an stiegen ihre Aktien. Sie wurde eilends an den Hof zurückgeholt, gefeiert und vom König verwöhnt, der sich plötzlich auf seine Rolle als Schwiegervater besann. Beim Tod seines Sohnes Arthur hatte er einen Moment mit dem Gedanken gespielt, sie zu seiner Frau zu machen. Er hatte aber auch eine Ehe mit Johanna von Neapel in Erwägung gezogen, dann wieder eine mit Margarethe, Tochter der Luise von Savoyen ... Keine dieser Verbindungen wog jedoch das Königreich von Kastilien auf, das ihm bei einer Heirat mit Johanna der Wahnsinnigen zufallen würde.

Von der heutigen Warte aus betrachtet erscheinen die widersprüchlichen Heiratspläne des alternden Königs komisch. Für damalige Verhältnisse waren sie fast normal und kaum befremdlicher als etwa die sprunghafte Bündnispolitik, welche die Monarchen gegen- und miteinander betrieben. So schloß Karl VIII. von Frankreich im Jahre 1494 mit Maximilian von Österreich, Ferdinand von Aragon und Isabella von Castilien ein Bündnis ab, das man heute einen Nichtangriffspakt nennen würde, um seinen Einmarsch in das Königreich von Neapel zu decken, auf das er Anspruch erhob. Als er daraufhin aber im Piemont einfällt und dort mit überraschender Leichtigkeit Fuß faßt, ändert sich die Gesinnung seiner Bundesgenossen. Isabella, Ferdinand und Maximilian lassen ihn im Stich und schließen sich mit dem Vatikan und Venedig gegen Frankreich zusammen. Die italienischen Fürstentümer verbinden sich von da an im Rhythmus ihrer Rivalitätskämpfe einmal mit der einen, einmal mit der anderen Seite. Im Jahre 1508 unterzeichnen der Herzog von Ferrara und der Graf von Mantua einen gegen Venedig gerichteten Vertrag mit dem Heiligen Stuhl, Ferdinand von Aragon und Ludwig XII. von Frankreich, der unter dem Namen Liga von Cambrai bekannt wurde. Unter ihrem Banner wird die Serenissima tatsächlich in der Schlacht von Agnadello geschlagen und verliert ihre Besitzungen auf der Terra Ferma. Bei der Aufteilung der Beute eignet sich Frankreich als größte der teilnehmenden Mächte den Löwenanteil der eroberten Gebiete an. Der Papst fühlt sich übervorteilt und schließt ein neues Bündnis, diesmal gegen Frankreich ab und zwar mit dem eben besiegten Venedig, Maximilian, Ferdinand, den Eidgenossen und Heinrich VIII., der unterdessen den Thron von England bestiegen hatte. Unter dieser „heiligen Liga zur Befreiung Italiens" erleiden 1513 die Franzosen bei Ravenna eine Niederlage und werden aus dem Lande vertrieben ... zwei Jahre vor der Schlacht von Marignano, die es Franz I. erlauben wird, erneut auf dem italienischen Kriegsschauplatz in Erscheinung zu treten.

Doch zurück zu Heinrich VII. und seinen Heiratsplänen mit Johanna der Wahnsinnigen. Auf seine Anordnung und mit Zustimmung ihres Beichtvaters hatte Katharina ihren Vater um die Einwilligung in diese Eheschließung bitten müssen und sie auch erhalten. Durch diesen Erfolg hätte sich ihre Stellung am englischen Hof noch weiter gefestigt, wenn nicht ein neues Hindernis aufgetaucht wäre: Johanna hatte aus Kastilien den Leichnam ihres Mannes mitgebracht und weigerte sich hartnäckig, sich von ihm zu trennen. Sie war bereit, sich dem Willen ihres Vaters Ferdinand zu beugen und Heinrich VII. zu ehelichen, aber erst dann, wenn es ihr unmöglich wurde, den Sarg länger bei sich zu behalten. Das konnte lange dauern.

Geduld war nicht Heinrichs Sache und so hielt er denn Ausschau nach einer weniger schleppenden Partie. Warum nicht Margarethe von Österreich, die er ursprünglich seinem Sohn zugedacht hatte? Eine Ehe mit ihr würde eine Annäherung mit Erzherzog Karl, ihrem Neffen und späteren Karl V. ermöglichen. Gesagt, getan. Ein Bote wurde nach Wien geschickt mit dem Auftrag, dem Kaiser Heinrichs Pläne schmackhaft zu machen. Der Gesandte, ein Kaplan mit großen Ambitionen, war erst vor kurzer Zeit an den englischen Hof berufen worden, wo er täglich die Messe gelesen und bald das Vertrauen des Königs gewonnen hatte. Sein Name: Thomas Wolsey. Der Auftrag war ihm auf den Leib geschrieben und er entledigte sich seiner mit soviel Geschick und Leichtigkeit, daß es Heinrich fast unbegreiflich scheinen wollte. Wolsey wurde mit der doppelten Ernennung zum Dekan von Lincoln und zum Königlichen Hauskaplan belohnt und hatte damit die erste Stufe seiner Laufbahn erklommen.

Gleichzeitig sah sich die unglückliche Katharina wie eine wieder wertlos gewordene Handelsware aus der Umgebung des Königs entfernt. Der Thronfolger war unterdessen zu einem stattlichen jungen Mann herangewachsen, der alle anderen um Haupteslänge überragte. Keiner der Edelleute konnte es ihm beim Turnier, auf der Jagd oder bei den Frauen gleichtun. Seine überschäumende Vitalität, seine an Verschwendung grenzende Großzügigkeit, seine Begeisterung für Kunst und Pracht machten ihn zum unwiderstehlichsten Frauenheld der Gesellschaft, dem jeder gerne verzieh, wenn er über die Stränge schlug.

Und doch wurden schon zu jener Zeit andere Seiten seines Charakters spürbar. Voller Leutseligkeit, solange alles nach seinem Willen ging, konnte er Widerspruch oder gar ernsten Widerstand nicht vertragen. Überempfindlich und unstet schlug seine gute Laune beim geringsten Anlaß im Nu in brutalen Zorn um. Das ließe auf eine starke, ja rebellische Persönlichkeit schließen, wenn sein Verhalten nicht das Gegenteil verraten hätte. Jeder Autorität, vor allem der väterlichen und der kirchlichen mit demütigem Gehorsam untertan, zeigte er mit 18 Jahren eher die Anlagen eines Erzkonservativen als die eines eigenwilligen jungen Herrschers.

Zu dieser Zeit, im Jahre 1509, hatte sich sein Vater wieder einmal mit Ferdinand von Aragon überworfen, der sich darüber ärgerte, daß er die Wahnsinnige immer noch nicht loswerden konnte. Ferdinand drohte ihm mit einem Straffeldzug, wenn es nicht unverzüglich wenigstens zur Hochzeit zwischen dem Thronfolger und Katharina kommen würde. Es ist ein Geheimnis geblieben, wie der alte König auf diese Drohung zu reagieren gedachte, denn er starb noch im gleichen Jahr. Immerhin hatte er seinem Sohn noch auf dem Totenbett geraten einzulenken und seine Prinzessin aus dem fernen Spanien zu ehelichen. Heinrich kam dem väterlichen Willen nach, obwohl der Kronrat über diese Eheschließung mit Hindernissen geteilter Meinung war. Auch Katharina drängte, durch jahrelange Erfahrung gewitzt, auf eine baldige Hochzeit, die noch vor den Krönungsfeierlichkeiten stattfinden sollte, damit sie beide am gleichen Tag als König und Königin gesalbt werden konnten.

Nach sieben Jahren angstvollen Wartens, der Ungewißheit und der immer wieder enttäuschten Hoffnungen konnte man Katharina eine gewisse Verbitterung nicht übelnehmen. Endlich war sie am Ziel ihrer Träume angelangt, aber sie dürstete nach Genugtuung. Die Hochzeit war ein erster Schritt in ihrem Sinne, die Krönung der zweite. Doch das genügte ihr nicht mehr, und der junge König sollte ihren Ehrgeiz bald zu spüren bekommen. Eine geheime Trauung war den großartigen Hochzeitsfeierlichkeiten vorausgegangen, die zusammen mit der Krönungszeremonie Anlaß zu einem Fest von nie gesehener Prachtentfaltung bot, an dem die Bevölkerung Londons mit Begeisterung teilnahm (London hatte damals weniger als fünfzigtausend Einwohner!). Am Tag dieses Ereignisses wurde Katharina, zum Zeichen ihrer Jungfräulichkeit, in glänzende weiße Seide gekleidet, die blonden Haare offen bis zu den Hüften herabfallend, in einer goldenen Sänfte zur Abtei von Westminster getragen. Heinrich hatte mit dem sprichwörtlichen Geiz seiner Vorgänger gebrochen und erschien im Purpurwams mit Hermelin verbrämt unter einem weiten, mit Goldfäden durchwirkten Mantel aus kostbarster Seide. Hatten sein Vater und Großvater sich noch mit abgeschabten Kleidern, geflickten Strümpfen, angestückten Ärmeln und Filzkappen begnügt, so lag es Heinrich VIII. daran, sich als wahren Renaissancefürsten zu geben, der seine Freude an Prunk und Verschwendung ohne Scheu zur Schau stellte. Er war 19 Jahre alt, Katharina 25.

Katharina hatte für Prunk und Pracht und für die durch den Humanismus und die Renaissance angeregten neuen Ideen nichts übrig. Sie war in ihrer Jugend am ernsten spanischen Hof daran gewöhnt worden, das Büßerhemd der Trinitarier unter ihren königlichen Gewändern zu tragen und viele Stunden des Tages und der Nacht im Gebet zu verbringen, für das sie sich um Mitternacht und in der vierten Morgenstunde von ihrem Lager erhob. Heinrich teilte diese Sittenstrenge nicht. Er konnte auf der Jagd oder beim Turnier vier Pferde nacheinander zuschanden reiten und liebte gelehrten Disput. Er diskutierte Medizin mit den Ärzten, Musik mit Musikanten, Theologie mit den Bischöfen, Heraldik mit den Heraldikern und versuchte in der Folge, die großen Geister und Künstler seiner Zeit ins Land zu ziehen (Erasmus lehrte von 1511-1514 in Cambridge). Auf seine Art könnte man ihn als Humanisten betrachten, wenn man darüber hinwegsieht, wie sehr sein Tun von Geltungsbedürfnis und in erster Linie von dem Wunsch geleitet war, die anderen Fürsten seiner Zeit an Wissen und Prachtentfaltung zu übertrumpfen.

Trotz dieser charakterlichen Gegensätze des königlichen Paares, trotz ihrer so unterschiedlichen Lebenseinstellung kann man die ersten Ehejahre als harmonisch bezeichnen. Heinrich sah darüber hinweg, daß Katharina ihn zu dominieren trachtete, sie schien seine Eskapaden stoisch hinzunehmen. Allerdings sollte bald spürbar werden, daß sie dafür einen Ausgleich suchte: Minister und Staatsbeamte (wie wir gesehen haben, meist bürgerlicher Herkunft) waren die Opfer ihrer Launen, und das wurde mit den Jahren so schlimm, daß sie 1513 beim König Beschwerde einlegten und auch ein williges Ohr bei ihm fanden. Katharina, zur Rede gestellt, sah sich isoliert und wandte sich der Partei der Lords zu, die immer zur Intrige aufgelegt waren. So kam es, daß die Rivalitäten der beiden Parteien auf das Herrscherpaar selbst wirkten.

Im Laufe der Jahre empfand Heinrich ihren strengen, autoritären Charakter, ihre Versuche, ihn ganz unter ihren Einfluß zu bringen, als umso lästiger, als sein persönliches Interesse an ihr erlahmte. Katharina war nun über dreißig und durch die verschiedenen Schwangerschaften füllig und doch kinderlos geblieben. Nach einer Fehlgeburt, drei totgeborenen Kindern und einem in zartem Alter gestorbenen Söhnlein sah sich der König noch immer ohne männlichen Erben. Kein Zweifel: Katharinas Stern war im Sinken. Statt zu versuchen, ihren Gemahl durch großzügigeres Verständnis an sich zu fesseln, beging die stolze Spanierin einen verhängnisvollen Fehler. Im Laufe eines schwierigen, an zwei Fronten – in Frankreich und Nordengland – gleichzeitig geführten Feldzuges brachte sie nicht nur die größeren Lorbeeren heim als Heinrich, sondern sie konnte es nicht lassen, seine Eitelkeit vor versammeltem Hofstaat schwer zu verletzen.

Welche Tollheit hatte den jungen, unerfahrenen Monarchen von 24 Jahren dazu bewegt, seine viel zu schwache Armee zur Eroberung Frankreichs anzusetzen? Ein von vornherein zum Scheitern verurteiltes Unterfangen, das an die Kröte erinnert, die sich zur Größe eines Ochsen aufblasen will und dabei zerplatzt. Zunächst bestärkte ein magerer Erfolg den König in seinen Illusionen: Das französische Thérouanne öffnete ihm nach kurzer Belagerung die Tore. Der Fall dieser strategisch wertlosen kleinen Stadt hatte schwerwiegende Folgen. Er rief Erzherzog Karl auf den Plan, der plötzlich seine flämische Grenze bedroht sah. Heinrich konnte Tournai noch im Handstreich nehmen, doch dann geboten ihm die kaiserlichen Armeen Einhalt. Gemessen an seinen Ambitionen war das Resultat des Feldzugs armselig, ja lächerlich zu nennen. Das war ein böser Schlag für ihn.

Es sollte schlimmer kommen, als ihn die Nachrichten aus Schottland erreichten. Während Heinrich mit seiner kleinen Söldnerarmee auf dem Festland Krieg führte, ließ der mit Frankreich verbündete König von Schottland seine Truppen in Nordengland einmarschieren. Katharina, in Abwesenheit des Königs Regentin des Landes, ließ sich nicht einschüchtern. Sie hob in aller Eile englische Truppen aus und wandte sich an ihrer Spitze in Eilmärschen nach Norden.

Was Heinrich in Frankreich verwehrt worden war, gelang Katharina im eigenen Land: der eindeutige Sieg über die Schotten bei Flodden. Errungen durch **englische** Soldaten auf **englischem** Boden unter Führung eines **englischen** Feldherrn, den Grafen von Surrey. Er löste im ganzen Land einen Sturm der Begeisterung aus und trug der kleinen Armee weit größeren Ruhm ein als die mit fremden Söldnern erkämpften mageren Erfolge im fernen Flandern. Die furchtlose Königin, die zur Verteidigung des Landes zu Felde gezogen war, hinterließ im Volk einen unauslöschlichen Eindruck, der das Bild des prunkliebenden Monarchen überschattete.

Leider besaß Katharina nicht die Klugheit, sich bei der Heimkehr des Königs mit dem Schatten zu begnügen. Der Stolz über den errungenen Sieg, verbunden mit dem alten Groll erlittener Erniedrigungen, ließen sie alle Zurückhaltung vergessen. Vor versammeltem Hof verlangte sie vom König die offizielle Anerkennung ihrer Verdienste und ließ sich zu der bissigen Bemerkung hinreißen, daß es wahrlich keiner großen Kriegskunst bedürfe, einen einzigen Gefangenen von Adel (M. de Longueville) aus Frankreich heimzubringen, während sie, schwaches Weib, derer drei aus Schottland hergeführt habe (zu dieser Zeit waren Gefangene, besonders Adlige, kostbare Tauschobjekte).

In seinem Stolz gekränkt schwor sich Heinrich, unverzüglich daranzugehen, seine Autorität über das Land, über die Königin und über die Lords wieder herzustellen. Dazu brauchte er eine Persönlichkeit, der er blind vertrauen konnte, einen starken Arm und wendigen Geist, der dem königlichen Willen Achtung und Respekt zu verschaffen vermochte.

Wo diese Persönlichkeit finden? Im Clan der Lords? Das hieße einem gefährlichen Gegner Zugang in seine nächste Umgebung verschaffen. Unter den Ministern oder Staatsbeamten? Ihnen fehlte das Format,und das Risiko endloser Streitereien mit der Königin wäre zu groß, sein Prestige an den europäischen Höfen geschmälert. Folglich blieb nur die Partei der kirchlichen Würdenträger und unter ihnen ein Mann: Thomas Wolsey.

Wolsey hatte schon unter Heinrich VII. manchen heiklen Auftrag übernommen und wirkte seither als königlicher Hofkaplan, was keineswegs nur ein Ehrenamt war, denn es sicherte ihm einen stetigen Kontakt mit dem Monarchen. Dadurch hatte er längst seine Hand in mancher rein weltlichen Angelegenheit im Spiele und wußte über alles Bescheid, was im Königreich und im Ausland vorging. Heinrich VIII. fand Gefallen an diesem geistreichen, entschlossenen und schlauen Prälaten, der ihm ganz ergeben war und mit immer neuen, witzigen Einfällen zu seiner Zerstreuung beitrug. Wolseys Ideen waren unerschöpflich, wenn es darum ging, für den König Feste und Lustbarkeiten zu veranstalten. Er wurde dem König unentbehrlich und sah sich mit Recht zu den höchsten Ehren bestimmt.

Zum Zeichen seiner Gunst verlieh ihm Heinrich zunächst das Bistum von Tournai, dann das von Lincoln und schließlich das Erzbistum von York (1514). 1515 endlich erlangte er von Papst Julius II. die Kardinalswürde für ihn. Im gleichen Jahr berief er Wolsey in den Geheimen Rat und ernannte ihn zum Lordkanzler. Wolsey, Sohn eines Metzgers und Viehhändlers in Ipswich, befand sich auf der Höhe seiner Macht.

Unentschlossen wie er war, sollte Heinrich später den durch ihn selbst erwirkten Aufstieg seines Kanzlers zu Macht und Reichtum manchmal bereuen und dann wieder begrüßen, je nachdem wie er die Sache betrachtete. Zum zweiten Mal war er an eine stärkere Persönlichkeit geraten, als er selbst es war und fühlte sich nicht ohne Grund gegängelt. Mehr und mehr zog Wolsey die Regierungsgeschäfte an sich und faßte seine Entscheidungen, ohne die Zustimmung des Königs einzuholen. Dem blieben diese Machenschaften natürlich nicht verborgen, doch setzte er, wie vorher bei der Königin, dem starken Willen nur schwachen Widerstand entgegen. So hatte ihn der Kanzler in ein katastrophales Finanzunternehmen hineingerissen, eine Art Schatzanleihe, die im Grunde auf nichts anderes als auf eine zusätzliche Steuer hinauslief, die der Staatskasse wenig Gewinn eintrug, den König zum Schuldner seiner Untertanen und diese zu den unzufriedenen Gläubigern der Krone machten. In solchen Momenten dachte er daran, dem allmächtigen Lordkanzler bei nächster Gelegenheit die Flügel zu stutzen.

Andererseits aber hatte sich Wolsey einer wichtigen Aufgabe, nämlich den Einfluß der Königin einzudämmen, zu seiner vollsten Zufriedenheit entledigt. Die Spannungen im Eheleben des Herrscherpaares legten sich und im kommenden Jahr sah Katharina noch einmal einem freudigen Ereignis entgegen. Sollte Heinrich endlich der so lang gewünschte Sohn geschenkt werden? Seine Hoffnungen wurden enttäuscht. Nicht der ersehnte Thronfolger, sondern eine Tochter, Maria, erblickte das Licht der Welt.

Einige Jahre später, als der König die Hoffnung auf einen männlichen Erben endgültig aufzugeben schien, tauchte im Gefolge Katharinas eine junge Hofdame auf. Sie hieß Anna Boleyn.

ERSTER TEIL

ANNA

ERSTES KAPITEL
150?-1515

Jugendjahre

Solange Königin Elisabeth lebt, muß mein Name ungenannt bleiben. Er ist ohne Bedeutung in der Geschichte und da ich alt bin und sie noch jung, werde ich wohl sterben, ohne ihn preisgegeben zu haben. Immerhin hat sie mir nicht verboten, die Lebensgeschichte ihrer Mutter, der Königin Anna aufzuzeichnen, aber die Bedingung daran geknüpft, daß sie erst nach ihrem Tod veröffentlicht werde. Das Manuskript in den Händen ihrer Feinde könnte schwerwiegende Folgen für sie und den Frieden des Landes haben.

Ich verrate daher auch nichts über die verwandtschaftlichen Beziehungen, die uns verbanden, denn es ist vor allem unsere unerschütterliche Freundschaft, die es mir zur inneren Pflicht macht, sie mit diesen Aufzeichnungen von den Verleumdungen reinzuwaschen, die ihre Erinnerung besudeln. Noch heute verbietet die Staatsraison, sie zu rehabilitieren oder auch nur ihren Namen zu nennen, aber vielleicht werden spätere Generationen anders denken.

Ob diese Geschichte in fünfzig oder hundert Jahren oder noch später gelesen wird, ist unwichtig, wichtig für mich ist allein, daß unsere Nachkommen erfahren, wie Anna Boleyn wirklich war und wie ihr Leben verlief, das sie in wenigen Jahren aus dem Bürgerstand auf den Thron von England, vom Thron in den Tower und von dort aufs Schafott geführt hat.

19. Mai 1536. Tower Green, fluchbeladene Richtstätte im Schatten des White Tower, Wohnsitz der Könige, von den trutzigen Mauern und Türmen der mächtigen Befestigungsanlage umgürtet, letzte Leidensstation für so manches gekrönte Haupt! Unauslöschlich bleibt in meiner Erinnerung dieser fahle Morgen eingegraben, an

dem Annas Haupt unter dem Schwert des Henkers fiel. Ich sage „unter dem Schwert des Henkers", denn Heinrich, der achte seines Namens, hatte in seiner „unendlichen Großmut und aus Achtung vor der Königin" das schändliche Beil mit dem ritterlichen Schwert vertauschen lassen... Fast sträubt sich meine Feder, wenn ich an seinen niederträchtigen Verrat denke, aber es geht hier nicht um meine Gefühle. Es geht darum, die Geschichte der Königin Anna, der ich wie eine Schwester in Freud und Leid zur Seite gestanden habe, ins rechte Licht zu rücken.

Obwohl ich etwa zwei Jahre jünger bin als sie, könnte ich sagen, daß wir uns seit unserer Geburt kannten. Dunkel steigt in meiner Erinnerung der Landsitz von Blickley Hall auf, wo Anna geboren wurde und wo wir unsere früheste Jugend verbrachten. Mein Vater bekleidete in Thomas Boleyns Diensten ein Amt, über das ich, aus Angst entdeckt zu werden, nichts weiter schreiben darf. Ein paar Jahre später siedelten wir alle nach Hever Castle über, das einige Meilen südlich von London liegt. Das Schloß, Wohnsitz der Boleyn, der uns von dann an zur Heimat werden sollte, aus grauem, etwas verwitterten Stein gebaut, war schon damals bis zu den Fenstern mit Efeu bewachsen. Auch seine eckigen Wachtürme und seine bezinnten Mauern zeugten von seinem ehrwürdigen Alter. Es spiegelte sich ringsum in den stillen Wassern eines breiten Grabens, auf dem die Seerosen blühten und der schon längst keinen Feind mehr abzuwehren hatte. Anna mag vier Jahre alt gewesen sein, als wir dort einzogen und ich habe sie vom ersten Moment an glühend bewundert. In den Augen meiner Mutter allerdings hatte sie für ihr feines Gesicht ein zu starkes Kinn, aber gerade das gab ihr vielleicht schon damals den Ausdruck eines festen Willens, der mich in ihren Bann zog.

Von hier an werde ich in das Gewand des Historikers schlüpfen und, so schwer es mir auch fallen mag, versuchen, unparteiisch und sachlich Bericht zu erstatten. Nichts, was König, Reich oder Europa angeht, das nicht auf Tatsachen beruht. Alles, was ich weiß, stammt von der Königin selbst, die ein Netz von Agenten an allen europäischen Höfen unterhielt, und durch die Spione Wolseys und später Cromwells über alles unterrichtet war, was im Königreich vorging. Nichts, was ein König den Tag über tut, ißt, jagd, redet, prüft oder entscheidet, bleibt auf den Kreis der Höflinge begrenzt, der ihn umgibt. Jedes Wort verbreitet sich wie im Flug über ein Heer von Informanten vom königlichen Geheimkabinett bis hin zu ihren Auftraggebern. Die Quellen der Ereignisse, über die ich berichten werde, sind zu bekannt, als daß ich sie jedesmal neu zitieren müßte, ausgenommen die Einzelheiten, die ich durch Anna erfahren habe. So gibt es allein schon in der Geschichte der Familie Boleyn so manches klarzustellen.

Es ist auch nicht leicht, Annas genaues Geburtsdatum festzulegen. Ich kann es höchstens in Bezug auf mein eigenes bestimmen, das in der Kirche eingetragen wurde, in der ich die heilige Taufe empfing. Während der Regierungszeit Marias der Blutigen jedoch legten fanatische Mönche diese Kirche, die unter Heinrich VIII. anglikanisch geworden war, in Schutt und Asche. Die Kirchenbücher sind verbrannt und mit ihnen die Eintragungen über Annas und meine Geburt.

Meine Mutter erzählte mir immer, daß ich am Tage des Hl. Blasius im Jahr der großen Überschwemmungen, also im 4. Jahr unseres Jahrhunderts das Licht der Welt erblickt habe. Nach ihrem Tod aber erfuhr ich von dem Vikar der Kirche — er war mit knapper Not dem Brand entkommen und Vikar des Bischofs von York geworden — daß die Überschwemmungen England nicht vier, sondern sechs Jahre nach der Jahrhundertwende heimgesucht hatten und daß er mich am Dreikönigsfest taufte. Anna Boleyn, die zwei Jahre älter war als ich, mußte also entweder im Jahre zwei oder vier geboren worden sein. Auf keinem Fall im Jahre sieben, wie sie manchmal selbst behauptete, um sich — Zeichen weiblicher Schwäche — ein paar Jahre zu verjüngen und wie es fälschlicherweise in den Urkunden von Westminster geschrieben steht.

Meine Familie war schon seit undenklichen Zeiten, vor allem aber seit meinem Urgroßvater, mit der der Boleyn verbunden. Der Name Boleyn soll aus dem Französischen abzuleiten sein. Annas Großvater, William Boleyn, behauptete immer, sein Vorfahre, ein normannischer Edelmann namens Boullant, habe schon an der Schlacht von Hastings teilgenommen, sei dann nicht in die Normandie zurückgekehrt und habe sich in Kent niedergelassen. Thomas Boleyn, Sohn des William und Annas Vater, wußte eine andere Geschichte und nach ihr stammte die Familie von einem Baron Vautier de Boulan aus der Picardie und dieser wieder von Baudoin de Biaunoir, Sire d'Avesnes ab. Da weder für den einen noch für den anderen Ahnherrn ein verbriefter Beweis erbracht werden konnte, wurde bei Hof viel über diese Bemühungen um einen würdigen Vorfahren gewitzelt.

Anna und mir erschien die Jagd nach fragwürdigen Adelstiteln ein Zeichen typisch männlicher Eitelkeit. Sie kam uns komisch vor.

Uns war beim Spiel die Rolle der „Räuber" lieber als die der „Ritter", denen wir das Leben mit allerlei Unsinn sauer machten. Ich weiß aber auch, daß Anna später als junge Hofdame sehr unter den Spottgeschichten litt, die über ihre Familie verbreitet wurden und halte es für möglich, daß sie, als sie älter wurde, nach einem Titel strebte, dessen sie sich persönlich als würdig gezeigt hatte.

Wie dem auch sei, fest steht, daß der Vater des William Boleyn, Thomas' Großvater, Geoffrey hieß, daß er Kaufmann in London war und es im Textilhandel zu einigem Ansehen brachte. Seine kluge Verwaltung als Mitglied des Stadtrats brachte ihm viel Lob ein und im Jahr 1457, als der bittere Frost das Land heimsuchte und unendliches Elend brachte, wurde er in das Amt des Lord-Mayor of London berufen.

Sein Enkel Thomas Boleyn, Annas Vater, war vermögend, aber längst nicht genug, um seine Ambitionen befriedigen zu können. Immerhin hatte er von seinem Großvater Geoffrey Intelligenz, Wendigkeit und wahrscheinlich auch eine Portion Hartherzigkeit geerbt, die ihm gute Chancen im Lebenskampf verhießen. Um das Schicksal herauszufordern, war er in jungen Jahren nach London gegangen und konnte dort das Wohlwollen von Lord Howard gewinnen. Lord Howard, Graf von Surrey und späterer erster Herzog von Norfolk, einer der höchsten Adelstitel des Königreiches, hatte der Partei der York angehört und deshalb nach der Schlacht von Bosworth seine Güter an die Krone verloren. Ihm waren die Fähigkeiten des jungen Mannes nicht verborgen geblieben, und er schätzte ihn schließlich so hoch, daß er ihm seine Tochter, die bezaubernde Elisabeth Howard, zur Frau gab.

Das junge Paar lebte zunächst recht bescheiden in Blickley Hall, dem Landsitz der Boleyn, der ihnen ein kleines aber regelmäßiges Einkommen verschaffte. Beim Tod seines Vaters William trat Thomas Boleyn das Erbe des beachtlichen Vermögens an, das Großvater Geoffrey im Wollhandel angehäuft hatte und zu dem auch Schloß Hever Castle gehörte. James Howard, Elisabeths Bruder, hatte unterdessen eine Plantagenet, entfernte Verwandte Heinrichs VII. geheiratet und dadurch eine Verbindung zum Königshaus geknüpft, die Thomas Boleyn zu verstärken trachtete. Surrey hatte nach den Jahren der Ungnade das Vertrauen des Königs wiedergewinnen können und durfte nun miterleben, wie seine Tochter Elisabeth mit ihrem Charme, ihrem Geist und ihrer Schönheit den Hof im Sturm eroberte. Thomas wurde Berater des Monarchen und mit dem Hosenbandorden ausgezeichnet.

Der Tod des Königs ließ die Familie eine Zeitlang im Ungewissen über ihre Zukunft. Was würde der junge Heinrich VIII. entscheiden? Er war knapp 18 Jahre alt, Thomas Boleyn bereits in den Vierzigern. Würde er nicht die „alte Garde" entlassen und sich mit jungen Ratgebern umgeben wollen? Doch Heinrich hatte einen Einfall, der das Problem elegant löste. Er schaffte sich den Vertrauten seines Vaters vom Halse, indem er ihn in die Niederlande schickte, wo er viele Jahre als Gesandter am Hofe der Generalstatthalterin Margarethe von Österreich amtete. Boleyn, der sein Vermögen beträchtlich vergrößert hatte, konnte seinen Kindern Anna, Georges und Marie – von den zwölf, die Elisabeth ihm geboren hatte waren nur drei am Leben geblieben – eine erlesene Erziehung angedeihen lassen. Vor allem Georges wurde mit großer Sorgfalt in allen Fächern unterrichtet, die ihn zu einem vollendeten jungen Edelmann formten. Aber auch Anna und ich – denn wir waren unzertrennlich – erhielten von den besten Lehrern Unterricht in Literatur, Sprachen und Mathematik, lernten reiten, musizieren und höfisches Benehmen. Anna war sehr intelligent, von rascher Auffassungsgabe und wißbegierig. Sie zeigte sich in allem begabter und fleißiger als ich und ließ mich bald weit hinter sich zurück. Ihre Vorliebe galt der französischen Sprache, die alle Boleyns fließend beherrschten, meine der italienischen, weil sie leichter zu lernen ist. Wenn ich trotzdem auch im Französischen Fortschritte machte, so war das unserer strengen Lehrerin, Mademoiselle Simonin oder Simonnet (ich weiß nicht mehr genau) aus Calais zu verdanken, die erbarmungslos jeden Fehler strafte.

Anna träumte von frühester Jugend an von Frankreich, dem Land der Eleganz, das alle Herrlichkeiten der Erde bot. Beim Spiel durften Zahlen und Einsätze nur auf Französisch gemacht werden und wehe mir, wenn ich beim Frühimbiß bat, mir „the beaf" statt „l'entrecôte", „the ale" statt „la bière" zu reichen. „Wir werden später am Hof als Provinzlerinnen verspottet!", warnte sie. Ihr Appetit war beachtlich und sie konnte schon am Morgen unglaubliche Mengen vertilgen. Zur Abendmahlzeit nahm sie reichlich von allen zwanzig Speisen, die täglich gereicht wurden und konnte sechs Regenpfeifer hintereinander verzehren.

Trotzdem blieb sie ihr ganzes Leben eine zierliche, graziöse Erscheinung und war unermüdlich bei allen Spielen. Konnte man sie als schön bezeichnen? Sicher nicht, wenn man sie mit ihrer Schwester Maria verglich, die für ihre Schönheit berühmt war. Anna war von dunklem Typ mit eher blassem Teint und langen, pechschwar-

Anna Boleyn als Königin.
Farbige Zeichnung von Hans Holbein d.J., 1533.
(Weston Park, Earl of Bradford)

zen Haaren zu einer Zeit als Kastanienbraun und Rotblond Mode waren. Zu ihrem Kummer hatte sie eine kleine Mißbildung am rechten Zeigefinger, über den sie die langen Ärmel zog, und ein Muttermal am Hals, das sie im hohen Kragen ihrer Gewänder verbarg. Ihre Nase war klein und gerade, die Lippen fein gezeichnet. Das schönste aber waren ihre großen, strahlenden Augen, die wie zwei Kugeln aus edlem Onyx schimmerten. Ihr ganzer Stolz galt ihrem Haar, das sie meist mit feinen Kämmen hochgesteckt trug. Geöffnet fiel es ihr bis zu den Kniekehlen hinab und umhüllte sie wie mit einem wallenden Schleier glänzender, schwarzer Seide.

Ich spielte Harfe. Annas Lieblingsinstrument war die Laute, weil sie damit die Melodien vortragen konnte, die ihr Bruder für sie komponierte, heitere oder ernste, wie es ihm grade zumute war, Georges war nicht nur hochmusikalisch, er sah sich auch als Poet und hatte manche der lyrischen Kanzonen von Dante und Petrarca ins Englische übersetzt. Wie alle jungen Männer seiner Zeit, denen eine humanistische Bildung zuteil geworden war, beherrschte er außer Latein und Griechisch auch Französisch und vor allem Italienisch und studierte Mathematik, Astronomie, Rethorik und Theologie. Er war ein vorzüglicher Reiter und schon mit 16 Jahren von unbeschreiblicher Geschicklichkeit beim Turnier. Georges hing mit abgöttischer Liebe an seiner jüngeren Schwester und beide waren ihr kurzes Leben lang unzertrennlich.

Liebenswerte Erinnerungen verbanden uns mit Hever Castle. Das Schloß war zwar sehr alt, doch hatten seit Generationen alle Besitzer ihren Stolz daran gesetzt, es zu vergrößern, zu verschönern und nach dem neuesten Geschmack zu möblieren. Wie oft haben wir, Anna, Georges und ich als Kinder auf den bröckelnden Festungsmauern gespielt, wie oft die alte, ächzende Zugbrücke über den Graben herabsenken lassen um zu sehen, ob sie noch nicht ganz verrostet ist. Trotz der relativ kleinen Dienerschaft – nicht mehr als höchstens fünfzig Personen, lebte die Familie Boleyn wenn nicht im Luxus, so doch recht komfortabel. Im Winter war der Boden aller Räume, wie im Palast des Königs, mit einer dicken Schicht Binsenstreu bedeckt, unter das Rosmarin und andere wohlriechende Kräuter gemischt waren und das alle zwei Monate erneuert wurde. Wie die Königin, schlief Anna in einem Federbett. Über ihr Wasserbecken war ein Fell gebreitet, damit sie sich waschen konnte, ohne das Eis brechen zu müssen. Die Wälder der Umgebung waren wildreich und Thomas Boleyn konnte sich mit seinen Nachbarn rückhaltlos den Jagdfreuden hingeben. Hirschjagd, Sauhatz und sogar

Falknerei waren an der Tagesordnung, und zum Nachtmahl am Spätnachmittag wurden nicht selten Rehkeule, junger Wildschweinbraten, Krammetsvögel oder Schnepfen gereicht.

Dieses Schloßherrenleben dauerte an, bis Thomas Boleyn seine Gesandtschaft in den Niederlanden antrat. Anna mag damals elf oder zwölf Jahre alt gewesen sein und schon fast zu einer jungen Dame herangewachsen, während ich noch sehr kindlich wirkte.

Im Jahr der großen Dürre, vier Jahre vor der Pest gebar Katharina von Aragon ihrem Gemahl ein Töchterchen, dem man den Namen Maria und als Patin die Schwester des Königs, Maria Tudor gab. Heinrich VIII., der noch immer auf einen Thronfolger gehofft hatte, ließ sich seine Enttäuschung nicht allzusehr anmerken und ordnete an, das Ereignis mit einem Freudenfest zu würdigen. Mitten in die Feierlichkeiten platzte dann die Nachricht über die bevorstehende Vermählung von Maria Tudor und Ludwig XII. von Frankreich. Um dem mühsam ausgehandelten Vertrag unverzüglich Gültigkeit zu verleihen, wurde die Ehe nach damaliger Sitte in procuratio vollzogen, indem der Bevollmächtigte des französischen Königs mit seiner entblößten Wade unter der Bettdecke diejenige der Prinzessin berührte. Ein schrecklicher Gedanke! Weit davon entfernt, die politischen Hintergründe dieser Verbindung zu erfassen, konnten wir uns die 18-jährige Maria an der Seite des grämlichen Alten (Ludwig war 52 Jahre alt, 34 Jahre älter als seine Braut) einfach nicht vorstellen.

Die Vermählung der beiden ungleichen Partner war eine Idee Heinrichs, aber jeder bei Hofe wußte, daß sie in erster Linie das Werk von Thomas Wolsey, dem königlichen Beichtvater und Lordkanzler war. Niemand konnte darüber hinweggetäuscht werden, daß die Macht im Lande bereits in den Händen des zukünftigen Kardinals lagen und daß er seinen Entschlüssen mit eher unkirchlicher, eiserner Energie zum Durchbruch verhalf. Sein Wille war es gewesen, Maria Tudor zur Königin von Frankreich zu machen, er war es auch, der zur baldigen Abreise drängte. Zunächst galt es, das Gefolge zusammenzustellen, das sie in die Fremde begleiten sollte. Wenn ich daran denke, daß allein vierundzwanzig Brautjungfern, zwischen zehn und zwanzig Jahre alt, von Katharina persönlich in den besten Familien des Landes ausgewählt wurden! Anna wünschte sehnlich unter ihnen zu sein. Sie wußte eine Audienz bei der Königin geschickt zu nützen, ihre Bildung und ihre Kenntnisse der französischen Sprache ins rechte Licht zu rücken und gleichzeitig auch die Zustimmung Maria Tudors zu erhalten.

Das königliche Einverständnis hatte sie gewonnen, fehlte noch das väterliche. Das war nicht allzu schwer einzuholen. Thomas Boleyn war zu allem bereit, wenn es um seine Karriere ging,und seinen Plänen konnte es nur nützlich sein, wenn Anna am Hof des französischen Königs ein wenig Schliff erhielt.

Unlängst hatte er seine älteste Tochter Maria an den Hof der Erzherzogin Margarethe von Habsburg nach Mecheln kommen lassen, in der Hoffnung, ihre Schönheit möge bald einen begüterten Freier anlocken. Anna mußte durch Charme, Geist und Eleganz ersetzen, was ihr an Schönheit fehlte (man denke an die schwarzen Haare, das Muttermal und den Finger) und wo wären diese Eigenschaften leichter zu erwerben als in Frankreich? Die englischen Väter genießen im Ausland keinen guten Ruf. Man sagt ihnen Egoismus ihren Kindern gegenüber nach, weil es Sitte geworden ist, sie jung aus dem Hause zu geben und in die Fremde zu schicken. Das trifft aber nicht immer zu und ich selbst habe bessere Erfahrungen gemacht. Für Thomas Boleyn aber war dieses Urteil recht treffend und sein Verhalten im Laufe der Jahre sollte es bestätigen. Wenn er Maria in die Niederlande kommen ließ und Anna nach Paris schickte, so diente das in erster Linie seinen eigenen Interessen.

Anna hatte durchgesetzt, daß ich sie nach Paris begleiten durfte. Nicht etwa als Hofdame, dazu war ich zu jung. Eher als ihre Begleiterin oder jugendliche Gesellschafterin, damit sie sich im fremden Land nicht allzu einsam fühlte.

Um Sankt Martin setzte sich der riesige Hochzeitszug — wir waren fast tausend, darunter Anna und ich, ihr Vater und Großvater Surrey, unterdessen Herzog von Norfolk — zur Einschiffung nach Dover in Bewegung, wohin uns auch das Königspaar und alle Großen des Reiches begleiteten. Doch wir hatten die Rechnung ohne die Herbststürme gemacht. Zwei volle Wochen hinderten sie uns an der Ausfahrt, zwei Wochen in improvisierten Unterkünften, in Regen und Kälte. Als die kleine Flotte endlich die Segel setzen konnte und wir den Hafen von Dover hinter uns ließen, wurden wir von schrecklichen Sturmböen erfaßt und wie armselige Nußschalen auf einem Ozean hin- und hergeworfen. Wie immer unsere heldenmütigen Mannschaften auch manövrierten, es schien unmöglich, die französische Küste zu erreichen, die doch nur ein paar Meilen von der englischen entfernt und bei klarem Wetter in Sichtweite lag. Von den Wellen geschüttelt, die Masten gebrochen, die Segel zerfetzt irrten wir siebzehn lange Tage — es kommt selbst mir in der Erinnerung fast unfaßlich vor — auf dem Ärmelkanal, ein Spielball der Elemente, ohne daß ein Ende abzusehen war. Ich kann nicht sagen, ob alle Schiffe den Weg in einen schützenden Hafen fanden, aber ich weiß, daß manche das Abenteuer mit dem Leben bezahlten. Das Ziel der Reise war Boulogne, doch der Sturm trieb uns ab, bis die Flotte endlich weiter südlich in der Mündung der Somme Zuflucht fand. Während der stürmischen Überfahrt waren alle erbärmlich seekrank geworden. Keiner konnte sich mehr von seinem Lager erheben. Selbst die stärksten Ritter blieben unter Deck. Jetzt, als es hieß, an Land zu gehen, wollten uns vor Schwäche die Beine nicht mehr tragen und so erreichte die junge Königin mit ihren vierundzwanzig Brautjungfern in den kräftigen Armen normannischer Fischer endlich das französische Ufer. In Abbéville wurden eilends Herbergen für uns hergerichtet und Anna und ich hatten die Schrecken der Reise bald vergessen. Anders Maria Tudor, die Ärmste. Ihre Truhen mit den kostbaren Kleidern und Pelzen waren verdorben, Geschmeide und Putz verloren und bei all dem regnete es weiter in Strömen, Sturm peitschte über das Land. Maria war leidend und zeigte keine Eile, Abbéville zu verlassen und auf durchweichten Straßen nach Amiens weiterzureisen, wo der König sie ungeduldig erwartete.

Die Hochzeitsfeierlichkeiten, die dann folgten, waren ohne Glanz und Fröhlichkeit. Maria konnte scheinbar nicht zu Kräften kommen und blieb melancholisch, was aber einen anderen Grund hatte als die stürmische Überfahrt. Schuld an ihrem Trübsinn war viel eher, was man am Hofe flüsterte, nämlich, daß sie einen anderen liebte, den schönen Lord Brandon, Herzog Karl von Suffolk, und daß sie heimlich mit ihm verlobt war. Heinrich VIII. hatte für solche Dinge kein Verständnis und die Liebe seiner Schwester ohne zu Zögern seinen politischen Zielen geopfert. Gewiß, das waren nur Gerüchte, aber die Zukunft sollte ihnen recht geben.

Leider warteten nach der Hochzeit traurige Nachrichten auf uns. Ludwig war eifersüchtig. Mißtrauisch hatte er den Einzug des umfangreichen Gefolges seiner Gemahlin beobachtet. Es könnte sie daran hindern, sich dem französischen Hof und seinen Sitten einzufügen, meinte er und beschloß, die ganze Schar ohne Verzug nach England zurückzuschicken. Stand das Ende unserer Träume bevor? In letzter Minute wurden unsere Hoffnungen durch Claude, der Gemahlin des Thronfolgers Franz von Angoulème gerettet. Unter den englischen Hofdamen hatte sie für ihren eigenen Hofstaat zwei ausgewählt, Anna Boleyn und ihre Cousine Elisabeth Grey, Enkelin Heinrichs VII., deren Nichte Jane Grey viele Jahre später neun Tage lang auf dem Thron von England regieren sollte, bevor Maria die Blutige sie dem Henker auslieferte...

Claudes besonderer Gunst hatten wir auch zu verdanken, daß sogar ich in Annas Begleitung vorläufig in Paris bleiben und mit ihr Zeuge der großen Ereignisse sein durfte, die auf uns warteten als... Doch eilen wir der Zeit nicht voraus.

Zurück zu Maria Tudor. Hatte es sich wirklich gelohnt, ihre Liebe zu zerbrechen? Sechsundzwanzig Tage nach ihrer Hochzeit starb Ludwig XII. Manche sagen an Gangrene, andere behaupten an übermäßiger Liebe zu seiner jungen Gemahlin! Jedenfalls nahm er König Heinrichs Hoffnungen auf ein dauerhaftes Bündnis zwischen England und Frankreich mit ins Grab.

Erneut lebten wir in der Ungewißheit. Würden wir mit der jungen Witwe nach London zurückgeschickt werden? Doch Franz, der erste seines Namens auf dem Thron von Frankreich, war nicht gewillt, seine Regierungszeit mit einer unliebenswürdigen Geste einzuleiten. Claude ihrerseits hatte so viel Gefallen an Anna gefunden, daß sie selbst Thomas Boleyn um die Erlaubnis für das Verweilen seiner Tochter am französischen Hof bat. Es wurde ihr ohne Zögern gewährt. Anna war natürlich nicht die einzige, der diese Ehre zuteil wurde. Die Königin, deren Sittenstrenge und Interesse für Erziehungsfragen bekannt war, hatte eine Art Stiftung gegründet, zu der junge Damen des gehobenen Standes Zugang fanden, und darin eine Ausbildung erhielten, die sie für das Leben in den Fürstenhäusern ihrer Zeit vorbereitete. Sie wurden von Claude persönlich unter den zahlreichen Anwärterinnen ausgewählt und der Obhut von Erziehern und Gelehrten übergeben, die ihre Gaben für Musik, Gesang, Poesie, Malerei und Sprachen förderten, sie in höfischer Sitte und Etikette unterwiesen, und zu der tugendsamen Zurückhaltung erzogen, die den ethischen Prinzipien der Königin entsprach. So hatte sie, als König Ludwig erkrankte und sein baldiges Ableben zu erwarten war, Anna Boleyn und Elisabeth Grey aus Maria Tudors Gefolge in diesen Kreis übernommen. Ob sie den Skandal ahnte, welcher der Hoftrauer folgen sollte, und beschlossen, die beiden jungen Engländerinnen vor Verwicklungen zu bewahren?

Es begab sich nämlich, daß ausgerechnet Lord Brandon, Herzog von Suffolk am Hof in Paris erschien, um die Beileidsbezeugungen des englischen Herrscherpaares zu übermitteln. Das Unglaubliche geschah: die „untröstliche Witwe" warf sich ihm in ganz unköniglicher Art in die Arme und überredete ihn, sofort heimlich Hochzeit zu halten, denn sie war sich wohl bewußt, daß ihr Bruder sie Erzherzog Karl von Habsburg bestimmt hatte und niemals seine Erlaubnis für die von ihr gewünschte Ehe erteilen würde. Der Skandal war vollkommen und es gab ein schönes Spektakel an beiden Ufern des Ärmelkanals.

Derjenige aber, der eigentlich am meisten von dem Affront betroffen war, Franz I., betrachtete die Liebesgeschichte eher mit Vergnügen. Einerseits war er sicher erleichtert, daß Ludwig XII., sein königlicher Oheim, nun doch ohne männlichen Erben das Zeitliche gesegnet und ihm, dem Sprößling einer Seitenlinie, das Reich übergeben hatte. Andererseits war zur Genüge bekannt, daß er es mit Tugend und Sittsamkeit nicht so genau nahm. Unbeschwert rauschte er von einer Liebschaft zu anderen – kaum ein Frauenherz vermochte ihm zu widerstehen, denn er galt als einer der schönsten Männer seiner Zeit (eine Ansicht, die ich noch heute nicht teilen kann!). Niemand kannte die Zahl seiner Mätressen. Wenn Claude, Tochter des verstorbenen Königs, auch unter diesen Zuständen litt, sie war viel zu stolz und zu beherrscht, es zu zeigen. Ich glaube, daß sie in ihr eher ein Gefühl der Abneigung, als das der gekränkten weiblichen Eitelkeit weckten. Die Ehe zwischen Franz und ihr war keine Liebesheirat und man kann sich kaum gegensätzlichere Charaktere vorstellen. Die in strenger Gläubigkeit erzogene Königin empfand das Ehebett als einen Sündenpfuhl und die Freuden der Liebe als den Gipfel der Verwerflichkeit. Franz hingegen ging seinem Vergnügen nach, ohne auf die Empfindungen seiner Gemahlin Rücksicht zu nehmen. Es wurde sogar gemunkelt, daß seine eigene Schwester Margarethe, die geistreiche Herzogin von Alençon und spätere Königin von Navarra ... seine Favoritin sei! Ich kann solchen Gerüchten bis heute keinen Glauben schenken, obwohl die Geschwister sich sehr ähnlich waren und keinen Hehl daraus machten, daß sie eine große Zuneigung verband. Hochgebildet, begabt und schönheitsbesessen, unbekümmert und, mit einer kleinen Dosis Provokation allen neuen Ideen gegenüber aufgeschlossen, bildeten sie ein so vollkommenes Paar, daß ihr auffallend inniges Verhältnis zueinander vielleicht mißgedeutet werden konnte. Für Anna und mich war Margarethe eine der faszinierendsten Persönlichkeiten am Hofe, mit einem ausgeprägten Sinn für persönliche und geistige Unabhängigkeit, an dem ihre Erziehung wohl nicht ganz unschuldig war.

Margarethe, um diese Zeit etwa 24 Jahre alt und seit sechs Jahren mit dem Herzog von Alençon verheiratet, war schon als Kind mit ihrem Bruder und ihrer Mutter, Luise von Savoyen, Cousine Ludwigs XII., in das königliche Schloß von Amboise an der Loire gekommen und hatte dort die glänzendsten und zugleich lehrreichsten Jugendjahre verbracht, die man sich denken konnte.

Der prunkvolle Ausbau des Schlosses zu einer wahren Cité mit fürstlichem Wohnsitz, Kirche, Wohngebäuden für Offiziere und Hofbeamte, weitläufigen Stallungen und Kasematten, hatte schon unter den Königen Karl VIII. und Ludwig XII. begonnen und verriet deutlich den Einfluß der italienischen Architektur, mit der die beiden Herrscher auf ihren Feldzügen in Kontakt gekommen waren. Die prächtige Anlage, die wir bald kennenlernen sollten und zu deren Füßen die Loire träge hinfließt, war für eine dauerhafte Hofhaltung bestimmt. Sie galt mit Blois als Lieblingsaufenthalt der Könige.

War es der Zauber dieses einzigartigen Schlosses mit seinen umliegenden Jagdgefilden, die unendliche Möglichkeiten zu Spiel und Abenteuer boten? Oder war es die gelehrte Erziehung der Mutter und des Haushofmeisters François-Jean Marot, dessen Sohn Clément am Unterricht teilnahm? Sicher ist, daß die geistigen Bande, die auf Schloß Amboise geknüpft wurden, nie zerrissen. Auch haben alle drei unauslöschliche Spuren in der Geschichte hinterlassen. Clément Marot wurde einer der größten französischen Lyriker seiner Zeit, Verfasser von Elegien und Sonaten, Verfechter einer neuen Geisteshaltung. Margarethe, die schon während unseres Aufenthaltes einen Kreis von Gelehrten und Poeten um sich sammelte, in dem auch Anna Aufnahme fand, hinterließ Verse und Schriften, die an Boccaccio erinnern und die sogar in England bekannt wurden. Franz hat sich selbst zwar der Dichtkunst nicht hingegeben, war aber mit einem außerordentlichen Schönheitssinn begabt und galt als unermüdlicher Förderer von Kunst und Wissenschaft. Er umgab sich mit den berühmtesten Gelehrten, mit Malern, Bildhauern und Architekten, die er aus Italien kommen ließ, und begann mit einem nie erlahmenden Eifer unter ihrem Einfluß (man sagt, Leonardo da Vinci habe die Pläne von Chambord entworfen) seine Schlösser nach italienischem Geschmack umzugestalten. Fieberhafte Bautätigkeit herrschte in Blois, Amboise, Chambord, Paris, vor allem aber in Fontainebleau, einem Jagdschloß vor den Toren der Hauptstadt, das er als seinen künftigen Hauptsitz auszubauen gedachte und das seinen persönlichen Stempel tragen sollte.

Nie werde ich die Pracht vergessen, mit der die Wohnsitze der französischen Könige ausgestattet waren. Allein in Amboise, das uns so vertraut wurde, gab es sechzig Truhen und sechzig Tische, unzählige Marmorstatuen und kostbare Wandbehänge aus den

Werkstätten in Flandern und Paris. Die Fußböden waren mit über 200 Teppichen aus dem Orient belegt und über den Schloßhof, von dem der Blick weit über das Land bis zu den Türmen von Tours schweift, konnte bei Festlichkeiten eine himmelblaue Plane gezogen werden, die mit Sonne, Mond und Sternen verziert war!

Aber auch äußerlich waren die französischen Schlösser dieser Zeit grundverschieden von denen in unserer englischen Heimat. Sie schienen uns so viel lichter und eleganter mit ihren hohen Dächern, den üppig verzierten Giebeln über den Lukarnen der oberen Stockwerke, mit ihren Loggien, Kolonnaden und Arkaden, die zum Flanieren einluden. Breite Treppen in eigens dafür angelegten Türmen führten zu den Empfangssälen und den Fürstengemächern. Auf der großen Terrasse von Amboise war ein herrlicher Garten angelegt worden, der eher für Heiterkeit und Lebensfreude, für Musik und Tanz geeignet schien, als für Politik und Hofintrige, obwohl es gerade an Letzterem nicht fehlte.

Nach seiner Salbung in Reims, der feierlichen Krönung in St. Denis und seinem glanzvollen Einzug in die jubelnde Hauptstadt, begann Franz, sein Heer für seinen ersten Kriegszug nach Italien zu sammeln. Mailand war sein Ziel, Zankapfel zwischen Kaiser und König. Claude, die Königinmutter, die in seiner Abwesenheit die Regentschaft übernahm, und sein ganzes Gefolge brachen mit ihm bis Blois auf. Es war nichts Ungewöhnliches, daß die Hofhaltung des Königs zeitweise in die Schlösser an der Loire verlegt wurde und möglicherweise stammte diese Sitte aus der Zeit, als unsere englischen Könige große Teile Frankreichs ihr eigen nannten. Uns jedenfalls erlaubte sie, das Herz unseres Gastlandes kennenzulernen.

Wochen und Monate vergingen mit den von Königin Claude angeordneten Studien, aber auch mit glänzenden Bällen, Jagden und Spielen, an denen Anna mit Begeisterung teilnahm. Sie war nicht nur eine vorzügliche Reiterin, sondern auch eine graziöse Tänzerin, die den Blick manches jungen Ritters auf sich lenkte.

Gleichzeitig gab der Gelehrtenkreis um Margarethe von Alençon (ihr Gemahl war als Feldherr mit nach Italien gezogen) Anlaß zu ausgedehnten Diskussionen über Fragen der Religion, in der sich neue, bisher ungeahnte Strömungen spürbar machten, aber auch über Staatskunst, Philosophie und Fragen der Kunst. Sie wurden mit toleranter Offenheit geführt, denn sie dienten in erster Linie der Erhebung des Geistes und der Entwicklung neuer Ideen und machten den Hof, wo immer er weilte, zum Mittelpunkt des geistigen und

Treppenturm aus dem Schloß Blois an der Loire, einem der Lieblingssitze von Franz I.

kulturellen Lebens. Ich selbst war natürlich zu jung, um an diesen Gesprächen teilzunehmen. Anders Anna. Sie war bereits mit den Schriften des Erasmus und seiner englischen Freunde Grocyn und Morus in Berührung gekommen, hatte die Werke von Chaucer und Bacon studiert, Boccaccio und Dante gelesen. Ihre Sprachkenntnisse und ihre wache Intelligenz erlaubten es ihr, sich diesen frei denkenden Kreisen mühelos einzugliedern und ich glaube, daß der Einfluß des damals aufgenommenen Gedankenguts noch lange wirkte, als wir wieder nach London zurückgekehrt waren.

Zwei scheinbar unvereinbare Welten, zwei fast widersprüchliche Daseinsformen existierten am französischen Hof in einem überraschend harmonischen Gleichgewicht. Zum einen gab es die Welt der Tugend und Gelehrsamkeit, zum anderen die der glanzvollen Feste und der recht lockeren Spiele. Die Welt beherrschter Geistesdisziplin, wie die der unbeschwerten Sinnesfreuden. Die der Selbstzucht und Meditation wie die der Leichtfertigkeit. Anna fand sich in diesen scheinbaren Widersprüchen recht gut zurecht und schöpfte daraus Kenntnisse und Erfahrung, die sie in England nie hätte erwerben können.

Als sich im September 1515 die Wälder der Loire zu färben begannen, drangen die Nachrichten von den siegreichen Heldentaten des Königs und seiner Armee in Italien nach Amboise.

ZWEITES KAPITEL
(1515-1522)

Das Lager vom Goldenen Tuch

Mein Bericht wendet sich nun König Heinrich zu, aber es fällt mir schwer, in gemäßigten Worten über ihn zu berichten. Unvergessen ist mir der legalisierte Mord, den er an Königin Anna verübte. Die Jahre sind vergangen; der König ist seiner Gemahlin längst in den Tod gefolgt, sein Leib ist dahin, wie wohl auch seine Seele. Aber der Haß schwellt in meinem Herzen weiter und so wird es bleiben solange ich lebe. Und doch darf ich nicht verheimlichen, daß ich in meiner Jugend ganz anders über ihn dachte.

Als junger Mann war Heinrich eine prächtige Erscheinung und dadurch König Franz von Frankreich eigentlich recht ähnlich: Groß und kräftig gebaut, schlank und von gewinnendem Äußeren. Hinzukam seine schillernde Intelligenz, sein Kunstsinn, seine Bildung und vielseitigen Kenntnisse. Montjoy, der Kammerherr seiner Gemahlin Katharina von Aragon, liebte es, ein Wort von ihm zu zitieren, das er ausgesprochen haben soll, als er noch Prince of Wales war: „Ohne die Wissenschaften hätte das Leben keinen Sinn". Er war durchaus in der Lage, von gleich zu gleich mit dem großen Gelehrten seiner Zeit, Thomas Morus, über Fragen der Metaphysik zu diskutieren. Der Philosoph hatte den Thronantritt des jungen, hoffnungsvollen Herrschers mit einem Lobgedicht begrüßt und dieses kostbare Manuskript auf Pergament, mit zahlreichen Miniaturen geschmückt und in einem aus getriebenen Silber mit Edelsteinen besetzten Einband verwahrt, ist noch heute Bestandteil des Kronschatzes. Neben Heinrich erschienen die Vertreter des englischen Hochadels ungebildet. Das war in Frankreich zur Zeit unseres Aufenthaltes nicht viel anders gewesen, denn die neu von Italien ausgehende Geisteshaltung faßte erst langsam in der Umgebung des

Königs Fuß. In den Augen des Landadels zählte auf beiden Seiten des Ärmelkanals vor allem immer noch die Kriegskunst.

Seine Bewunderung galt weniger der Kraft des Geistes als der des Armes, der die Waffe führt, der die Siege auf dem Schlachtfeld und im Turnier erringt. Poesie und schöne Künste, Musik und Malerei waren Weiberkram, in Manneskreisen auf Schreiberlinge und Schwächlinge beschränkt. Hätten Anna und ich nicht so lange in Frankreich gelebt und eine andere Erziehung genossen als sie uns in England zuteil geworden wäre, so wäre uns die Rauheit dieser männlichen Sitten vielleicht nie aufgefallen. Die sieben Jahre am Hof Franz I. öffneten uns die Augen für die verfeinerte Lebenskultur, die er nach und nach einzuführen trachtete,und erst in der Erinnerung wird mir klar, welche umwälzende Entwicklungen gerade in dieser Zeit zum Durchbruch kamen. Noch 1515, im Jahre seines ersten Zuges nach Italien, stützte sich sein Ruhm einzig und allein auf seine Heldentaten, seine außergewöhnliche Körperkraft und seine Geschicklichkeit in der Waffenführung. Den Wert seiner Geistesgaben erkannten die Wenigsten. Erst nach seinem Sieg von Marignano über den Herzog von Mailand konnte er es wagen, seinen Hof mit den neuen Ideen zu konfrontieren, denen er jenseits der Alpen begegnet war und die er nun auch in seinem Land durchsetzen wollte. Es ging ihm darum, eine Umschichtung der Werte vorzunehmen und künftig den Werken den Vorrang über die Waffen zu geben. Eine neue Zeit brach an.

Anna und ich wurden in diesen Strudel der Entwicklung hineingezogen und wenn Franz über die Berichte spottete, die über das Leben in London herüberdrangen, so lachten wir mit. In Wahrheit hatte Heinrich VIII. mit wachsender Unruhe von dem Waffenruhm des französischen Königs Kenntnis genommen. Plötzlich war ein für ihn ernstzunehmender Rivale aufgetaucht, der ihm Schatten machte und wir fragten uns, was er wohl versuchen würde, um sich wieder ins rechte Licht zu setzen. Man erzählte sich, daß Heinrich 1515, kurz vor der Schlacht von Marignano, mit großem Pomp eine Gesandtschaft aus Venedig empfangen hatte, die gerade durch Frankreich gereist war. Ungeduldig soll er ihre höflichen Begrüßungsformeln unterbrochen und sie über Franz ausgefragt haben: „Ist es wahr, daß er so groß ist wie ich?" „In der Tat, Sir, ungefähr so groß". „Und ebenso breit?" „Nicht ganz, Eure Majestät." „Aha. Und wie sind seine Beine?" „Eher schlank, königliche Hoheit." — „Betrachtet die meinen!" rief der König aus und öffnete seine Rockschöße, daß seine mächtigen Schenkel sichtbar wurden: „Und meine Waden sind

auch nicht übler geformt!" Nachdem er sich eine Weile an ihren
verdutzten Gesichtern ergötzt hatte, ließ er die Worte fallen: „Mir
gefällt der König von Frankreich".

Unvorsichtigerweise fügte er noch hinzu, daß Franz ohne seine
Zustimmung die Alpen niemals überqueren werde. Mehr Zurückhaltung wäre am Platze gewesen, denn bald verbreitete sich die
Nachricht, daß der König von Frankreich die Alpen sehr wohl ohne
seine Erlaubnis und zwar mit einem Heer von zwanzigtausend Kriegern überschritten und bald darauf die Eidgenossen bei Marignano
vernichtend geschlagen hatte. Eine diplomatische Schlappe für
Heinrich, die uns den Spott der Hofschranzen eintrug. Aber für uns
waren Diskussionen über militärische Siege oder Niederlagen unwichtig. Uns interessierte viel mehr die Neuigkeit, daß Heinrich
sich über seinen Ärger mit einem Frauenherz zu trösten wußte. Der
Anlaß seines ersten Fehltritts nach sechsjähriger Ehe war die junge
Elisabeth Blount, siebzehn Jahre alt. Sie hatte ihrem königlichen
Anbeter wenig Widerstand entgegengesetzt und beide waren vor
der Pest, die in London wütete, auf den Landsitz von Abington geflohen. Wir fragten uns, ob sich die Affaire wohl zu einer Ehekrise
zuspitzen würde, denn Katharina war eine stolze, sittenstrenge Frau,
und Heinrich hatte dem Vater der schönen Elisabeth, gewissermaßen in Anerkennung seines stillschweigenden Einverständnisses,
bereits den Titel eines königlichen Oberstallmeisters verliehen.
Doch nichts geschah, das Idyll schien die Ehe nicht zu gefährden.
Im Gegenteil, wie es in solchen Situationen manchmal vorkommt,
zeigte sich der schuldbewußte Heinrich der Gemahlin und dem
Töchterchen gegenüber von der charmantesten Seite.

Zu dieser Zeit begann ein gewisser Martin Luther in Deutschland
Thesen für eine Reform der katholischen Kirche zu verbreiten. Niemand wußte noch, was er genau im Sinne hatte, noch konnte man
sich vorstellen, wie sich eine solche Reformbewegung, wenn sie
sich ausweitete, in anderen Ländern auswirken könnte. Franz I.
schien eine Bedrohung Frankreichs, der „ältesten Tochter der Kirche", wie man zu sagen pflegte, von dieser Seite aus nicht ernstlich
zu befürchten. Anna versprach sich von Luthers Bemühungen einige Hoffnung auf Befreiung von kirchlichem Zwang. Der König von
England aber beobachtete die Reformbestrebungen nicht ohne Unruhe, denn sie schienen den neuartigen, kritischen Ideen entgegen-
zukommen, die sich hier und da in seinem Königreich verbreiteten.
In den Universitäten machten sich weltliche Einflüsse geltend, die
mit dem Humanismus in Zusammenhang standen und Thomas Mo-

rus, Freund des Erasmus, vollendete seine „Utopia", eine zeitkriti-
sche Schrift. Unter diesen Umständen schien es Heinrich geboten,
seine Machtstellung im Innern durch Verträge mit Rom und Paris zu
sichern. Seine ersten Annäherungsversuche galten Franz I., dem er
die so teuer erkaufte Stadt Tournai zur Hälfte des Preises anbot, den
sie ihn gekostet hatte. Handelseinig geworden, begann Wolsey Ehe-
pläne zwischen der kleinen Maria von England und dem französischen Thronfolger – beide kaum zweijährig – zu schmieden, um
die seit dem Tod Ludwigs XII. gelockerten Beziehungen zu festi-
gen. Das war nun wieder nicht nach dem Geschmack von Katharina, die nicht ohne Grund befürchtete, daß diese Pläne das Bündnis
gefährdeten, das England mit Habsburg verband. Andererseits erfüllte sie, die glühende Katholikin, Luthers Reformbewegung mit
Angst und Abscheu. Die Anlehnung an Frankreich war also von
großem Wert, und es fiel ihr sichtlich schwer, in dieser zwiespältigen
Lage eine klare Haltung einzunehmen.

All diese Nachrichten waren uns durch eine Gruppe englischer
Edelleute überbracht worden, die sich zum Zwecke der Eheverhandlungen
am französischen Hof aufhielten. Sie erregten darüber
hinaus einiges Aufsehen, als König Franz sie zur Teilnahme an allerlei Mummenschanz in den Straßen von Paris einlud, wie er ihn
manchmal aus reinem Übermut und zum Zeitvertreib veranstaltete.
Diesmal ging die Sache so weit, daß die Herren zu Pferde die braven Bürger der Stadt mit Honigkuchen und weichen Eiern bombar-
dierten. Man stelle sich derlei Unsinn im steifen London vor! Seit
dem Regierungsantritt von Franz I. gab es eigentlich keine strenge
Hofetikette und die unzeremonielle Hofhaltung des jungen Herrschers war sprichwörtlich. Aber wenn man auch daran gewöhnt
war, daß er sich unbekümmert unter sein Volk begab, so wurde der
letzte Vorfall doch als Bubenstreich verurteilt und zum Vorwand genommen, die schlechten Manieren der Engländer anzuprangern...

* * * *

Im Januar 1519, nach der Pest, starb Kaiser Maximilian von Habsburg am Schlagfluß. Der Kaiserthron stand leer. Die Neuwahl wurde auf den Monat Juni festgelegt und von diesem Zeitpunkt an lebten wir in einem wahren Wirbel der Ereignisse. Der Hof glich einem
summenden Bienenkorb.

Wer von den drei königlichen Kandidaten Franz, Heinrich oder
Karl würde triumphieren? Denn das stand fest, keiner von ihnen

zweifelte auch nur einen Moment daran, daß die Würde einzig und allein ihm zustünde. Jeder versuchte, seine Rivalen an Glanz und Prachtentfaltung auszustechen, jeder trachtete danach, durch fürstliche Geschenke, Feste und Empfänge, Versprechungen und Bestechung möglichst viele Parteigänger zu gewinnen. In Paris und Amboise wurden Wetten abgeschlossen und tollste Pläne geschmiedet. Anna setzte auf Franz, ich gab meine Stimme an Heinrich. Von Karl wußten wir beide nicht viel, außer, daß er etwa unser Alter hatte, also der jüngste der drei Anwärter war. Im Geheimen aber waren zu dieser Stunde die Würfel schon gefallen. Ein genialer Einfall von Margarethe, Generalstatthalterin der Niederlande, hatte die Entscheidung herbeigeführt, indem sie den Hafen von Antwerpen mit all seinen Schiffen darin dem Fugger in Augsburg verpfändete und mit der so erlangten Geldsumme Karls erschöpfte Staatskasse auffüllte, um die letzten zögernden Stimmen der deutschen Kurfürsten zu kaufen. Karl, von nun an der fünfte seines Namens auf dem deutschen Kaiserthron, hatte das Rennen gemacht. Er vereinigte unter seinem Zepter Spanien, Österreich, Deutschland, die Niederlande und einen großen Teil Italiens. Mit neunzehn Jahren wurde er der unbeschränkte Herrscher Halbeuropas. Und wir hatten unsere Wetten verloren.

Nichts ist trauriger als der Katzenjammer nach rauschenden Festen, vor allem wenn sie mit den kühnsten Hoffnungen verknüpft gewesen waren. Wir konnten uns die Laune Heinrichs VIII. nach dieser Enttäuschung gut vorstellen. Wie aber würde der König von Frankreich reagieren, der so ungern einen Mißerfolg einsteckte? Während ein paar Tagen ließ er sich nicht sehen, und das Leben am Hof verfiel in eine gedämpfte Lethargie. Doch nicht umsonst wurde Franz „Champagner-König" genannt, weil er durch seine überschäumende Fröhlichkeit und Unternehmungslust seine ganze Umgebung in gute Laune versetzte. Genauso war es auch jetzt. Sei es um den Fehlschlag zu vergessen, sei es um vor den Augen der Welt in einem Anflug von Herausforderung noch reicher und noch glanzvoller zu erscheinen, Festlichkeiten und Zerstreuung aller Art wurden wieder aufgenommen. Franz, der es nie lange an einem Ort aushalten konnte, entschied sich für eine Reise durch sein Land. Umgeben von dem gesamten Hofstaat und von einem Heer von fünfzehnhundert Rittern, Ehrenjungfrauen und Damen zog der König in einem Wirbel von Festen und Empfängen von Stadt zu Stadt, von Schloß zu Schloß. Unmöglich, sie alle aufzuzählen, aber in meiner Erinnerung steigen die Namen von Abbéville, Boulogne, Saint-

Quentin, Ecouen und Rouen auf. Ja, vor allem Rouen, Hauptstadt der Normandie, reichste Stadt des Reiches nach Lyon. Dort wurde uns der glänzendste Einzug bereitet, den je eine Stadt ihrem König zuteil werden ließ. Die ganze Bevölkerung war auf den Beinen. Über den Straßen wölbten sich Blumenbögen und flatterten bunte Fahnen, auf die der Salamander, Wappentier Franz I., gestickt war. Fürstliche Ruhezelte säumten die Plätze. Schauspiele, Allegorien – dem Zeitgeschmack entsprechend reich an Nymphen und Göttinnen – und lebende Bilder, die seine Waffentaten priesen, lösten einander ab. Darunter die überraschende Darstellung einer Mischung von griechischem Olymp und christlichem Paradies, in dem Minerva für den König einen Platz zur Rechten Jupiters forderte, während die heilige Jungfrau ein Lamm in ihren Armen trug, als Symbol für die Stadt Rouen, die sich in den Schutz ihres Herrschers begibt...

Für den Champagnerkönig waren solche Veranstaltungen das beste Lebenselexier, das ihn zu neuen Taten anregte: Kaum nach Amboise zurückgekehrt, beschloß er, Karl V. aus Neapel zu vertreiben und bewies damit, daß ihn seine Niederlage bei der Kaiserwahl mehr verbittert hatte, als er zugeben wollte. Franz I. bereitete sich auf einen neuen Krieg vor, Schritt für Schritt, mit großer Beharrlichkeit.

Bisher war die nun fast fünfzehnjährige Anna dem König noch nicht aufgefallen. Jetzt aber, da sich die Möglichkeit eines Kampfes mit den Heeren Karls am Horizont abzeichnete, wurde die Annäherung an England dringlich, für die Wolsey bereits gearbeitet hatte. Eine Fühlungnahme mit dem englischen Gesandten in den Niederlanden schien Thomas Boleyn erstrebenswert. Franz besann sich darauf, daß dessen Tochter seit Jahren an seinem Hof lebte, ließ sie zu sich kommen und ... fand sie äußerst anziehend. Manche wollen wissen, daß sie seinem Charme erlegen sei, aber ich erhebe mich gegen diese Behauptung. Anna hatte zwar eine Schwäche für den verführerischen König, war aber noch in einem Alter, da die Zudringlichkeiten eines Mannes eher Ablehnung hervorrufen. Franz seinerseits hatte sich zu sehr an leichte Eroberungen gewöhnt, um seine Zeit mit kindischem Getue zu verlieren. Vor allem ging es ihm zunächst darum, über Anna auf diskrete Weise Verbindung mit ihrem Vater anzuknüpfen. Vielleicht fürchtete er auch einen Streit mit Königin Claude, unter deren besonderem Schutz sie stand. Kurz, sie genoß von nun an auch den seinen.

Da Thomas Boleyn seinen Posten in den Niederlanden nicht verlassen konnte ohne Aufsehen zu erregen, schickte er meinen Vater, seinen engsten Vertrauten, nach Frankreich. Durch ihn erfuhren wir, Anna und ich, daß ein französisch-englisches Bündnis in Vorbereitung war. Nach London zurückgekehrt, unterrichtete er Wolsey über die Verhandlungsbereitschaft des französischen Königs, und erfuhr bei dieser Gelegenheit, daß auch Karl V. ein Bündnis mit England anstrebte. Offensichtlich suchten Kaiser und König gleichermaßen eine Rückendeckung für ihre Unternehmungen in Italien. Karl brauchte sie umso mehr, als er in Spanien gegen eine starke Oppositionsbewegung zu kämpfen hatte. Ohne es zu wollen, hielten Boleyn und mein Vater die Trümpfe des Spiels in den Händen, das Wolsey einmal mit dem einen, einmal mit dem anderen Herrscher zu spielen gedachte... Annas Herz und meines schlugen für ein Bündnis mit Frankreich und wenn sich Wolsey nach einigem Zögern − zunächst − zu diesem Schritt entschied, so glaube ich annehmen zu dürfen, daß unsere Väter an diesem Entschluß nicht unbeteiligt waren.

Um dem Vertrag Gewicht zu verleihen, wurde eine Begegnung zwischen den beiden Monarchen geplant, die alles Bekannte an Prachtentfaltung in den Schatten stellte. Jeder der beiden traute sich zu, den anderen an Glanz und Luxus zu übertreffen. Wolsey wurde von Heinrich mit der Organisation beauftragt, und da er die Prunkliebe seines Herrn teilte, hoffte er, einen Teil des Ruhms für sich einheimsen zu können. Schon jetzt war sein im Dienste des Königs erworbener Reichtum sprichwörtlich und die Einkünfte, die ihm aus seinen zahlreichen Bistümern und Abteien zuflossen, standen denen der Krone kaum nach. In York Place, seinem riesigen Stadtpalast in London häuften sich die Kleinodien, goldenes Geschirr und andere Kostbarkeiten. Seine Sammlung von Wandteppichen aus Flandern galt als Sehenswürdigkeit und wohl tausend Menschen standen in seinen Diensten. An ihm sollte es nicht fehlen, das „Gipfeltreffen" in ein Schauspiel zu verwandeln, das an Glanz und Herrlichkeit alles Vorstellbare übertraf.

Dazu war er umso mehr entschlossen, als er wußte, daß Franz auf das Talent namhafter Künstler zählen konnte, die er an seinem Hof beschäftigte. Hatte nicht Leonardo da Vinci die letzten Jahre seines Lebens in Clos Lucé bei Amboise verbracht, wo er kürzlich gestorben war? Eine aufrichtige Freundschaft hatte den ehrwürdigen Meister mit dem König verbunden, dessen Feste er mit seinen genialen Konstruktionen und Maschinerien zum Tagesgespräch an allen europäischen Höfen machte.

So waren die Vorzeichen für ein Königstreffen gesetzt, das unter dem Namen „Das Lager vom Goldenen Tuch" noch heute in aller Munde ist.

* * * *

Niemals mögen politische Unterhandlungen mit einem derartigen Übermaß an Luxus, selten aber auch mit einem gleichen Quantum an Mißtrauen und Hintergedanken eingefädelt worden sein. Schon die Wahl des Ortes war heiß umstritten. Um den Stolz keines der Teilnehmer zu verletzen und um keinen zu übervorteilen, einigte man sich schließlich auf einen neutralen Landstrich in der Nähe von Calais, im Grenzgebiet zwischen dem englischen Territorium und dem französischen Herrschaftsbereich. Seit mehr als vierhundert Jahren hatten sich die beiden Länder in zahllosen, blutigen Kriegen gegenübergestanden, und bis zum letzten Augenblick vor Beginn der Besprechungen fragte man sich auf beiden Seiten, ob das freundschaftliche Treffen nicht in offenen Kampf ausarten würde. Am 1. Juni 1520 traf Heinrich VIII. in Calais, Franz in Ardres ein.

Eine ganze Armee von Zimmerleuten, Zeltmachern und Glasarbeitern hatte Wolsey mit einem märchenhaften Gebilde, halb Palast, halb Riesenzelt vorausgeschickt. In London konstruiert, mußte es nun an Ort und Stelle aufgerichtet werden. Es bestand aus einer Gruppe von vier Hauszelten mit acht Sälen, Kabinetten, Garderoben und sogar einer Kapelle, deren Wände Glasfenster zierten. Darum herum gruppierten sich hunderte von weißen, mit goldenen Sternen bestickten Zelten, die in der Sonne blinkten. Innen waren sie mit den Tudorfarben weiß und grün ausstaffiert. Vom Dachfirst der Palastanlage und den Zeltmasten grüßten die buntbemalten „royal beasts", Löwen, Hirsche, Drachen, Windhunde und Antilopen, die königlichen Wappenträger, wie sie an allen englischen Schlössern zu sehen waren.

In Ardres, gegenüber, hatte Franz I. an die zweihundert Zelte für die Königin, die Regentin, die Kardinäle und Konnetabeln wie für den ganzen Hofstaat aufstellen lassen. Alle mit Standarten und Wimpeln geschmückt, alle mit golddurchwebtem Tuch bespannt, das im Morgenwind wogte wie ein goldenes Meer. Die anderen weit überragend erhob sich in der Mitte das Zelt des Königs, aus vier Pavillons bestehend und mit geräumigen Gemächern und Galerien ausgestattet. Zwischen den Lagern der Könige befand sich ein Kuppelbau von schwindelnder Höhe, so wunderbar anzuschauen, daß man sich an den Hof des Sultans von Konstantinopel versetzt glaubte, wäre er nicht von einer goldenen Statue des Drachentöters St. Michael gekrönt gewesen. Ein wenig abseits entstand ein riesiger Triumphbogen und dahinter eine weitläufige, von Tribünen umgebene Einfriedung, die den Turnieren dienen sollte. Ihre Sitze waren mit Seidensamt in den Farben der Könige beschlagen.

Das königliche Treffen hatte übrigens noch ein äußerst pikantes Vorspiel. Beide Herrscher hatten geschworen, sich zum Zeichen und in der ungeduldigen Erwartung der Unterzeichnung des Freundschaftspaktes bis zum Tag ihrer Begegnung den Bart nicht mehr schneiden zu lassen. Katharina hatte an diesem, in ihren Augen lächerlichen Abkommen, Anstoß genommen und hörte nicht auf, ihren Gemahl des wachsenden Bartes wegen zu hänseln. Des Zankes müde gab Heinrich schließlich auf und ließ sich rasieren. Entrüstet befahl Luise von Savoyen Thomas Boleyn zu sich und machte ihn auf die Tragweite dieses Vertragsbruches aufmerksam. Ein diplomatischer Zwischenfall stand bevor. Sollte ein Streit um des Königs Bart das ganze Unternehmen in Frage stellen? Fieberhaft suchten Boleyn und mein Vater nach einer Ausflucht. Die Stunden verrannen bis Anna, einer glücklichen Eingebung folgend, vorschlug: Warum der Königinmutter nicht einfach erklären, Heinrich habe aus Liebe zu seiner Gemahlin so gehandelt? Alle stimmten zu und Thomas Boleyn beeilte sich, Luise zu beschwichtigen und zum Stillschweigen zu überreden. Heinrich, auf die Bedeutung des Zwischenfalls aufmerksam gemacht, ließ seinen Bart erneut wachsen und bärtigen Angesichts konnte er endlich auf seinem Schiff „Henry Grace of Gold" der Begegnung im Lager des Goldenen Tuchs zusteuern.

Doch noch war es nicht soweit. Sechs Tage lang herrschte ein ständiges Kommen und Gehen zwischen den beiden Zeltlagern, um alle Einzelheiten des ersten königlichen Treffens so auszuhandeln, daß keiner der beiden in seiner Eitelkeit verletzt würde. Zuviel stand auf dem Spiel und alles konnte durch den kleinsten Zwischenfall gefährdet werden.

Dann endlich war die Stunde gekommen. Obwohl man alles getan hatte, um die Neugierigen fernzuhalten, drängte am Morgen des 7. Juni eine bunte Menge zum Feld. Niemand wollte sich das einmalige Schauspiel entgehen lassen. Beide Könige brachen im gleichen Augenblick auf und ritten einander auf ihren Streitrossen entgegen. Heinrich VIII. von einer kleinen Anhöhe herabtrabend, in glänzender Rüstung, gefolgt von den prächtig gewandeten Wür-

denträgern des Reiches, Rittern, Schildknappen und 400 Bogenschützen. Schweigen senkte sich über das Volk, das sich eben noch
lachend und lärmend mit den Garden gezankt hatte. Kein Wort
mehr, keine Bewegung, kein Schrei. Nun erschien gegenüber auch
Franz I., Harnisch und Helmzier in der Sonne blitzend, von den
Konnetabeln flankiert, von seinem glänzenden Hofstaat umgeben.
Die Stille schien endlos, nur das Schnauben und Stampfen der Ros-
se war zu hören, die Spannung fast unerträglich.

Jeder von uns wußte, daß in Heinrichs Gefolge bis zum letzten
Moment zwei verschiedene Ansichten aufeinandergeprallt waren.
„Sire", hatte Lord Shrewsbury gedrängt, „wir sind in der Überzahl.
Greifen wir an, so ist Franz unser Gefangener". „Glaubt ihm nicht",
flehte Lord Abergavenny, „ich war im Lager der Franzosen. Sie sind
uns haushoch überlegen". „Auch ich war im Lager der Franzosen",
fauchte Shrewsbury, „und ich weiß, daß sie mehr Angst vor uns haben, als wir vor ihnen!"... Heinrich schwankte zwischen seinen sich
widersprechenden Ratgebern, die beide über einen gleich starken
Anhang in seinem Gefolge verfügten. Wie immer entschloß er sich
für keinen der beiden, sondern folgte in der entscheidenden Stunde
der Eingebung des Schicksals.

Noch immer lastete lautlose Stille über der Menge. Da hob Heinrich die Hand. Ein Trompetenstoß erscholl, die Hörner der Franzosen antworteten und von beiden Hügeln herab donnerten die Ge-
harnischten mit verhängten Zügeln aufeinander zu. Einen Atemzug
lang konnte man sich noch fragen, ob sie sich nicht gegenseitig die
Lanzen in den Leib rannten. Doch nein. Mit einer Handbewegung
gebot Franz seinen Edelleuten Stillstand und trabte allein Heinrich
entgegen. Niemand weiß, ob dieser nicht einen Moment zwischen
Furcht und Bewunderung schwankte, doch auch er hielt sein Gefolge an. Dann galoppierten beide Monarchen, Stolz ihrer Nationen,
mit gesenkten Lanzen aufeinander zu und zügelten in Sekunden-
schnelle ihre Pferde (sie waren nicht umsonst die besten Reiter ihrer
Zeit). Noch hoch zu Roß hoben sie gleichzeitig das federge-
schmückte Barett, verneigten sich mit höfischer Anmut. Dann
sprangen sie ab und gaben sich unter dem donnernden Beifall der
Menge den Bruderkuß. Das Märchenschloß aus dem Morgenland
nahm die königlichen Besucher auf und niemand weiß, was in den
ersten Stunden unter der monumentalen Kuppel gesprochen wurde. Am ersten Samstag zelebrierte Wolsey das Hochamt in einer
provisorischen Kapelle in der Nähe des Turnierplatzes. Richard
Pace predigte über das Thema Freundschaft.

Es folgten Tage der Bankette, Feste, Turniere. Heinrich bewies sein Können, indem er alle Gegner aus dem Sattel hob und acht Pferde zuschanden ritt. Es lag ihm sehr viel daran, bei den Franzosen, vor allem aber bei ihren Damen Bewunderung zu erregen, was ihm auch gelang. Doch unmerklich schien es, als ob sich nach dem Glanz der ersten Stunden langsam wieder eine gewisse Spannung auf das Lager senkte und die neugeweckten Freundschaftsgefühle einem steigenden gegenseitigen Mißtrauen Raum machten. Die Wachen um die beiden Herrscher wurden verstärkt und kaum wahrnehmbar entstand zwischen ihnen etwas wie eine unsichtbare Barrière. Die Verhandlungen stockten. Erklärte sich Heinrich VIII. bereit, einer Einladung Claudes zu einem Gastmahl nach Ardres zu folgen, so sah sich Franz gezwungen zur gleichen Zeit bei Katharina in Schloß Guines zu speisen... Jeder gewissermaßen Geisel des anderen. Eine derartige Atmosphäre des Argwohns entsprach nicht dem Charakter des französischen Königs und er entschloß sich, ihr auf seine unbekümmerte Art zu Leibe zu rücken.

Eines Morgens erhebt er sich früher als alle andern und reitet, in einen schlichten Mantel gehüllt und nur von einem Pagen begleitet zum Zeltlager der Engländer. Entzückt von dem gelungenen Streich läßt er sich von den fassungslosen Wachen zum Schlafgemach des Königs weisen. Heinrich erwacht, als die Tür aufgeht und Franz auf der Schwelle steht. Schlaftrunken springt er von seinem Lager auf. War es ein Traum? Aber nein. Mit den Worten „Betrachtet mich als Euren Diener" reicht ihm Franz Hemd und Wams. „Betrachtet mich als Euren Gefangenen" antwortet Heinrich geistesgegenwärtig und von der Eleganz der Geste überwältigt. Mit diesen Worten nimmt er eine kostbare Kette von seinem Hals und legt sie dem französischen König um. Von diesem Tage an waren die beiden Könige Duzbrüder.

Die Nachricht über das außergewöhnliche Ereignis verbreitete sich wie ein Lauffeuer durch die beiden Lager, und Spiele und Festlichkeiten nahmen fortan einen viel unbeschwerteren Fortgang. Beim Bankett, das am gleichen Abend stattfand, saß Anna dem englischen König schräg gegenüber und es wollte mir scheinen, daß sein Blick einen Augenblick auf ihr ruhte. Als ich sie aber später über ihren Eindruck ausfragen wollte, meinte sie nur kurz: „Er sieht weniger gut aus als der König von Frankreich"...

Während zwei Wochen trafen sich die beiden Monarchen täglich. Zu St. Johannis gab es einen fürchterlichen Sturm, der die Zelte losriß und es brauchte fast drei Tage, sie wieder aufzubauen. Sollte das ein böses Omen für die spätere Entwicklung der Dinge sein? Vorläufig herrschte eher Befriedigung über die Ergebnisse der Unterredungen. Gegen die Versicherung eines Dauerfriedens verzichtete Heinrich feierlich auf seine Erbansprüche in den Ländereien, die seit Jahren zum Zankapfel zwischen England und Frankreich geworden waren. Die Verlobung der Königskinder wurde bekräftigt und bis zu den Vermählungsfeierlichkeiten − Maria und der Dauphin waren noch keine drei Jahre alt! − eine Jahreszahlung von hunterttausend Golddukaten an den englischen König ausgesetzt. Auch Wolsey ließ sich von Franz seine wertvollen Dienste mit einer üppigen Rente lohnen.

Die Verhandlungen schienen den gewünschten Verlauf zu nehmen, was nicht hieß, daß sie einfach waren. Franz führte sie auf eine ihm eigene, verwirrende Art, die Heinrich aus der Fassung bringen konnte. So zeigte er sich oft in den ernstesten Diskussionen gelangweilt, gleichgültig und eher zu Spaß und Spott aufgelegt, um dann plötzlich Fragen, die den Engländern nebensächlich erschienen, mit tötlichem Ernst bis in den letzten Winkel zu durchleuchten. Nie konnte man bei ihm wissen, wo der Scherz endete und der Ernst begann. Hat er nicht eines Abends Boleyn beiseite genommen und mit einem rätselhaften Lächeln zugeflüstert: „Sollte ich einmal Kaiser sein, bin ich ein paar Monate später in Konstantinopel oder ... tot!" Was bedeuteten diese Worte? Spaß oder Drohung? Wie hat Heinrich sie gedeutet, als sie ihm hinterbracht wurden?

Bisher waren die Könige klug genug gewesen, nicht gegeneinander im Turnier aufzutreten. Doch eines Tages nach einem Bogenschießen, in dem Heinrich wie immer besonders gut abgeschnitten hatte, ergriff er − sei es aus Übermut, sei es aus einem Gefühl überlegener Stärke − eine Initiative, die keine guten Folgen sollte. Mit den Worten „Ringen wir, Bruder!" trat er auf Franz zu und, ohne auf eine Antwort zu warten, umschlang er ihn mit seinen mächtigen Armen. Im Nu waren beide im Handgemenge. Für mich bestand am Ausgang des Kampfes kein Zweifel, denn Heinrich war ein Hüne an Gestalt und bärenstark. Franz, zwar ebenso groß, wirkte neben ihm zierlich und feingliedrig. Aber Anna war anderer Ansicht. „Himmel, das wird ein böses Ende nehmen" rief sie aus und die Folge sollte ihr recht geben. Im Handumdrehen lag Franz am Boden und Heinrich glaubte schon, den Sieg in der Hand zu haben. Doch behende wie ein Aal entwand sich der Franzose seinem Griff und stand fröhlich lachend auf den Beinen. Ein zweites Mal versuchte Heinrich ihn zu Boden zu ringen, doch Franz stellte ihm geschickt ein Bein und ... trug den Sieg davon. Wir hüteten uns, Beifall zu klatschen, denn wir konnten an Heinrichs Gesichtsausdruck sehen, daß er innerlich vor Wut und Scham kochte. „Revanche", rief er, aber zu unserer Erleichterung kam es nicht mehr dazu. Das Festmahl war bereit und die Königinnen setzten dem heiklen Spaß ein Ende, indem sie den Kampfplatz verließen.

Der Zwischenfall wurde nicht mehr erwähnt, das fürstliche Treffen ging einem würdigen Ende entgegen. Und doch schien mir Anna von jenem Tag an nachdenklicher als gewöhnlich. Wieder einmal zeigte sich, daß sie weiter blickte als andere. „Der König", sagte sie zu mir, „ist nicht der Mann, eine solche Schlappe widerspruchslos hinzunehmen. Da er seine Revanche nicht auf dem Kampfplatz nehmen konnte, wird er sie auf einem anderen Terrain suchen... Du und ich, wir werden bald nach England zurückgerufen!

− Zurückgerufen? Warum? Welche Revanche?

− Wenn ich mich an seine Stelle setze, kann ich ganz gut erraten, was Heinrich plant. Mit seinem Sieg hat Franz ihn tödlich beleidigt, auch wenn er es selbst verschuldet hat. Ich möchte wetten, daß ihn sein nächster Schritt zu einer Begegnung mit dem Kaiser führen wird.

− Um Gottes Willen, damit wäre alles zunichte!

− Eben das fürchte ich auch. Aber hoffen wir, daß ich Unrecht habe".

Ihre Befürchtungen sollten sich schneller bestätigen, als wir annahmen.

Es wurde klar, daß Heinrich VIII. und sein Kanzler, auch wenn sie das Bündnis mit Frankreich angestrebt und verwirklicht hatten, im Grunde immer ein Doppelspiel trieben. Trotz aller Verträge trug der englische König − auf dem Papier − noch immer den Titel eines Königs von Frankreich, betrachtete Franz noch immer als seinen schlimmsten Rivalen und stand dank Katharinas Einfluß dem Habsburger noch immer näher als dem Franzosen. Und auch Wolsey, der nach der Tiara des Papstes äugte, versprach sich von einer Verbindung zum Kaiser mehr.

Heinrich hatte erfahren, daß sich Karl V., durch das Treffen der beiden Könige beunruhigt, überraschend nach Flandern begeben hatte, um Truppen auszuheben. Er ließ seinen „lieben Neffen" wissen, daß er vor seiner Einschiffung in Calais gerne zu einer Zusammenkunft bereit sei, wenn sie ihm, dem Kaiser, wünschenswert erschien. Die Begegnung fand nur kurze Zeit nach Abbruch des Lagers des

Goldenen Tuchs in wesentlich weniger glanzvoller Weise in Graveline statt. Kaiser und König trennten sich im besten Einvernehmen.

Heinrich wußte genau, daß es nicht lange dauern konnte, bis Franz von seinem Vorgehen unterrichtet würde und beeilte sich, den Agenten mit einer persönlich an ihn gerichteten Botschaft zuvorzukommen. Darin versicherte er ihn seiner Freundschaft, erklärte, er habe lediglich dem Neffen seiner Gemahlin seine Aufwartung gemacht und im übrigen ein Bündnisangebot im Hinblick auf den Freundschaftsvertrag mit Frankreich abgelehnt.

Trotz dieser zartfühlenden Bemühungen ist kaum anzunehmen, daß Franz sich durch das Manöver täuschen ließ. Schon nach einigen Wochen erreichten den Hof in Amboise Nachrichten, daß England Kriegsvorbereitungen zu treffen schien. Heinrich begann eine Flotte auszurüsten und den Gerüchten nach unterstützte er das kaiserliche Heer in den Niederlanden mit Lieferungen von Waffen und Munition. Auch eine Söldnertruppe schiffte sich ein.

Franz begriff, daß er hintergangen worden war und beschloß, rasch zu handeln. Zu rasch vielleicht und an zu vielen Orten zugleich. Wollte er nicht Karl aus Italien vertreiben? Nun, der sollte ihn jetzt auch noch in Navarra und in Flandern zu spüren bekommen. Aber die in Hast vorbereiteten Feldzüge brachten ihm kein Glück und Franz mußte eine Reihe empfindlicher Rückschläge einstecken. Die Truppen, die er zur Rückeroberung Navarras Heinrich d'Albret zu Hilfe geschickt hatte, wurden nach anfänglichen Erfolgen von den Spaniern geschlagen. Im Norden gelang es Bayard und dem Konnetabel von Montmorency, beides erfahrene Feldherren, zwar den Kaiser zur Aufgabe der Belagerung von Mézières zu zwingen, doch rächte er sich mit der Besetzung von Tournai. In Italien rückte Sforza wieder in Mailand ein, Lautrec verlor Parma und Piacença, bevor er vor Neapel an der Cholera starb. Heinrich, der sich immer nur der stärkeren Seite zuneigte, schwenkte endgültig ins habsburgische Lager über und unterzeichnete einen Vertrag mit Karl V., dem auch Papst Leo X. beitrat. Franz, der wenigstens von dieser Seite in Italien Waffenhilfe erhofft hatte, stand allein.

Thomas Boleyn und mein Vater begriffen, daß der französische König keinesfalls gewillt war, die Dinge auf sich beruhen zu lassen. Eine große Auseinandersetzung zwischen Frankreich und dem Haus Habsburg war unvermeidlich, bei der England nicht einfach beiseite stehen konnte. Was Anna vorausgesagt hatte, bewahrheitete sich: Wir wurden aufgefordert, Paris zu verlassen und uns nach England einzuschiffen.

Anna, die sich über den Sieg des Franzosen über Heinrich im Zweikampf im Lager des Goldenen Tuchs gefreut und offen gegen dessen Vertragsbruch ausgesprochen hatte, hoffte im Stillen, daß Franz uns zurückhalten würde. Doch ihre Hoffnung wurde enttäuscht. Man drängte uns förmlich zur Abreise, und zum Abschiedsschmerz kam das bittere Gefühl, aus Frankreich, der Wahlheimat, verstoßen zu werden. Energisch schluckte sie die Tränen hinunter und beschloß, ihr Herz von nun an ihrer englischen Heimat zu widmen.

DRITTES KAPITEL
(1523-1526)
Thomas Wolsey

Die Rückkehr nach Londen stellte uns auf eine harte Probe. Wie rauh kam uns das Leben an der Themse vor, nachdem wir uns während vieler Jahre an die Feinheit der Umgangsformen des französischen Hofes gewöhnt hatten. Freilich, auch dort herrschte Sittenfreiheit, aber sie war durch eine gewisse Diskretion gemildert. Die Unverblümtheit, die hier herrschte, wäre drüben undenkbar gewesen. So scheuten sich die Damen der Gesellschaft nicht, ihre Beine zu zeigen und in aller Öffentlichkeit jeden zu küssen, der ihnen gerade vorgestellt wurde, Mann oder Frau. Zum Bankett erschienen sie ohne Begleitung und gingen ungeniert von einem zum anderen. Das hatten wir noch nie erlebt. Ehrenhändel wie in Frankreich schien es nicht zu geben, denn Zankereien wurden an Ort und Stelle ausgetragen. Bei jeder Kleinigkeit gerieten sich Ritter und Edelleute in die Haare und schon blitzten die Dolche. Messerstechereien waren nicht selten, die wenig später beim gemeinsamen Trinkgelage in der Taverne vergeben und vergessen wurden. Es war schwer, sich an diese derben Sitten zu gewöhnen.

Zum Trost wurden die Feste hier wie dort in einer fröhlichen Ausgelassenheit und Pracht gefeiert, die uns an Amboise erinnerten. Eines der großartigsten war gerade in Vorbereitung, denn die Gesandten des Kaisers weilten in London, um die Verträge zum Abschluß zu bringen, die in Gravelines ausgehandelt worden waren. Lordkanzler Wolsey plante einen Empfang in York Place, Sitz der Erzbischöfe von York, einem riesigen Palast, der sich an Westminster anlehnte und von den Ufern der Themse mit Wohngebäuden, Galerien, Festsälen und Stallungen bis weit ins Herz der Innenstadt ausdehnte. Die Palastanlagen umsäumten einen von

London Bridge um 1600. Auf dem Brückentor aufgespießte Köpfe von Hingerichteten. (Archivbild)

Wolsey besonders gehegten Garten, der in England seinesgleichen suchte. Überhaupt wurde der Kardinal nicht müde, seine Residenz nach dem neuesten Geschmack um- und auszubauen und durch den Erwerb von Kunstschätzen zu bereichern. Er war ein großer Kunstkenner und umgab seine Sammlungen wie ein passionierter Liebhaber die Frau seiner Träume...

York Place war der Rahmen für einen Empfang nach Wolseys Geschmack. Hunderte von Fackeln säumten den Park und leiteten die Geladenen zum Saal der Wandteppiche, dessen bunte Glasfenster geheimnisvoll aufleuchteten. Am Ende des Saales hatte der Gastgeber ein Märchenschloß aus Holz mit Türmen, Wällen, Zinnen und Pechnasen errichten lassen, das mit smaragdgrünem Tuch verkleidet war. Wolken von vielfarbigen Nebeln aus Essig- und Kupferdampf umhüllten die feenhafte Konstruktion. Auf den Bollwerken wurden, dargestellt von jungen Edeldamen (darunter Anna), links die weißen Tugenden, rechts die schwarzen Laster sichtbar. Nachdem ein Kanonenschuß die Festlichkeiten eröffnet hatte, begann das Schauspiel. Zwölf maskierte Ritter nahmen die Traumfestung im Handstreich, unter der Führung von Eduard Nevill, Vetter des Königs, dem er wie ein Zwilling glich. So konnte Heinrich aus den Kulissen heraus beobachten, wie sein Spiegelbild zum Angriff vorging. Die Schlacht wurde mit Blumen und Schwämmen ausgetragen, die man mit Rosenessenz getränkt hatte. Tugenden und Laster ergaben sich, als die duftende Munition ausging. Des Königs Doppelgänger erklärte sie als seine Gefangenen und übergab sie den kaiserlichen Gesandten, die dem Spiel mit Vergnügen gefolgt waren.

Das war das Zeichen zum Tanz und ich habe Anna an diesem Abend oft am Arm von Eduard Neville beobachten können, war aber sicher, daß sie sich durch die Maskerade nicht täuschen ließ. Ihr Urteil über den König selbst war eher streng. In ihren Augen hatte er sich seit seiner Rückkehr aus Frankreich, wo er eine so ritterliche Haltung an den Tag legte, verändert. Nach London zurückgekehrt, verwandelte sich sein jugendlicher Tatendrang in unbebeherrschte Ungeduld, sein Schönheitssinn in Eitelkeit, wie wenn die Eleganz des französischen Hofes seine Schwächen in Schranken gehalten hätten, die nun wegfielen. Auch die Gestalt des Königs wandelte sich. Mit dem Eintritt ins dritte Lebensjahrzehnt begann er an Leibesfülle zuzunehmen und die Statur des strahlenden Jünglings zu verlieren.

Vielleicht war Annas Urteil besonders kritisch, weil ihr nicht entgehen konnte, daß ihre Schwester, die schöne Maria, inzwischen die Geliebte Heinrichs geworden war. Besonders die Vorgeschichte und Hintergründe dieser Affaire erfüllten sie, die sehr an Vater und Schwester hing, mit Scham.

Zunächst hatte sich der Plan Thomas Boleyns, den er für seine älteste Tochter hegte, als er sie nach Flandern rief, wunschgemäß verwirklicht. William Carey, ein Edelmann aus der königlichen Kammer war Maria bei einem Besuch in Brüssel begegnet, hatte um sie geworben und, da er nicht unvermögend war, die Braut bald heimgeführt. Aber in London dauerte es nicht lange, bis der König auf die junge Schönheit an seinem Hof aufmerksam wurde und sie zu seiner Geliebten machte. Vater und Ehemann, die wohl der Meinung waren, daß ein königlicher Ehebruch nicht mit den Maßstäben der bürgerlichen Moral zu messen ist, hatten sich gemeinsam bemüht, dieser Liaison alle Hindernisse aus dem Weg zu räumen, die ihnen nur Vorteile bringen konnte. William Carey wurde in seiner Rechnung bitter betrogen, denn der König fand fortan sein Verbleiben bei Hofe unnötig und schickte ihn ohne jede Abfindung in eine entfernte Provinz. Thomas Boleyn dagegen sah sich für seine Einsicht fürstlich belohnt. Heinrich schätzte in ihm nicht nur den dienstbeflissenen Höfling der zu allen Opfern bereit ist, sondern auch den erfahrenen Diplomaten, fähig, eine Lage klar zu erkennen und zielsicher zu handeln. In kurzer Zeit betraute er ihn mit einer ganzen Reihe von lukrativen Posten, die ihm den Weg in die Sphären des Hochadels öffneten. So wurde Boleyn Schatzmeister des königlichen Haushalts, Schloßverwalter von Tonbridge und Swaffham, Steuereinnehmer von Bransted, Bewahrer von Thunderley und Westwood Park. Schließlich verlieh ihm Heinrich noch den Titel der gerade unbesetzten Lordschaft von Rochford.

Von diesem Moment an sah man Thomas Boleyn, und mit ihm Anna, fast täglich am Hof. Er hatte sich in einem dreistöckigen, geräumigen, schmucken Fachwerkhaus unweit der königlichen Residenz niedergelassen, in welchem Maria die eleganten Gemächer über den Vorratsräumen bewohnte, die vom König aufs reichste ausgestattet worden waren. Eine Geheimtüre, die auf ein schmales Gäßchen führte, erlaubte es ihm, sich jederzeit unbemerkt zu ihr zu begeben. Anna hatte sich im obersten Stock nach ihrem Geschmack eingerichtet und mir zwei Zimmer eingeräumt. Das Zwischengeschoß teilte ihr Vater mit Georges, der seit kurzem mit Jane Parker verheiratet war. Auch hier hatte Heinrich mit kostbaren Geschenken nicht gegeizt und ich glaube, daß es gerade der marktschreieri-

sche Luxus der Ausstattung war, der Anna täglich den berechnen-
den Zynismus ihres Vaters vor Augen führte. Gewiß, sie liebte und
bewunderte ihn, aber mußte sie nicht erkennen, daß er seine älteste
Tochter wie Handelsware verschachert hatte? Andererseits war
nicht abzuleugnen, daß Maria einen Ehrenplatz am Hof einnahm
und dessen Vorteile unbeschwert genoß. Anna schwankte in ihren
Gefühlen zwischen Revolte und Anerkennung und begann, sich aus
dieser bedrückenden Atmosphäre und aus dem Hause wegzuwün-
schen, ja sogar an eine Ehe zu denken.

Ganz fern war ihr dieser Gedanke schon in Frankreich nicht gewesen, wo es ihr im schöngeistigen Kreis um Margarethe von Alençon nicht an Anbetern gefehlt hatte, denn sie ahnte nicht, daß
Thomas Boleyn sich mit anderen Plänen für sie trug.

Zwischen dem Zweig der englischen Butler, dem Thomas Boleyns
Schwiegermutter angehörte, und dem irischen, dessen Haupt Lord
Piers Butler, Abgeordneter des irischen Vizekönigs war, herrschte
seit Jahren erbitterte Feindschaft. Beide Parteien beanspruchten die
Grafschaft d'Ormont, deren Liegenschaften Piers bereits als Faust-
pfand besetzt hielt. Die Zuteilung des Titels aber war unentschiede-
nes Streitobjekt. Der englische Zweig hatte in Kardinal Wolsey ein
geneigtes Ohr gefunden, die irische Partei im König, und so war die
Sache ohne Hoffnung auf eine baldige Lösung festgefahren. Piers
hatte einen unehelichen Sohn, James, der, fand Onkel Norfolk, eine
ausgezeichnete Partie für Anna, die Urenkelin des Tuchhändlers
William Boleyn darstellte. Auf diese Weise würden die beiden Li-
nien der Butler endlich im Frieden vereinigt, beide könnten ihren
gemeinsamen Anspruch auf die Grafschaft d'Ormont anerkennen
und damit ihren jahrelangen Streit beilegen. Wolsey hatte, um seinen Rat befragt, seine Zustimmung zu der Heirat erteilt, die endlich
den Stein des Anstoßes zwischen den verfeindeten Familien aus der
Welt schaffte. Der König sah durch diese Bindung seine Stellung auf
der von dauernden Rebellionen brodelnden Insel gefestigt. Die Heirat, über deren Hintergründe wir in Frankreich natürlich nichts erfahren hatten, schien beschlossene Sache, hätte nicht Lord Piers in
letzter Minute Mitgiftansprüche von so schwindelnder Höhe geltend gemacht und damit die Pläne zum Scheitern verurteilt. Anna
konnte aufatmen.

Der Gedanke an das Schicksal, das ihr von ihrem Vater zugedacht worden war, an ein Leben im düsteren Schloß Kilkenny auf
der fernen, nebligen Insel, weit von aller Kunst und Kultur, gebunden an einen rothaarigen Grobian, erfüllte sie mit Grauen. Wie hätte

sie dort je glücklich werden können? War also auch sie nur eine Nebenfigur in den Karriereplänen ihres Vaters?

In dieser Zeit der Zweifel und der inneren Krise trat ein junger Mann in Annas Leben, der unter den Edelleuten bei Hofe durch seine gewinnende blonde Erscheinung auffiel und sich in Kampfspiel und Turnier hervortrat: Henry Percy. Sein Vater, der Graf von Northumberland, hatte ihn in die Dienste Wolseys gegeben, damit dieser ihn in der Hofetikette und in den Künsten der Diplomatie unterweise. Fast täglich ging er im Gefolge des Kardinals bei Hof ein und aus und hatte sich unsterblich in Anna verliebt, die seine Gefühle zu erwidern schien. Doch eine neue Prüfung sollte auf sie warten.

Northumberland hatte nämlich seinen Sohn Henry schon im Kindesalter mit Maria Talbot, Tochter des Grafen von Shrewsbury und Erbin einer mächtigen Familie, verlobt. Das Datum der Hochzeit war bereits festgelegt, doch Percy, der seine Braut nie gesehen hatte und eine geheime Abneigung gegen sie hegte, wollte von Heirat nichts wissen. Dem jungen Mann mangelte es sicher nicht an Mut und Kraft und er hätte es ohne weiteres im Kampf mit einer ganzen Rotte Bewaffneter aufgenommen. Aber sein männliches Auftreten täuschte über die Weichheit seines Charakters hinweg. Henry Percy zitterte vor seinem Vater. Statt seinen Standpunkt in einer offen Aussprache mit seinem Vater zu verfechten, plante er, mit Anna zu fliehen und sie in Schottland, fern vom Hof, heimlich zu ehelichen.

Doch es kam anders. Wolsey war die Liebesgeschichte der beiden nicht verborgen geblieben. Am Tag der geplanten Flucht sah sich Percy zu dem gestrengen Kardinal beordert und vor dessen versammelten Gefolge einem erbarmungslosen Verhör unterworfen. Es muß eine fürchterliche, für Henry Percy demütigende Szene gewesen sein, über die mir später Annas Vetter Thomas Wyatt berichtete. Geschickt brachte Wolsey den verwirrten Jüngling dazu, seine Heiratspläne mit Anna einzugestehen. Schonungslos machte er ihm ihre Unausführbarkeit klar und erinnerte ihn daran, daß sein Titel, sein Vermögen, seine Besitztümer ihn verpflichteten die beschlossene Ehe mit der Tochter des Hochadels einzugehen und von der frechen jungen Krämerstochter abzulassen, die ihm schamlos den Kopf verdreht habe. Vergebens warf sich Percy dem Kardinal zu Füßen, vergeblich schwor er, daß Anna keinerlei Schuld treffe, daß er es gewesen sei, der um sie geworben habe. Er erinnerte ihn daran, daß Boleyn mit dem Grafen von Norfolk verwandt und gerade eben selbst in den Adelsstand erhoben worden sei, flehte ihn an, das verhaßte Verlöbnis zu lösen und eine Bindung eingehen zu dürfen, die auf gegenseitiger Achtung und Liebe beruhte.

Umsonst. Wolsey blieb unbeugsam. Alles, was Percy erreichte war, seine Wut zu steigern. Unter dem betretenen Schweigen der Anwesenden entließ er seinen weinenden Zögling und forderte Northumberland auf, den rebellischen Sohn schnellstens aus London zu entfernen. Prügel und der väterliche Fluch drohten ihm, falls er sich dem Willen der Familie nicht beugte. Eine zeitlang versuchte Percy noch, sich zu widersetzen, doch bald erlahmte sein Widerstand und brach schließlich zusammen. Der hartherzige Vater brachte ihn auf seine im Norden Englands, an der schottischen Grenze gelegenen Besitztümer und verheiratete ihn unverzüglich mit der vorbestimmten Braut.

Anna hatte mir schon zu oft Beweise ihrer Charakterstärke gegeben, als daß mich ihre Haltung in dieser schmerzlichen Angelegenheit erstaunen konnte. Nur einige Stunden schluchzte sie in echter Verzweiflung, weinte zwei Tage, grübelte ein paar Wochen lang über ihr Schicksal ... aber alles in allem verharrte sie höchstens drei Monate in trauernder Lethargie. Als ich sie eines Tages zu trösten versuchte, erklärte sie fast lächelnd: „Du brauchst Dir keine Mühe mehr zu geben, ich habe einen Schlußstrich gezogen, ich bin darüber hinweg. Was mich am meisten dabei kränkt, ist weniger die Tatsache, daß er mich im Stich gelassen hat, als seine feige Unterwerfung unter den väterlichen Willen.

— Nicht jeder hat Deine Willenskraft.

— Und wenn auch. Ich will nicht mehr an ihn denken. Ich glaube sogar, ich bin froh über den Bruch, denn er hat mich vor einer Ehe mit einem Schwächling bewahrt. So hat jede Prüfung ihre gute Seite und ich weiß jetzt, was ich in Zukunft will".

Der „Schwächling" schrieb ihr von seinen Gütern im Norden Brief um Brief, die sie alle ungelesen zerriß. Wenn man ihr berichtete, daß er sich fast zu Tode grämte, zuckte sie nur die Schultern. Einen aber gab es, dem sie nie verzeihen wollte: Wolsey, und eines Tages sollte er ihren Haß zu spüren bekommen. Vorläufig war daran freilich nicht zu denken, denn Annas Gefühle für den Kardinal beruhten auf Gegenseitigkeit, und er war der Mächtigere. Er gebot Thomas Boleyn, seine verführerische Tochter nach Hever Castle zu verbannen, bis sich eine Gelegenheit ergäbe, sie für einige Zeit aufs Festland zu schicken. Es fiel ihm nicht schwer, Katharina zu überreden, sich von ihrer Ehrendame zu trennen, und wie vorher Maria wurde sie an den Hof der Generalstatthalterin der Niederlande in Mecheln abgeschoben.

Über die zwei Jahre, die Anna in Flandern verbrachte, weiß ich nicht viel zu berichten, denn ich durfte sie nicht begleiten. Die Briefe, die wir uns schrieben, wurden von den Agenten des Kardinals abgefangen und wir mußten uns mit Andeutungen zufrieden geben, die zwischen den Zeilen standen. Anna blieb in Brüssel bis nach der Schlacht von Pavia, 1525, in der Franz von Frankreich „alles verlor außer der Ehre". Nach England zurückgekehrt verbrachte sie viele Monate in Hever Castle, bevor sie wieder bei Hof erscheinen durfte. Aber wir waren nicht allein. Ihr Vetter Thomas Wyatt weilte seit langer Zeit wieder einmal als Gast im Schloß und bald waren beide, in Erinnerung an ihre gemeinsam verbrachten Jugendjahre, unzertrennlich. Thomas Wyatt war etwa gleichaltrig mit Anna, sehr kultiviert und belesen und hatte sich schon damals als Verfasser von Gedichten und philosophischen Schriften einen Namen gemacht. Mit leidenschaftlichem Interesse ging er Fragen des Gemeinwesens nach und oft konnte man ihn in das Studium alter Chroniken und Pergamente vertieft beobachten, die über historische Vorgänge Aufschluß gaben. Seine Kenntnisse der englischen Geschichte waren unerschöpflich und ich glaubte, daß Anna in ihm einen Diskussionspartner fand, der ihr in Flandern bitter gefehlt haben mußte.

Ich habe schon erwähnt, daß sich in jener Zeit in Anlehnung an die Lutherschen Reformen auch in England, unter dem Namen „Neue Wissenschaft", ein Wandel des Geisteslebens anbahnte. Er ging von den Universitäten, hauptsächlich Cambridge aus, erreichte bald die City von London und verbreitete sich von dort über das Land. Allerdings war der Einfluß der Kirche zu stark, um diesem Wandel über theoretische Debatten hinaus eine festere Form zu geben. England, die Kirche, die Reform, das waren die Gesprächsthemen zwischen Thomas Wyatt und Anna und ich habe beobachtet, wie sie ganze Seiten mit Notizen und Thesen füllte. Schon in Frankreich hatte Anna alles an Schriften gelesen, was sie erreichen konnte. Durch ihren Vetter wurde sie angeregt, mit ihm gemeinsam in Archiven und Kirchenbücher der umliegenden Sprengel zu stöbern, die über die Zeitgeschichte, die Handelsbeziehungen der Ortschaften untereinander, ihre Versorgungsprobleme und Fragen des täglichen Lebens Auskunft gaben. Und damals hörte ich aus ihrem Munde zum erstem Mal Bemerkungen wie: „England ist eine Insel, weiß es aber noch nicht", oder „Warum nur lassen wir es zu, daß unsere Waren in fremden Schiffen transportiert werden?", die ich unerhört neuartig fand.

Anna hatte jetzt ihre Majorität erreicht und urteilte über sich selbst ohne eine Spur von Selbstgefälligkeit. Sicher wäre sie gerne hübscher gewesen, mit einer helleren Haut, einer weniger langen Nase, weniger schwarzen Haaren. Aber sie wußte auch, daß sie diese Schwächen mit Charme und Geist überspielen konnte. Ihr im Grunde schüchternes Temperament glich sie durch eiserne Willenskraft aus und ihre Selbstsicherheit nahm zu, ja, sie wurde ihr zu einer zweiten Natur, die manche mit Einbildung verwechselten. Nichts aber lag ihr ferner als Einbildung, Arroganz oder gar Koketterie den Männern gegenüber. Umso mehr überraschte mich ihr Verhalten mit Thomas Wyatt.

„Was hast Du vor? Warum reizest Du ihn? Das ist doch garnicht Deine Art?", fragte ich sie, denn ich merkte genau, daß ihre Beziehungen nicht nur geistiger Art waren. Von Liebe durfte aber zwischen den beiden nicht die Rede sein, denn Wyatt war verheiratet. Er lebte zwar getrennt von seiner Frau, deren Lebenswandel in London zum Stadtgespräch geworden war, aber an eine Scheidung war nicht zu denken, noch konnte seine Ehe annulliert werden, denn er hatte ein Söhnchen von ihr.

„Reizen? Nein. Es geht um etwas anderes", sagte sie mit einem seltsamen Lächeln. „Misch Dich nicht ein".

Ich hätte auch weiterhin geschwiegen, wenn ich nicht gesehen hätte, daß der arme Junge über beide Ohren verliebt war.

„Behalte wenigstens Du kaltes Blut. Wohin soll Euch das Ganze denn führen?

— Nirgends. Sei beruhigt. Ich übe mich, das ist alles".

Als ich die Augen verwundert aufriß, fügte sie hinzu: „Ich übe mich im Gefallen, wenn Du es wissen willst. Ich bin nicht meine Schwester". Und als ich sie immer noch fassungslos anblickte: „Ich habe festgestellt, daß die Welt unerbittlich für uns Frauen ist. Sobald es sich um Fragen der Politik oder des öffentlichen Lebens dreht, sind wir rechtlos, denn alle Macht liegt in den Händen der Männer, die uns wie kleine Kinder behandeln. Um ein Mindestmaß an Autorität ausüben zu können, bleibt uns nur eine Möglichkeit, nämlich unseren Einfluß auf einen der Mächtigen auszuüben, das heißt geliebt werden, ohne selbst zu lieben.

— Aber Dein gelehrter Poet besitzt keinerlei Macht!

— Es geht auch nicht um ihn.

— Wieso nicht? Er liegt Dir zu Füßen!

– Ich sage Dir doch: ich übe mich.

– Anna, ich kenne Dich nicht wieder. Wie kannst Du so hartherzig sein. Du bringst Deinen Vetter zur Verzweiflung!

– Nein, nein, ich weiß schon, was ich mache. Er verliert nur ein bißchen den Kopf, aber er wird ihn wiederfinden, sobald ich es will.

– Du machst mir Angst. Du spielst mit dem Feuer".

All das war mir unbegreiflich. Ihre Worte gingen mir nicht aus dem Kopf.

„Du willst, wie Du sagst, Autorität gewinnen. Gut. Aber wozu?

– Um gewisse Ideen zu verwirklichen.

– Ideen. Ein wohlerzogenes junges Mädchen hat eine einzige Idee: in den Stand der Ehe zu treten.

– Jawohl. Und einen Mann zu heiraten, der ihr von ihrem Vater aufgezwungen wird. Denn eines habe ich begriffen: Aus Liebe heiraten, das gibt es nur beim einfachen Volk. In unseren Kreisen heiratet Gold das Gold, Besitz den Besitz. Wir Kinder sind nur Instrumente, Tauschgegenstände, Handelsware. Unsere Herzen zählen nicht. Erst hat man mich mit einem irischen Rohling verheiraten wollen, dann hat man mir das Herz mit Percy gebrochen. Jetzt habe ich beschlossen, überhaupt nicht zu heiraten und auch keinen Mann mehr zu lieben. Außerdem gibt es für ein wohlerzogenes junges Mädchen sehr wohl noch andere Ziele, als einen Gatten zu fnden.

– Welche?

– Christus zum Beispiel.

– Du willst mir doch nicht erzählen, daß Du vorhast, ins Kloster zu gehen?

– Auf gewisse Art doch. Ich bin gottesfürchtig und wenn ich stolz genug gewesen wäre, hätte ich in den Stunden der Verzweiflung diesen Weg einschlagen können. Ich werde sicher ein Gelübde ablegen, doch nicht für das himmlische Reich.

– Sondern?

– Für das englische Königreich".

Und als sie merkte, daß ich auf eine Erklärung wartete, fügte sie hinzu, daß sie ihr Herz Thomas Wyatt nicht habe schenken können, weil sie es, seinen Theorien folgend, ihrer englischen Heimat widmen wolle, der ein bedeutenderer Platz im Spiel der Mächte zukomme als sie innehabe.

„Und da diese Ideen von den Mächtigen dieses Landes nicht geteilt zu werden scheinen, werde ich mich für sie einsetzen. Lache nicht, ich weiß, was ich will und werde mit den Waffen kämpfen, die ich zu brauchen gelernt habe. Ich werde sie mir schon gefügig machen, die Minister, Barone, Bischöfe und Kardinäle, die sich stark fühlen, weil sie einen kleinen Zipfel der Macht in Händen halten. In Wirklichkeit sind sie in ihre eigenen Schwächen verstrickt und dadurch verwundbar. Der König? Er ist die Unentschlossenheit in Person und weiß nie genau, was er will. Wolsey? Er denkt nur an sich und seine persönliche Macht. Um die Tiara zu tragen würde er Mutter und Vater verkaufen...".

Sie sagte das alles mit so ruhiger Stimme, auf so undramatische Weise, daß ich gezwungen war, sie ernst zu nehmen. Ich wußte von da an, daß sie einen Plan hatte, den sie seit langer Zeit hegte und daß sie keine Gelegenheit auslassen würde, um ihn zu verwirklichen. Mit einer Hartnäckigkeit, die ich bei niemand anderem mehr erlebt habe, außer viel später bei ihrer eigenen Tochter.

VIERTES KAPITEL
(1526-1528)
Maria Boleyn

Bessie Blount hatte Heinrich VIII. einen Sohn geboren, den Bastard Henry Fitzroy, den er später, in seiner Verzweiflung über die immer wieder enttäuschte Hoffnung auf einen legitimen, männlichen Nachfolger, fast zum Thronerben erhoben hätte. Auch Maria Boleyn, Bessies Nachfolgerin im königlichen Bett, schenkte ihm einen Sohn. Doch ein Bastard genügte Heinrich und er schob ihn ohne große Umstände ins Kloster von Syon ab. Maria blieb weiterhin Favoritin, obwohl es ein öffentliches Geheimnis war, daß der König sie und Katharina gleichermaßen mit den jungen Edeldamen betrog, die zum Hofstaat der Königin gehörten. Die wenigsten widersetzten sich dem königlichen Willen und bald setzte am Hofe ein großes Rätselraten ein, welche von ihnen wohl Maria von ihrem ersten Platz verdrängen würde. Nach Bessie Maria, aber nach Maria ... welche? An Anna, die ihre Stelle im Gefolge der Königin nun wieder eingenommen hatte, dachte niemand, und das hatte seine Gründe.

Sie tat alles, um nicht aufzufallen. Während andere sich nach vorne drückten und versuchten, Heinrichs Blicke auf sich zu lenken, blieb Anna im Hintergrund. Nicht etwa aus Schüchternheit, sondern aus wohlerwogener Zurückhaltung. Vielleicht stachelte gerade dieses ungewöhnliche Verhalten die Neugierde des Königs an: Wie kam es, daß sie, die Schwester seiner Geliebten, so betont auf Distanz hielt? Vielleicht reizte ihn auch die pikante Idee, Liebhaber beider Schwestern zu werden? Wie dem auch sei, er ließ Anna zu sich rufen.

Anna war von diesem Ereignis nicht sonderlich überrascht. Sie schien es sogar erwartet zu haben, denn sie wußte, daß ihr die Schule am Hof des Königs von Frankreich ein gewisses Etwas an Eleganz, an Feinheit der Manieren, an künstlerischen Gaben vermittelt hatte, das sie deutlich von ihren Gefährtinnen unterschied. Ich halte es durchaus für möglich, daß sie mit ihrer Zurückhaltung gerade dieses Ziel im Auge gehabt hatte. Aber im Gegensatz zu den anderen dachte sie nicht daran, am Köder anzubeißen, der ihr zugeworfen wurde. Ihr Ziel war es, Heinrich soweit für sich einzunehmen, daß er bereit war, sie in den Kreisen einzuführen, in denen Fragen der Politik und des Gemeinwesens diskutiert und entschieden wurden. Ihr Aufrücken in der königlichen Gunst blieb nicht unbemerkt und es schien, als würde sich ihr Plan bald verwirklichen: einflußreiche Höflinge suchten ihre Gesellschaft und manchmal schätzten wir amüsiert ihre Erfolgschancen ab. Mir aber fiel auf, was sie noch nicht bemerkte, daß es Heinrich selbst war, der sich am meisten um sie bemühte.

Gelegenheit dazu gab ein Maskenfest. Heinrich liebte Festlichkeiten, vor allem aber Mummenschanz und Maskeraden, die oft in einem Schauspiel oder lebenden Bildern gipfelten und die auf die klassische Mythologie, Allegorien oder auch auf die zeitgenössische Gesellschaft bezogen sein konnten. Heinrichs Einfallsreichtum war unbegrenzt, wenn es darum ging, einmal als Doge von Venedig, ein andermal als Sultan, Maharadja oder Hospodar verkleidet zu erscheinen und die Geladenen durch seine fürstlichen Kostüme und kostbaren Geschmeide in Erstaunen zu setzen. Niemand konnte, niemand wagte es ihm gleichzutun. Schauplatz dieser Veranstaltungen war zu jener Zeit weniger die düstere königliche Residenz im Tower als Greenwich Palace, Richmond oder Schloß Hampton Court, das Kardinal Wolsey in jahrelangen Mühen und unter erheblichem Kostenaufwand zu einem der prächtigsten Herrschaftssitze des Landes ausgebaut und 1525 dem König überlassen hatte, um sich sein Wohlwollen zu sichern. Diese Schlösser galten als Lieblingsresidenzen Heinrichs und waren vom Tower aus mit dem Schiff zu erreichen.

An diesem denkwürdigen Maskenfest war Anna in ein Gewand aus rotem Samt und Brokat gekleidet, das die Grazie ihrer schlanken Gestalt besonders unterstrich. Und wahrhaftig: verglichen mit den übrigen Teilnehmerinnen, schien sie aus einer anderen Welt zu kommen und keinem der Anwesenden konnte es verborgen bleiben, daß der König bald nur noch für sie Augen hatte. Als die Musikanten zum Country-Dance aufspielten, versuchte er, unter der Maske des Hospodar versteckt immer wieder, bei der Formierung

Schloß Hampton Court: Der Base Court

und Auflösung der Figuren in ihre Nähe zu kommen und ihre Partner zu verdrängen. Doch immer wieder gelang es ihr, die so tat als habe sie den eifrigen Tänzer nicht erkannt, sich einem anderen anonymen Partner zuzuwenden. So bildeten und trennten sich die Paare im Rhythmus des Tanzes, bis Heinrich sie schließlich am Arm ergriff und an diesem Abend nicht mehr von seiner Seite ließ.

Ob Anna damals auf den Gedanken kam, daß sie sich ein höheres Ziel setzen könne, als sie zunächst in vorsichtiger Bescheidenheit geplant hatte? Ich sollte es nie erfahren. Hätte sie sich mir anvertraut, so hätte ich an ihrem Verstand gezweifelt. War sie vom Größenwahnsinn besessen? Nur im Märchen heiratet der König die Tochter des Hirten!

Noch heute bin ich verwirrt, wenn ich an diesen Abend und seine Folgen denke, erstaunt über die kühne Weitsicht, die es der 21-jährigen jungen Frau erlaubte, in ein paar Stunden ihre Möglichkeiten für die Zukunft abzuwägen, Mittel und Wege zu errechnen um, Heinrichs Wünsche geschickt nützend, ihre Verhaltensweise ein für allemal festzulegen. Jede andere hätte sich mit dem Naheliegenden begnügt und in den Armen des Königs Ruhm und Reichtum geerntet. Nicht so Anna. Sechs Jahre lang sollte ich Zeuge des ungewöhnlichsten Kampfspiels der Liebe und der Politik werden, das je eine Frau ihrem Herrscher lieferte. Wenn man sie aber zu dieser Stunde bei der Gagliarde, Pavane oder Volta beobachtete, konnte man sich dem Eindruck nicht entziehen, daß sie eigentlich nicht sehr gut zusammen paßten. Der König war erst 35, wirkte aber älter, massig und neigte zur Körperfülle. Anna war 21, schlank und sehr feingliedrig. Niemand ahnte, daß sich in dieser zierlichen Person ein eiserner Wille und mehr Entschlußkraft verbarg, als Heinrich mit seinen breiten Schultern und starken Armen je aufbringen würde.

* * * *

Sofort schwirrten am Hof die kühnsten Gerüchte: der König hat eine neue Geliebte. Der schönen Maria Boleyn müde, hat er sie durch ihre Schwester ersetzt. Neidvoll betrachtete man den glücklichen Vater, Lord Rochford, der nun sicher mit neuen Ehren und neuen Gütern überhäuft würde.

Thomas Boleyn war seiner Sache indessen nicht so sicher. Seine Überlegungen gingen eher in Richtung des Sprichworts vom Spatz in der Hand und der Taube auf dem Dach. Die stille, gefügige Maria an der Seite des Königs sicherte ihm die Möglichkeit, seine Karriere in aller Ruhe zu verfolgen. Die Zukunft mit der eigenwilligen Anna dagegen konnte unerfreuliche Überraschungen bescheren.

Das Verhalten seiner jüngsten Tochter überraschte ihn und alle anderen Beobachter. Ich selbst kam aus dem Staunen nicht heraus. Man mag mich prüde nennen, aber es hätte mich bekümmert, Anna in der Rolle einer Favoritin oder, schlimmer, in der einer Maitresse zweiten Grades zu sehen. Entgegen allen Erwartungen nützte Anna ihren Erfolg beim König nicht aus. Sie hielt sich eher noch mehr zurück und blieb dem Hof fern, so oft sie konnte und soweit ihre Pflichten als Hofdame der Königin sie nicht zum Verweilen zwangen. Es war Katharina am Abend des Maskenfestes nicht entgangen, daß ihr Gemahl Annas Charme gegenüber nicht unempfindlich war, und sie schätzte ihre Zurückhaltung. Schon einige Jahre vorher hatte sie Marias außergewöhnliche Schönheit in tausend Ängste gestürzt, die sich als unbegründet erwiesen: Maria lag jeder Gedanke an Intrige oder Macht fern. Aber eine neue, ehrgeizigere Geliebte konnte ihr gefährlich werden. So sah sie sich durch Annas Verhalten beruhigt, das Heinrich in eine Lage drängte, die ihm völlig unbekannt war.

Seit seiner Krönung war er unbeschränkter Herrscher des Königreiches und nicht gewöhnt, daß irgendjemand seinen Wünschen widerstand. Zu seiner eigenen Überraschung fühlte er sich plötzlich gehemmt. Wie ein schüchterner Verehrer suchte er jeden Vorwand, um in Annas Nähe zu sein, folgte ihr zuweilen bis in die Gemächer der Königin und blieb dort bis zu später Stunde. Katharina, die an derlei Aufmerksamkeiten von seiten ihres Gatten nicht mehr gewöhnt war, verfolgte amüsiert das Treiben, denn es blieb ihr nicht verborgen, wem die Besuche in Wirklichkeit galten. Fast empfand sie etwas wie Dankbarkeit dem eigenwilligen jungen Mädchen gegenüber, in dem sie den Stolz der Boleyn, die Energie und Kühnheit der Howard wiedererkannte. Hatte sie nicht mit ihrem Großvater, dem jetzt neunzigjährigen, aber noch immer sehr munteren Lord Surrey vor vielen Jahren die Schlacht von Flodden gewonnen? Wenn sie jetzt Anna in den engeren Kreis ihrer Vertrauten einbezog, so geschah das teils aus einem Gefühl ehrlicher Freundschaft, teils aus Berechnung. Katharina war gealtert und hatte ihre jugendlichen Formen verloren. Sie wußte, daß sie ihrem Gemahl nie den ersehnten Thronerben schenken konnte. Auch wenn Heinrich in wichtigen Fragen immer noch ihren Rat einzuholte und ihr stets mit größter Ehrerbietung begegnete, so war sie viel zu klug, um nicht zu erkennen, daß ihr Einfluß im Sinken war. Wenn der König also eine Nachfolgerin für Maria suchte, dann besser diese als eine Gefährlichere. Denn daß sich die Frage der Nachfolge in der nächsten Zeit stellen würde, darüber bestand kein Zweifel. Niemand hatte bisher dem König länger als ein paar Tage oder Wochen widerstanden.

Doch Wochen und Monate, Sommer und Winter vergingen und Anna gab nicht nach. Das war mehr als ein Ereignis, es war fast ein Skandal. Wie kam sie dazu, derartig den Gebräuchen des Clans, dem sie angehörte, dem der Hofdamen nämlich, zuwiderzuhandeln? Man muß sich das Leben der Frauen am Hof während der langen Wintermonate vorstellen. Den Männern blieben neben der Jagd, den Hofintrigen und Machtkämpfen immer noch die Pflichten im öffentlichen Dienst und die Verwaltung ihrer Domänen. Was aber blieb den Damen? Stricken, musizieren und das neue Spiel, das gerade in England bekannt geworden war und das Pharaon hieß. Diese Möglichkeiten erschöpft, bot sich nur noch eine: die Galanterie. Das Ende eine Liaison, das Knüpfen einer neuen, ein vorüberziehendes, dann rasch vergessenes Ehedrama, die Geburt eines Bastards ... das alles gehörte zu den gewohnten Ereignissen, die das Leben erst pikant machten und über die sich niemand ernstlich aufregte. Der Starrsinn, mit dem Anna ihre Keuschheit verteidigte, schien unfaßlich, ja unstandesgemäß. Ein Ärgernis.

Immerhin lieferte sie damit der Hofgesellschaft den Stoff zu hitzigen Debatten, in denen ihr Verhalten weniger als tugendsam gelobt, denn als hochmütige Prüderie verurteilt wurde. Auch über das Königspaar selbst wurde geklatscht. Die tollsten Gerüchte zirkulierten über Heinrichs mutmaßlichen Erwägungen, die unfruchtbare Gemahlin zu verstoßen und durch eine junge zu ersetzen, die ihm endlich den ersehnten Nachfolger schenken würde. Sämtliche Fürstenhäuser Europas wurden nach verfügbaren Prinzessinnen geprüft und während die einen auf Magdalena von Frankreich setzten, gaben die anderen Maria-Christina von Sachsen mehr Chancen. Ein Witzbold nannte den Namen Anna Boleyn und erregte damit höchste Heiterkeit.

Es gab aber noch einen anderen Grund, der eine bevorstehende Ungnade Katharinas für möglich erscheinen ließ, wenn nicht sofort, dann in absehbarer Zeit. Katharina war nicht nur unfruchtbar, sie war auch die Tante Karls V. und dieser legte seit seinem Sieg über Franz I. bei Pavia der Person des englischen Königs gegenüber ein allzu herablassendes, ja respektloses Benehmen an den Tag. So wenigstens sah es Heinrich und war verärgert. Hatte er nicht seinen Vorschlag, die Reste des herrenlosen Frankreich zwischen England und Habsburg aufzuteilen hoheitsvoll abgelehnt? Und hatte nicht Katharina seine, des Kaisers Partei ergriffen? So wurde die Atmosphäre zwischen den beiden auch durch ihre unterschiedlichen politischen Ansichten vergiftet. Erneut sprach man am Hof von einer möglichen Scheidung. Mehr noch, manche sahen sie als unvermeidlich an.

„Es wird lange dauern, sagte mir Anna eines Tages.
– Was wird lange dauern?
– Die Scheidung. Aber eines Tages wird sie ausgesprochen.
– Hoffentlich.
– Warum hoffentlich? Du kannst Dich über die Königin nicht beklagen.
– Das stimmt und ich mag sie auch. Aber auf die Dauer ist sie eine Gefahr für England.
– Wieso das?
– Weil sie keine Engländerin ist, sondern Spanierin. Ihre Familie ist die von Kaiser Karl. In Ihren Augen ist England ein Krümel im Meer und sollte am besten im Hl. Römischen Reich aufgehen. In diesem Sinne macht sich ihr Einfluß auf Heinrich spürbar.
– Wer weiß, ob eine andere einen besseren Einfluß auf ihn hätte.
– Richtig ...", sagte sie mit schleppender Stimme und einem Gesichtsausdruck, der mich beunruhigte. Welche Gedanken bewegten sie? Wäre es möglich, daß sie ... ich wagte nicht, weiterzudenken.

Ohnehin war vorläufig ungewiß, ob für Heinrich das Interesse, das er ihr entgegenbrachte, nicht eine vorübergehende Laune war. So wurde mir ihre Beharrlichkeit auf die Dauer unbegreiflich. Sie wollte ein Leben von schicksalhafter Bedeutung, eine Aufgabe, Einfluß... Gut. Aber gab es für ein junges Mädchen ihrer Kreise einen besseren Weg zu diesem Ziel als den über den Stand der Favoritin? Zugegeben, am Ende dieses Weges stand meistens eine Pflichtheirat mit einem vom König ausgewählten, reichen Landbaron in irgendeiner Ecke des Reiches und diese Idee, die ihr Schrecken einjagte, mag sie davon zurückgehalten haben, die Nachfolge von Bessie und Maria allzu rasch anzutreten. Andererseits konnte ihr langer Widerstand gegen den königlichen Willen eines Tages das Gegenteil dessen hervorrufen was sie plante: Verbannung oder Kloster... Zu meiner Überraschung geschah nichts dergleichen. Es sah eher so aus, als ob ihre würdevolle Reserve das Interesse Heinrichs anstachelte und ihn immer mehr fesselte. Der König liebte das Neue, Ungewohnte und das konnte Anna ihm bieten.

Er liebte das Neue und war gleichzeitig traditionsgebunden. Anna wußte das genau. „Alle meinen", sagte sie zu mir, „der König habe keinen anderen Gedanken im Kopf, als Katharina zu verstoßen". Aber das stimmt nicht und ich frage mich, ob er je den Schritt wagen wird. Selbst im Zorn fühlt er sich ihr unterlegen.

– Wie kannst Du glauben, den König je für Deine politischen Ansichten zu gewinnen?

– Das ist eine Frage der Geduld.

– Hör, Anna, Du machst Dir Illusionen. Selbst wenn er Feuer und Flamme für Dich ist, so bleibt er doch der König und Katharina Königin. Alles, was er von Dir erwartet, ist, daß Du Dich ihm hingibst.

– Da kann er lange warten".

Und er wartete. Was er auch anstellen mochte, um zum Ziel zu kommen, am Hof, bei Festen und Lustbarkeiten, die er für sie bereitete, auf der Jagd in den Wäldern um Hever Castle, wenn sie sich dort aufhielt ... es war alles vergebens. Ein Jahr verging, ohne daß er ihr den flüchtigsten Kuß hätte rauben können.

* * * *

Und doch ließ er in seinem Bemühen nicht nach. Wenn er dabei weder Gewalt noch Erpressung anwandte, so lag das daran, daß es ihr gelang, ihn nicht nur durch ihre äußere Erscheinung, sondern auch durch ihren Geist, ihre Heiterkeit, ihren wachen Verstand und ihr klares Urteil zu bestricken. Sie wurde ihm unentbehrlich und er begann tatsächlich, auf ihren Rat zu hören.

Als wieder einmal der Gedanke spruchreif wurde, Katharina zu verstoßen, erhielt Anna einen unerwarteten Verbündeten: Wolsey. Auch der Kardinal hatte eine politische Kehrtwendung gemacht und neigte zu einer Allianz mit Frankreich. Eine Entscheidung, an der großzügige Zuschüsse aus dem französischen Staatssäckel – an den König und an seinen Lordkanzler – nicht unschuldig waren. Wolsey wollte also den Bruch mit dem Kaiser und dabei war ihm die Königin im Wege. Da er sich außerdem einen erheblichen Machtzuwachs und Lohn in klingender Münze versprach, wenn er Heinrich zu einer zweiten Heirat mit einer jungen Fürstentochter verhalf, begann auch er, den König zu einer Trennung von Katharina zu überreden. Heinrich schwankte. Wolsey war entschlossen, den Plan zur Ausführung zu bringen.

Die Schwierigkeit lag darin, daß ein Bruch der heiligen Bande der Ehe nur mit Zustimmung Roms erfolgen konnte und daß diese Zustimmung nur unter der Bedingung einer Ungültigkeitserklärung zu erhalten war, da Heinrich die Witwe seines Bruders geheiratet hatte.

Anna und der Kardinal wirkten also Hand in Hand an einem Unternehmen, in dem beide verschiedene Ziele verfolgten. Dem gemeinsamen Druck ausgesetzt gab Heinrich schließlich nach und Wolsey berief mit dem Erzbischof von Canterbury ein geheimes Kirchengericht nach Westminster, das den König unter Anklage stellte mit Katharina von Aragon eine blutschänderische Ehe zu führen. Noch heute weiß ich nicht, ob er sich nur der Form halber oder mit ehrlicher Überzeugung gegen die Anschuldigung verteidigte. Vielleicht wußte er es selber nicht und es ist durchaus möglich, daß er in seiner unentschlossenen Art die Scheidung gleichzeitig wünschte und fürchtete. Oder war er schon bereit, jeden Preis zu zahlen, um Anna zu besitzen und sei es dieser? Wie dem auch sei, Wolsey wurde beauftragt, sämtliche Mittel und Wege der Theologie zu nutzen, um die Angelegenheit zu einem guten Ende zu führen.

Der Kardinal hatte unterdessen erkannt, daß die Entscheidung des geheimen, in einem engen Kreise durchgeführten Kirchengerichts nicht ausreichte, um die öffentliche Meinung, die der Königin sehr gewogen war, für einen so außergewöhnlichen Akt einzunehmen. Er ging einen Schritt weiter und rief sämtliche Bischöfe des Königreiches zu einer Synode zusammen, die es zur Aufgabe hatte, grundsätzlich jede Ehe eines Mannes mit der Witwe seines Bruders als Todsünde zu erklären und mit einem Interdict zu belegen. Die Bischöfe zeigten sich geneigt, einem solchen Grundsatz zuzustimmen, wiesen jedoch darauf hin, daß ein Dispens des Papstes das Verbot natürlich aufhebe. Wie jeder wußte, war dieses Dispens in Bezug auf die Ehe von Heinrich und Katharina sehr wohl vorhanden. Er lag, von Ferdinand von Aragon und Heinrich VII. mit Papst Julius ausgehandelt, in den Kronarchiven und es war nicht daran zu rütteln.

Die Synode hatte in größter Heimlichkeit stattgefunden, aber wie so oft, wenn ein Geheimnis von mehreren Personen geteilt wird, dauerte es nicht lange, bis die Königin erfuhr, was der Kanzler mit ihrem Gemahl hinter ihrem Rücken ausheckte. So sehr sich Heinrich auch bemühte, Staatsgeschäfte vorzutäuschen, um einem Gespräch mit Katharina aus dem Wege zu gehen, es kam zu einer stürmischen Auseinandersetzung zwischen dem Herrscherpaar. In die

Enge getrieben, mußte er sich zu den Tatsachen bekennen, worauf die Königin ihm drohte, den Papst um Beistand zu bitten, falls er sich weigere, von seinem Vorhaben abzustehen.

Ohne den weiteren Verlauf der Dinge abzuwarten, entschloß sie sich, ihren Neffen Karl V. umgehend zu unterrichten. Aber wie vorgehen ohne den Argwohn ihres Gemahls zu wecken? Sie schickte ihren spanischen Schneider zu ihm mit dem Auftrag, sich über die „Hartherzigkeit" der Königin zu beklagen, die sich weigere, ihm Urlaub für eine Reise zu seiner kranken Mutter in Spanien zu gewähren. Aber Heinrich durchschaute das Spiel. Er gab vor, die Reise zu genehmigen und war sogar bereit das Lösegeld zu bezahlen, falls der arme Schneider in Frankreich in die Hände von Wegelagerern geraten sollte. Gleichzeitig aber wies er seine Agenten auf dem Kontinent an, den Spanier bei seiner Landung in Calais verschwinden zu lassen... Schläue gegen Schläue: der Bote wurde in Frankreich nie gesehen. Die Königin schickte ihn über den Atlantik nach Nordspanien und Karl V. ward alsbald von Heinrichs Plänen unterrichtet.

Aber inzwischen war es zu Machtverschiebungen auf dem Festland gekommen. Katharinas Botschaft erreichte den Kaiser gleichzeitig mit der Nachricht, daß seine Söldner in Italien den Widerstand der von Venedig, Frankreich und dem Papst aufgebrachten Truppen gebrochen hatten und, ungeachtet des mit Clemens VII. abgeschlossenen Waffenstillstands in Rom eingedrungen waren. Ein fürchterlicher Winterfeldzug durch Oberitalien und über den Apennin lag hinter ihnen. Ihr Heerführer, der Konnetabel von Bourbon, war unter den Mauern der Stadt gefallen. Sie waren führerlos, ausgehungert und erschöpft, aber die Aussicht auf die Reichtümer, die in der Stadt Petri auf sie warteten, berauschten sie. Nichts konnte sie zurückhalten, nichts hielt ihnen Stand. Eine Woche lang wütete blinder Haß, Mord und Totschlag in Rom. In erster Linie aber richtete sich die Wut der Spanier gegen die Geistlichkeit. Priester, Mönche, Äbte und Bischöfe wurden bis in die Kirchen hinein, bis vor die Altäre verfolgt und erschlagen. Nonnen, egal welchen Alters, wurden vergewaltigt und lagen mit aufgeschlitzten Leibern in den Straßen. Täglich trug der Tiber die Leichen zum Meer. An allen Enden der Stadt brach Feuer aus. Der Papst entkam nur mit Not dem Gemetzel und schloß sich in letzter Minute in der Engelsburg ein. Entsetzt über die Gräuel seiner Söldner verbot Karl V. die Festung zu stürmen, aber die Belagerung wurde eingeleitet und brachte Clemens VII., der so oft die Bündnispartner gewechselt hatte, als Gefangenen in die Hand des Kaisers.

Weit entfernt vom Waffenlärm wog Heinrich die Konsequenzen dieser Gefangenschaft auf seine Pläne. Einerseits hatte sie den Vorteil, daß Katharina die Verbindung mit dem Papst nicht aufnehmen konnte, andererseits hatte er gehofft, daß die Feindschaft zwischen Kaiser und Papst diesen veranlassen würde, in der Frage der Ungültigkeitserklärung Stellung gegen Katharina zu beziehen. Damit war vorläufig nicht zu rechnen, Clemens VII. hatte andere Sorgen. Etwas naiv versuchte Heinrich nun der Königin das Bekenntnis abzuringen, daß ihre Ehe Blutschande war und daß sie ihrem Seelenheil zuliebe diesem Zustand ein Ende bereiten, sich von ihm trennen und in ein Kloster gehen wolle. Doch alle Überredungskünste nützten nichts. Die Königin blieb standhaft und rief unter Tränen aus, daß sie nur ins Kloster ginge, wenn er desgleichen tat...

Wenn Heinrich in einer Sache seinen Willen nicht durchzusetzen vermochte, brauchte er ein Opfer, an dem er seinen Zorn auslassen konnte. Diesesmal wählte er für diese Rolle seinen allmächtigen, langjährigen Berater Kardinal Wolsey, der unfähig gewesen war, die Bischöfe während der Synode zu einem klaren Urteil zu bewegen. Gleichzeitig ketteten ihn diese Fehlschläge mehr und mehr an Anna, die weiterhin seine Annäherungsversuche mit dem Argument zurückwies: „Ihr seid verheiratet!" Sie erlaubte ihm höchstens einmal, ihre Hände zu küssen oder sie beim Tanz an sich zu drükken ... um ihn am nächsten Tag wieder zappeln zu lassen, wie einen Fisch an der Angel. Nur in einem Punkt legte Anna einen fast blinden Gehorsam an den Tag: sie war unfehlbar zur Stelle, wenn er sie rufen ließ, was immer häufiger geschah. Bald wurde ihm ihre Gesellschaft unentbehrlich und damit war sie offiziell zur Position der Favoritin aufgestiegen. Noch schieden sich die Geister, ob sie seine Geliebte geworden war oder nicht. Ich allein wußte, daß sie seinem Drängen nicht nachgab. Aber ich ahnte nicht, welchen unerhörten Plan sie damit verfolgte.

„Liebst Du ihn wenigstens, fragte ich sie eines Tages, als ich sah, daß sie allen Wünschen des Königs gefügig war außer dem einen, wichtigen.

— Wo denkst Du hin! Wenn ich ihn liebte, hätte ich mich ihm längst hingegeben.

— Und warum stachelst Du ihn dann immer wieder an? Was erwartest Du von ihm?

— Daß er mich heiratet, natürlich!"

Ich hatte diese Antwort unbewußt erwartet, sie aber immer von mir geschoben, denn sie schien mir erschreckend in ihrer Maßlosigkeit.

„Bist Du wahnsinnig? Ausgerechnet Dich? Und wenn es tatsächlich zur Scheidung käme, glaubst Du auch nur einen Moment, daß er dann Dich wählt, obgleich ihm unzählige Töchter aus königlichem Haus zur Verfügung stehen, die schöner sind als Du?

– Du hast sicher recht, sagte sie mir lächelnd, und doch wird er mich heiraten".

Ihre Selbstsicherheit verschlug mir den Atem und ich zitterte vor den Konsequenzen. Mit Recht. Als ihre ehrgeizigen Pläne sich abzuzeichnen begannen und als deutlich wurde, daß der König ähnliche Gedanken hegte, erkannten alle am Hof, daß die moralischen Bedenken an der blutschänderischen Ehe nichts als fadenscheinige Vorwände waren. Die Idee der Scheidung allein schon hatte in der Öffentlichkeit Mißfallen erweckt. Als die Gerüchte über die wahren Gründe laut wurden, wurde nicht nur der Hof, sondern die öffentliche Meinung in Aufruhr versetzt. Alle ergriffen Partei für das unschuldige Opfer, alle wendeten sich gegen die Anstifterin des Unheils. Genau das hatte ich befürchtet, aber Anna schien diese Feindseligkeit mit Philosophie hinzunehmen.

„Jedes Ding hat seinen Preis", erklärte sie mir. Wer die Macht erkämpft, macht sich unbeliebt. Die Menschen hängen an dem, was sie kennen und hassen es, wenn man ihre Gewohnheiten über den Haufen wirft. Glaubst Du, daß sie Katharina wirklich lieben? Sie kennen sie nicht einmal. Seit fünfzehn Jahren sind sie daran gewöhnt, daß sie auf dem Thron von England sitzt und stehen jeder Änderung feindlich gegenüber. Dafür muß ich zahlen, das ist unvermeidlich. Aber es geht ja gar nicht um Katharina oder um mich, es geht einzig und allein um das Schicksal Englands und deswegen muß sie weichen.

– Aber warum muß der König Dich heiraten? Der Plan ist absurd und außerdem überflüssig. Heinrich tut ohnehin keinen Schritt, ohne Dich um Rat zu fragen.

– Da Katharina noch da ist, fragt er auch sie um Rat und ihr Rat ist das Gegenteil von meinem. Der König schwankt zwischen uns beiden und schließlich ist es der Kardinal, der entscheidet. Dabei hat der nur die Papstwürde im Kopf.

– Und was willst Du dann mit England machen?"

Ich hatte diese Frage etwas ironisch hingeworfen. Nach einer Weile zögernden Schweigens begann sie mir mit viel Geduld ihre Ideen auseinanderzusetzen, die für mich völlig ungewohnt waren. Ich will versuchen, sie hier wiederzugeben.

Sie sagte, daß es in Europa nur ein einziges Land gebe, das man als Nation bezeichnen könne, ein Begriff, der durch den Humanismus geprägt worden war. Und dieses Land sei Frankreich. Die anderen, England inbegriffen, seien nur auswechselbare Figuren im Schachspiel der Mächtigen.

„Schau Dir diese Karten an, die uns aus Genua überbracht wurden! Italien mag die Form eines Stiefels haben, aber ein Stiefel, der von unzähligen Flicken von Herzogtümern, Königreichen und Kleinstaaten zusammengesetzt ist, die sich gegenseitig bekämpfen und einmal dem Kaiser, einmal dem französischen König unterworfen sind. Mit Deutschland ist es nicht besser bestellt. Ein Mosaik von Ländern zwischen Elbe und Rhein. Weißt Du, warum ich dieses Mädchen bewundere, das wir in Rouen verbrannt haben? Nicht wegen seiner Waffentaten und nicht wegen seiner Selbstaufopferung, sondern weil Frankreich ohne dieses Mädchen heute nicht das wäre, was es ist, ein Staat. Und weil der französische König ohne sie nur Herrscher über eine Provinz wäre mit anderen, gleichrangigen neben sich. Und weil die Franzosen sich dank ihr zu einem Reich bekennen, das Frankreich heißt.

— Es ist schwierig, Dir zu folgen.

— Weil Du an diesen Zustand gewöhnt bist. Aber du weißt auch, daß ein Florentiner einen Neapolitaner als Fremden empfindet wie ein Katalane einen Andalusier, ein Bayer einen Brandenburger.

— Aber in England ist es anders.

— Keineswegs. Ein Marquis von Durham fühlt sich dem Herzog der Normandie, dem er seine Tochter zur Frau gibt, näher als seinem Nachbarn, dem Herzog von Cumberland, auf dessen Gebiet er es abgesehen hat. Denk an Schottland, mit dem wir seit Generationen verfeindet sind. Darum wiederhole ich immer wieder: England ist eine Insel, aber wir wissen es noch nicht".

Sie sagte auch, daß die Deutschen durch Luther vielleicht zur Nation zusammenwachsen würden, wie die Franzosen durch Johanna und daß für England eine ähnliche Persönlichkeit nötig sei.

„Wozu das? Uns geht es doch sehr gut?

— Dir fehlt es an Ehrgeiz. Ich will, daß England zur ersten Macht in Europa wird.

— Das will der König auch. Er braucht Dich nicht dazu.

— Irrtum. Ohne mich wird es ihm nicht gelingen.

— Und warum das?

— Weil er nur an seinen persönlichen Vorteil denkt. Er ist reich, er ist mächtig und er glaubt, daß das genügt, um die Welt zu erobern. Es bedarf aber mehr.

– Und das kannst Du ihm geben?

– Weil ich die Änderungen erkannt habe, die nötig sind.

– Welche Änderungen? Ich finde Änderungen gräßlich.

– Wir müssen etwas haben, was uns von den Ländern auf dem Kontinent unterscheidet, grundsätzlich unterscheidet. Sie sind durch tausend Grenzen getrennt und doch alle in den Händen einer einzigen Macht: der Kirche in Rom. Da müßte man ansetzen.

– Du willst doch nicht etwa Ketzer aus uns machen? Welch ein Gedanke!

– Darüber bin ich mir noch nicht ganz im Klaren. Bedenke aber, daß in Oxford und Cambridge schon längst solche „ketzerischen" Ideen im Umlauf sind. Man empfindet die Macht der Kirche als einen Hemmschuh für die geistige Entwicklung des Menschen. Ob aber Heinrich dafür zu gewinnen ist? Bei ihm sitzt ein autoritätsergebener Kopf auf einer mächtigen Gestalt!"

Anna hätte Unrecht gehabt, an der religiösen Hingabe Heinrichs zu zweifeln. Gerade eben hatte er eine Schrift von außerordentlicher Härte gegen Luther unter dem Titel „Die sieben Sakramente" * verfaßt und dafür vom Papst den Titel „Defensor Fidei" (Verteidiger des Glaubens) erhalten.

* „Assertio Septem Sacramentorum"

FÜNFTES KAPITEL
(1528-1529)

Clemens VII.

Die Monate vergingen, ohne daß sich die Lage am Hof geändert hätte. Heinrich ließ nicht nach, Anna mit Zeichen seiner Gunst zu überhäufen und sie zu drängen, doch endlich seiner Werbung nachzugeben, was sie mit eiserner Energie unter den stets gleichen Argumenten ablehnte: „Ihr seid verheiratet!" Aber sie war jetzt seine ständige Begleiterin zum Leidwesen Wolseys, dem es nur mit Mühe gelang, sie von den Sitzungen des Kronrates auszuschließen. Dieser Zustand konnte nicht andauern. Auch wenn die Frage einer Heirat zwischen dem König und der Frau seiner Wünsche bisher nie wirklich erwähnt worden war, begann Heinrich mit dem Gedanken zu spielen, der noch vor einem Jahr völlig abwegig gewesen wäre. Jetzt wurde ihm langsam klar, daß er vielleicht nur um diesen Preis zum Ziel kommen konnte, das ihm so erstrebenswert erschien und für das seine Geduld auf eine so harte Probe gestellt wurde. Aber Geduld war nicht seine Stärke. Wolsey sah sich erneut beauftragt, unverzüglich Schritte zur Durchführung des Scheidungsprozesses zu unternehmen. Des Königs Wille ertrug keinen Aufschub mehr.

Der Kardinal, der mit seiner Synode einen ersten Fehlschlag erlitten hatte, suchte fieberhaft nach einem neuen Plan, wie die Ungültigkeitserklärung auch in Abwesenheit des Papstes, der als Gefangener des Kaisers an der Ausübung seiner apostolischen Macht verhindert war, herbeizuführen wäre. Einen zweiten Mißerfolg konnte er sich nicht leisten, wenn er weiterhin seinen Einfluß auf König und Land ausüben wollte. Noch glaubte er, die Fäden des politischen Spiels in Händen zu halten und versprach sich einen erheblichen Machtzuwachs, wenn ihm die Scheidung und ein Ehevertrag mit einer der großen europäischen Dynastien gelänge. Hätte er geahnt, daß ihm in Anna für den ersten Schritt eine Verbündete, für den Zweiten aber eine unerbittliche Gegnerin erstand, so wäre er vielleicht vorsichtiger zu Werk gegangen. Vorläufig ahnte er nichts von den unausgesprochenen aber wahren Zielen Heinrichs, noch von der Zielstrebigkeit Annas.

Zunächst plante der Kanzler, sich nach Calais einzuschiffen und zu einer Unterredung mit Franz I. nach Amiens zu begeben. Franz, so meinte er, wäre an dieser Begegnung umso mehr interessiert, als er in einen neuen Krieg gegen Karl V. verstrickt war und Unterstützung brauchte. Doch Wolsey bot mehr als nur ein Militärbündnis. Seine Idee war eine Heirat zwischen Heinrich und Renée, Schwester der Königin Claude von Frankreich, und da dieser Vorschlag eine Scheidung der Ehe zwischen Heinrich und Katharina voraussetzte, war er sicher, den Franzosen für seinen Plan zu gewinnen. Für die kirchliche Ungültigkeitserklärung in Abwesenheit des Papstes gedachte der ehrgeizige Kanzler, die französischen und italienischen Kardinäle, soweit sie nicht in Gefangenschaft geraten waren, zu einer Konklave nach Avignon zu laden. Einmal in der Stadt der Päpste versammelt würde es ihm ein Leichtes sein sie zu überreden, die apostolische Gewalt vorübergehend, stellvertretend für den Hl. Vater, einem zahlenmäßig beschränkten Kolleg anzuvertrauen, dessen Vorsitz niemand anders als er, Kardinal Wolsey, zu übernehmen plante. In dieser Position lag es dann in seiner Macht, die blutschänderische Ehe zu annullieren, die Scheidung zu genehmigen und eine neue, fürstliche Heirat in die Wege zu leiten. Mit anderen Worten, er hielt sich für fähig, sich von der Konklave zu einer Art Papst ad interim wählen zu lassen.

Anna, von Heinrich unterrichtet, fiel es nicht schwer, den König zu überzeugen, daß ein derartiges Unternehmen eine sehr langwierige Sache sei, vorausgesetzt daß überhaupt Aussicht auf Erfolg bestände. Aber weder sie noch Heinrich hatten Zeit. Wie lange würde sie ihn noch auf die Folter spannen können, ohne daß sein Interesse an ihr erlahmte, seine Liebe erlosch? Jeder Tag war kostbar und mußte genützt werden, wenn sie an ihr Ziel kommen wollte. Sie machte einen anderen Vorschlag. Während Wolsey in Frankreich der Verwirklichung seines komplizierten Planes nachging, sollte Heinrich einen Vertrauensmann direkt zu Clemens VII. in die Engelsburg entsenden und ihn seiner Hilfe und Unterstützung versichern. Als Gegengeste war dann der Gefangene sicher bereit, Kardinal Wolsey die Papstgewalt für die Dauer seiner Karenz zu übertragen.

Von dieser Idee versprach sich Anna zwei Vorteile. Zum einen war sie sicher, dem Kardinal zeitlich zuvorzukommen, zum andern wäre er ihr dann dadurch verpflichtet, daß er ihr seine Ernennung zum Stellvertreter des Papstes zu verdanken hatte. Folglich könnte er sich ihren Heiratsplänen nicht widersetzen.

In seiner Ungeduld war Heinrich bereit, jede Möglichkeit, die sich bot, am Schopfe zu ergreifen. Er hieß Annas Vorschlag gut. Blieb noch die Wahl des Sonderbotschafters. Sie fiel auf Dr. William Knight, einen aufrechten, treu ergebenen Staatsbeamten, Mitglied des königlichen Sekretariats, dem jeder krumme Gedanke, aber auch jede geistige Finesse, jede Eigeninitiative im Falle der Gefahr fernlag... Die Wahl sollte sich als katastrophal erweisen. Knight, von einer sträflichen Vertrauensseligkeit, ja Dummheit, war der Aufgabe bei weitem nicht gewachsen.

Er war beauftragt, ohne Aufenthalt durch Frankreich nach Italien zu reisen. Doch in Amiens angekommen hielt er es für unumgänglich, als Abgesandter des englischen Königs dem Herrscher des Landes seine Aufwartung zu machen. Das Unvermeidliche geschah: er lief Wolsey in die Arme, der für seine komplizierten Verhandlungen am dort tagenden französischen Hof weilte. Dem schlauen Kardinal fiel es nicht schwer, Knight die Beweggründe seiner Reise zu entlocken und zu erkennen, daß er das Opfer eines bösen Doppelspiels geworden war. Heinrich und Anna hatten ihn hintergangen! Zum ersten Mal wurde er mit dem Gedanken ihrer Heirat konfrontiert. Wolseys Entrüstung war umso größer, als er mit seinen eigenen Plänen, wie Anna vorausgesehen hatte, einen totalen und noch dazu aufsehenerregenden Schiffbruch erlitten hatte. Sämtliche Kardinäle lehnten es ab, seinem Ruf zu einer Konklave in Avignon Folge zu leisten. Schon sah er seine Stellung wanken und bemühte sich fieberhaft, die Lage wieder in den Griff zu bekommen, ehe es zu spät war. Ohne sich etwas anmerken zu lassen, betraute er Knight mit einer persönlichen Botschaft an den Papst, die ihm im Falle des Gelingens die Lorbeeren am ganzen Unternehmen zuschanzten. Ein weiteres Schreiben richtete er an Heinrich, in dem er ihm versicherte, daß er eine Verbindung mit Anna von ganzem Herzen begrüße. Daraufhin rüstete er sich eilends zur Rückkehr nach England, um über den Stand seiner Verhandlungen mit Franz I. Rechenschaft abzulegen. Glücklicherweise waren die Nachrichten gut, die er für ihn brachte. Dummerweise hatte der Wind schon gedreht, als er eintraf.

* * * *

Der Hof tagte in Richmond, als sich der Kardinal eines Abends melden ließ. Die üblichen Festlichkeiten waren in vollem Gange und der Page, den er mit der Bitte um eine Privataudienz mit dem König ausgeschickt hatte, kam mit einer Antwort zurück, die ihn zutiefst erschütterte. Vor dem versammelten Hof, berichtete dieser, vor dem König und seiner Favoritin – beide in kostbarste Gewänder gekleidet und zum Tanz geschmückt – habe er sein Anliegen vorbringen müssen und als Erwiderung Anna Boleyns spitze Gegenfrage erhalten, warum diese Audienz denn nicht dort stattfinden könne, wo sich der König gerade befände. Und der König? Der habe diesem Vorschlag lächelnd zugestimmt. Zu anderen Zeiten hätte Wolsey einen derartigen Affront mit Stillschweigen bestraft und sich für einige Tage zurückgezogen. Wie die Dinge jetzt standen, konnte er sich diese Taktik dieses Mal nicht erlauben. Scheinbar gelassen kam er der Aufforderung nach, mußte aber bald einsehen, daß im Stimmgewirr des Festsaales, unter den sarkastischen Randbemerkungen Annas kein ernstes Gespräch mit Heinrich zu machen war.

Als ihm erlaubt wurde, sich zurückzuziehen, hatte Wolsey begriffen, daß er sich auf dem Weg in die Ungnade befand. Anna dagegen hatte ihren Einfluß auf den König unter Beweis gestellt und dadurch einen unmißverständlichen Erfolg über den Kanzler davongetragen. Aber sie hütete sich, einem Gefühl des Triumphes nachzugeben.

„Ich kenne die Spitzfindigkeit des Kardinals und die Wankelmütigkeit des Königs gut", sagte sie zu mir, „um zu wissen, daß ich noch längst nicht am Ziel bin und daß noch viele Kämpfe vor mir liegen. Ich muß genauso viel Schlauheit und Geduld aufbringen wie Wolsey.

– An Deiner Stelle würde ich meinen Erfolg sofort ausnützen.

– Dazu bin ich noch nicht stark genug. Heinrich kann sich meinem Willen jederzeit entziehen und der Kanzler kennt die Schliche viel zu gut, um ihn sich nicht zu jeder Stunde wieder willfährig zu machen."

Tatsächlich gelang es Wolsey, seinen Zorn herunterzuschlucken und dem König in den nächsten Tagen während einiger Privataudienzen geschickt vor Augen zu führen, daß einzig und allein er der Geeignete sei, den Kampf um die Scheidung auszufechten. Zum allgemeinen Erstaunen hinderte Anna Wolsey nicht in seinen Versuchen, die Huld des Königs zurückzuerlangen, sondern zeigte sich ihm gegenüber äußerst liebenswürdig. Und nachdem dieser die Kräfte geprüft hatte, die im Spiel standen, bot er ihr seine Dienst an...

Ein erster Schritt war ihr damit gelungen, aber sie täuschte sich nicht über seine Tragweite. Sie wußte, daß es unter Rivalen nicht selten zu einem stillschweigenden aber zeitlich begrenzten taktischen Einverständnis kommen konnte. Es galt also, wach zu bleiben.

„Wolsey hat seinen Plan einer Heirat zwischen Heinrich und der Schwägerin des französischen Königs oder irgendeiner anderen Fürstentochter keineswegs aufgegeben", erklärte sie mir. „Er tut nur so, momentan, um Zeit zu gewinnen, denn er hofft noch immer, daß der König meiner überdrüssig wird, wie es bei Bessie und bei meiner Schwester der Fall war. Wie alle anderen Höflinge nimmt auch er an, daß ich längst seine Geliebte geworden bin. Er kann sich nicht vorstellen, daß wir so viele Stunden unter vier Augen miteinander verbringen ohne daß geschieht, was andere an meinem Platz täten. Und ich hüte mich wohl, ihm die Wahrheit zu sagen. Kannte er sie, so würde er mit Recht die Macht fürchten, die ich auf Heinrich ausübe und alles daransetzen, die Scheidung zu verhindern, also das Gegenteil von dem tun, was er jetzt unternimmt. Soll er nur die Scheidung durchsetzen, dann sehen wir weiter.

— Du scheinst Dich sehr sicher zu fühlen, wagte ich einzuwerfen.

— Und warum sollte ich nicht?

— Weil Du Deinem Temperament entgegen handelst, Dich kalt und herzlos gibst, was Du gar nicht bist.

— Man muß sich einen eisernen Panzer zulegen, wenn man sich mit Politik befassen will, besonders als Frau. Es handelt sich um einen Machtkampf zwischen dem Kanzler und mir. Du hast noch nicht begriffen, daß ich nicht mehr dieselbe bin wie damals in Frankreich.

— Wahrscheinlich. Und manchmal wird mir Himmelangst".

Übrigens war mir selbst nicht klar, was mir mehr Angst einflößte: die Möglichkeit eines Mißlingens ihrer Pläne oder die befremdende Tatsache, daß sie in ihrem Herzen jedes Gefühl von Liebe und Zärtlichkeit erstickte, ohne daß ihr etwas anzumerken war. Ich mußte mich daran gewöhnen, daß sie von jetzt an zwei Gesichter zeigte, das ausgelassene, jungmädchenhafte, unverdorbene in Anwesenheit des Königs und des Hofes und das einer reifen Frau, wenn sie zäh ihre Pläne verfolgte.

Zwischen Anna und Wolsey war es also zu einem stillschweigenden Waffenstillstand gekommen, seit es diesem gelungen war, den König zu überzeugen, daß William Knight nicht der richtige Mann für die heikle Aufgabe sein konnte, die ihm anvertraut worden war. Unfähig, ein Geheimnis zu wahren würde er in Kürze dem Papst die Hintergründe seiner Bittstellung ausplaudern. Der Hl. Vater aber würde dann das Spiel sofort durchschauen, seine Zustimmung zur Nichtigkeitserklärung der Ehe verweigern und damit jede Hoffnung auf eine Scheidung vernichten.

Anna unterstützte den Kanzler in seinen Argumenten, obwohl sie selbst die Urheberin des Plans gewesen war und zeigte sich bereit, die Konsequenzen aus Knight's offensichtlichem Versagen zu ziehen. Unter dem Druck seiner beiden Ratgeber schien der König nachzugeben und der Beauftragte erhielt Anweisung, in Lyon weitere Instruktionen abzuwarten, bevor er nach Rom weiterreiste.

Gleichzeitig vereinbarten Anna und Wolsey einen weiteren Schritt den sie sorgfältig vor Heinrich geheim hielten. Ein anderer Botschafter sollte an Clemens VII. mit der Bitte gelangen, eine Bulle zu erlassen, die während seiner Gefangenschaft Entscheidungen in Fragen des Kirchenrechts in England einem englischen Kirchengericht übertrug. Weder von Wolsey noch von einer Ehescheidung war in dieser Botschaft die Rede. Die Angelegenheit erhielt einen rein juristischen Anstrich.

Alles schien endlich auf dem besten Wege, als die Nachricht durchsickerte, daß auch Heinrich hinter dem Rücken Annas und seines Kanzlers gehandelt hatte und zwar in der dümmsten Weise. Seine Beweggründe waren unklar. Hatte er die gefaßten Beschlüsse und die schlechten Erfahrungen mit Dr. Knight vergessen oder den Warnungen nicht geglaubt? Oder ärgerte er sich nachträglich über sein eigenes Nachgeben? Jedenfalls forderte er Knight in Lyon durch einen Kurier auf, sich unverzüglich zum Hl. Vater nach Rom zu begeben und alles daranzusetzen, seine Mission auftragsgemäß zu Ende zu führen... Vielleicht war ganz einfach die Ungeduld die Triebfeder seines unverständlichen Handelns.

„Welch ein Wahnsinn!", rief Anna, als sie davon hörte. „Wenn Knight, was ich annehme, unsere Geheimnisse preisgibt, ist alles verloren. Ich wage nicht daran zu denken!"

Ohne ein gerüttelt Maß an Pech, hervorgerufen durch die komplizierten politischen Umstände hätten sich ihre Befürchtungen vielleicht nicht bewahrheitet. Aber die Kriegsgeschicke in Italien änderten sich dauernd und momentan war Karl V. nicht mehr Herr der Lage. Anarchie herrschte in weiten Teilen des Landes, das von bewaffneten, meuternden Banden durchzogen war. Unter diesen Umständen wurde eine Reise zum lebensgefährlichen Unternehmen und Anna hoffte, daß Knight bald zur Umkehr gezwungen würde. Das aber hieß seinen Charakter verkennen. Sein Ehrgefühl ließ es nicht zu, von seinem Auftrag abzulassen und sollte es ihn das Leben kosten. Wenn nötig, hätte er sich seinen Weg durch die Armee von Tigern gebahnt! Es ist mir unmöglich, seine vielen Abenteuer im einzelnen aufzuzählen. Unzählige Male gefangen, ausgeraubt und dann doch wieder freigelassen, glaubte er sich in Viterba, wo man ihn in ein feuchtes Kellerloch gesteckt hatte, seinem Ende nahe. Aber während eines Brandes konnte er sich befreien und gelangte schließlich, allen Hindernissen zum Trotz, nach Rom.

Doch die Engelsburg war leer. Der Papst hatte sich die Wirren zunutze gemacht und war nach sechsmonatiger Gefangenschaft nach Orvieto geflüchtet, das von den kaiserlichen Truppen nicht besetzt war. Unverdrossen brach Knight dorthin auf. Doch sein kurzer Aufenthalt in Rom hatte den ehrwürdigen Mitgliedern der römischen Kurie genügt, ihm die wahren Hintergründe seines Auftrags zu entlocken, Scheidungsfrage, Wiederverheiratung und Anna Boleyns Name inbegriffen, und den Papst davon in Kenntnis zu setzen. Clemens VII. zögerte zunächst, ob er den seltsamen Gesandten überhaupt empfangen solle. Doch dann ließ er sich überzeugen, daß ihm der König von England in seinem Kampf gegen den Kaiser vielleicht noch nützlich sein könnte und wagte nicht, Wolseys Gesuch um eine vorübergehende Übertragung der päpstlichen Befugnisse rundweg abzulehnen. So kam es zwischen dem gewieften englischen Kardinal und dem listigsten aller Päpste zu einem diplomatischen Gefecht sondergleichen, das ich höchst amüsant gefunden hätte, wäre nicht Annas Zukunft davon abgehangen.

Clemens war Meister des Doppelspiels. Einesteils zeigte er sich geneigt, Heinrichs Wünschen voll und ganz zu entsprechen. Gleichzeitig aber war er entschlossen, von seinen päpstlichen Prerogativen nicht ein Yota abzugeben. Während er Knights Wachsamkeit durch Gunstbezeugungen und Liebenswürdigkeiten einschläferte, ließ er insgeheim den Wortlaut der mit ihm ausgearbeiteten Bulle leicht abändern, bevor er Unterschrift und Siegel daruntersetzte. Der königliche Gesandte merkte nichts, sah sich am Ziel seiner Mühen und beeilte sich, das kostbare Dokument mit einem Sonderkurier nach England zu spedieren.

Die Freude am englischen Hof war von kurzer Dauer. Heinrich erkannte sofort, daß sein gutgläubiger Botschafter hintergangen worden war und daß er ein wertloses Schriftstück in den Händen hielt. Clemens ernannte darin den Kardinal wohl zu seinem offiziellen Legaten, behielt sich aber in allen Entscheidungen das letzte Wort vor.

Wolsey verbarg mühsam seine Schadenfreude. War nicht er letzten Endes der einzige, dem eine derart heikle Mission anvertraut werden konnte? Heinrich mußte die Waffen strecken ohne daß Anna Einspruch erheben konnte. Der Kanzler hatte wieder alle Fäden in der Hand.

Für die neue Gesandtschaft nach Orvieto wählte Wolsey Männer aus seiner Kanzlei, die sein volles Vertrauen genossen: Edward Fox, ein Geistlicher und Stephen Gardiner, sein eigener Erzdiakon. Besonders Letzterer war für seinen intriganten Ehrgeiz bekannt und würde sich geschickter durchzusetzen wissen, als der unglückliche Knight, der nach Lyon zurückbeordert wurde. Gardiner erhielt den Auftrag, zu allererst den Papst davon zu überzeugen, daß Kardinal Wolsey keinesfalls für Knights Botschaft verantwortlich gemacht werden könne und daß er es sich nie erlaubt hätte, dem Hl. Vater einen derartig fadenscheinigen Antrag vorzulegen. In einem weiteren Schritt hatte Gardiner Clemens VII. vor Augen zu führen, daß ihm in seinem Kampf gegen den Kaiser eine Allianz mit dem König von England von unschätzbarem Wert sei. Dessen Gemahlin Katharina aber und die ihr nahestehenden Pairs und Minister, drängten zu einem Bündnis mit seinem Gegner Karl V. Es gelte also gewissermaßen, Heinrich gegen die Königin den Rücken zu stärken. Er neige viel eher zu einer engeren Verbindung mit Frankreich, die durch eine Heirat mit Renée, Schwägerin des französischen Königs, besiegelt werden könne, sobald der Hl. Vater ihm den Weg zu einer zweiten Ehe ebnete...

Als Gardiner und Fox nach einigen Wochen zähen Verhandelns nach London zurückkehrten, glaubte Wolsey, daß sein Plan geglückt war. Stolz berichtete der Erzdiakon von den unzähligen Schritten, die er unternommen, den heißen Diskussionen die er geführt habe, um Clemens die gewünschten Konzessionen zu entreißen. Auf den ersten Blick schien es tatsächlich, als gebe er nach. Die Bulle berechtigte Wolsey ausdrücklich, zusammen mit Lorenzo Campeggio, dem päpstlichen Legat in England, die Anliegen des englischen Königs anzuhören und später auch darüber zu statuieren.

Anna sah endlich ihren Weg klar vorgezeichnet, Heinrich glaubte gewonnenes Spiel zu haben. Bei genauerem Hinsehen aber zeigte es sich, daß sich auch der gewitzte Gardiner von dem gerissenen Papst hatte prellen lassen. Die Erlaubnis zu einer Wiederverheiratung sei erteilt, las Wolsey ... jedoch nicht als Folge der Nichtigkeitserklärung der Ehe mit Katharina, sondern unter der Bedingung, daß diese überhaupt als illegal erklärt werden könne! Diese Formulierung änderte den Sinn der Bulle vollständig, denn sie ließ nach wie vor die Entscheidung beim Papst.

Was war zu tun? Wenn er dem König und Anna den tatsächlichen Inhalt der Bulle enthüllte, war es um sein Ansehen und um seine Macht geschehen. Um den Schein zu wahren, beschloß er so zu tun, als sei alles in bester Ordnung. Insgeheim aber schickte er Gardiner noch einmal nach Orvieto, damit er ein Dekret von unmißverständlicher Klarheit beschaffe. Auch galt es Doppelzüngigkeiten von der einen wie von der anderen Seite auszuschalten. Deshalb empfahl er dem Papst, das unterzeichnete Dekret Campeggio und niemand anderem als ihm anzuvertrauen, womit er sich dessen neutrales Wohlwollen zu sichern hoffte. Danach blieb ihm nichts anderes übrig, als den Erfolg dieser letzten Mission abzuwarten.

* * * *

Nach Wochen endlosen Wartens kehrte Gardiner mit der frohen Botschaft zurück, daß Papst Clemens vor seinen Augen das Dekret, das sich eindeutig zu Heinrichs Gunsten aussprach, unterzeichnet hatte. Nun lag es an Campeggio, das kostbare Schriftstück in Orvieto in Empfang zu nehmen. Erneut vergingen zwei Monate bis der Legat wieder bei Hofe erschien und dem Monarchen und seinem Kanzler das Dekret verlas, dessen Wortlaut tatsächlich ihren Wünschen entsprach.

Doch wieder gelang dem widerspenstigen Clemens eine List, die alle Mühe zunichte machte. Sie lag dieses Mal nicht im Sinn des Schreibens, sondern in seiner Handhabung: Campeggio hatte Anweisung es zu verlesen, aber unter keinen Umständen auszuhändigen. Auf diese Weise war es dem Papst anheimgegeben, je nach Lage der Dinge, je nachdem, ob ein Bündnis mit Habsburg oder mit England bessere Aussichten für ihn bot, das Dokument auszuliefern oder nicht. Wolsey und Gardiner waren noch einmal Opfer der Machenschaften des Hl. Stuhls geworden.

Anna war sich im Klaren darüber, daß Clemens Zeit gewinnen wollte, in der Hoffnung, daß der König mit der Zeit sein Interesse an ihr verlieren und auf die Scheidung verzichten würde. Vor ein paar

Monaten hätte sie vielleicht noch über das Schnippchen gelacht, das der Papst ihnen allen geschlagen hatte. Inzwischen war aber ein Ereignis eingetreten, das an der Echtheit der Liebe des Königs Zweifel aufkommen ließ.

Alljährlich, gegen Ende des Winters hielt der Tod Einzug in London und holte sich seine Opfer unter den Bewohnern, die durch Hunger und Kälte zu erschöpft waren, ihm zu widerstehen. In diesem Frühling aber überstieg die Zahl der Toten die übliche Sterbeziffer. Bald ließ sich nicht mehr verheimlichen, daß eine Epidemie in der Stadt ausgebrochen war und mit beängstigender Schnelligkeit um sich griff. Die Krankheit, kaum ungefährlicher als die Pest, äußerte sich zunächst durch heftige Kopf- und Rückenschmerzen, gefolgt von Schüttelfrost und erschöpfenden Fieberanfällen, die in zwei von drei Fällen in wenigen Stunden zum Tode führten. Man nannte sie die Schweißkrankheit.

Anfang Juni starb eine von Annas Kammerzofen. Von Anna über das Ereignis informiert, entschloß sich Heinrich sofort zur Flucht aus der Stadt, wo die Krankheit drohte, aufs Land, bald gefolgt vom ganzen Hof, während Anna, die ja vielleicht den Keim des Übels in sich trug, in London zurückgelassen wurde.

„Du siehst daraus, sagte sie mir später mit einem kleinen Anhauch von Bitterkeit in der Stimme, daß der Liebe des Königs Grenzen gesetzt sind. Er möchte gerne das Leben, aber nicht das Grab mit mir teilen!"

Anna, wie Lord Rochford, ihr Vater, war tatsächlich von der Epidemie erfaßt worden und rang in Hever Castle tagelang mit dem Tod. Heinrich hatte sich nach Hudson zurückgezogen, schickte ihr seinen Leibarzt, Dr. Butts. Wochen vergingen, aber allen Befürchtungen zum Trotz genasen beide.

„Weißt Du, wer mich besucht hat?" fragte sie mich eines Tages, als sie langsam wieder zu Kräften kam. „Jemand, der mutiger ist als mein königlicher Anbeter: Kardinal Wolsey.

— Daran erkennst Du, daß er Dir gewogener ist, als Du denkst.

— Möglich. Und ich schätze seine Geste. Aber ich glaube, daß sie nicht ohne Hintergedanken war!

— Warum immer so pessimistisch?

— Weil es in der Politik keine rosenrote Farbe gibt. Wie dem auch sei, Wolsey wird den Hof verlassen müssen ... wie Katharina".

Vielleicht hatte sie recht, denn genau zu dieser Zeit war Lorenzo Campeggio aus Orvieto zurückgekehrt. Woher wohl hatte Anna die Einzelheiten erfahren? Von Campeggio selbst, der es nicht gänzlich mit einer möglichen künftigen Königin verderben wollte? Oder von Gardiner, der seine eigene Zukunft abzusichern und den Kanzler anzuschwärzen suchte? Ich weiß es nicht, denn sie hat mir die Namen ihrer Informanten nicht preisgegeben. Aber sicher ist, daß sie über die Taktik des Papstes auf dem Laufenden war: Zeit gewinnen, bis die Favoritin von ihrem Platz verdrängt und von der Bildfläche verschwunden war. Danach würde es ihm ein Leichtes sein, Karl V. davon zu überzeugen, daß er, Clemens, diese Ungnade verursacht und Katharina ihren Rang als Königin gesichert habe, wodurch der Kaiser ihm verpflichtet wäre und Friede mit ihm schlösse. Noch war es allerdings nicht so weit. Vorläufig konnte er sich nicht erlauben, den König von England vor den Kopf zu stoßen und womöglich auch Franz I. zu verärgern. Campeggio hatte, als er die bewußte Bulle vor dem König und seinem Kanzler verlas, sich aber weigerte, sie auszuhändigen, noch einen weiteren Auftrag erhalten. Um den guten Willen des Papstes zu beweisen, sollte er so tun, als versuche er von seiner Seite aus Katharina zu überreden, den Wünschen Heinrichs nachzukommen und sich in ein Kloster zurückzuziehen. Gleichzeitig aber hatte er alles zu unternehmen, den Scheidungsprozeß zu verschleppen. Allen diesen Instruktionen gedachte Campeggio aufs Pünktlichste nachzukommen.

Während erwartungsgemäß seine lauen Vorstöße bei Katharina ebenso erfolglos blieben wie die Heinrichs, änderte sich die Lage in Italien erneut grundlegend und brachte Wolsey neue Schwierigkeiten. Die Kaiserlichen, von Schweizern und Genuesen unterstützt, hatten unerwartet das französische Heer in der Lombardei in die Flucht geschlagen. Aber auch die in Süditalien unter dem Befehl Lautrecs kämpfenden Truppenteile wurden durch ungeschickte Kriegsführung, mangelnden Nachschub und die Pest völlig dezimiert. Lautrec selbst kam um.

Karl sah seine Position erneut gefestigt, fast ganz Italien lag in seiner Macht und als Folge davon konnte er sich Clemens gegenüber konzilianter zeigen. Dieser sah nun keinen Grund mehr, dem König von England zu Willen zu sein. Er erklärte, die „Sutane zu wechseln und künftig kaiserlich zu leben". Casale, Heinrichs neuer Gesandter, der in Rom über die Herausgabe des Dekrets verhandeln sollte, erschien im denkbar ungünstigsten Augenblick und begegnete kühler Ablehnung. Der König von England, so wurde ihm bedeutet, dürfe von seiten des Papstes auf keinerlei Unterstützung mehr für seine Pläne hoffen. Heinrich, der sich von dem Bündnis mit Clemens einiges versprochen hatte, war tief enttäuscht. Und da ein Unglück selten alleine kommt, legte ihm Katharina ein vor Jahren von Papst Julius II. unterzeichnetes Breve vor, das in Spanien ausgegraben worden war und ausdrücklich alle Einwände gegen ihre Ehe mit Heinrich aufhob. Wodurch die offiziell vorgeschobenen Scheidungsgründe gegenstandslos wurden... Um die Verwirrung vollständig zu machen, legte sich Papst Clemens schwerkrank nieder und man fürchtete um sein Leben. Die Verhandlungen wurden vertagt, Abmachungen suspendiert, die Vollmachten für Campeggio und Wolsey aufgehoben. Weder der König, noch Wolsey kamen einen Schritt voran und erst nach Wochen ließ sich Campeggio herbei, das Kirchengericht einzuberufen, wobei er es nicht versäumte, sich selbst den Vorsitz übertragen zu lassen. Wolsey war auf den zweiten Platz manövriert und außerstande, das Verfahren zu beschleunigen. Auch Katharina tat alles, um die Dinge zu komplizieren, erklärte die Richter für unzuständig und die Gerichtstagung außerhalb Roms für unzulässig. Die Sitzungen wurden auf unbestimmte Zeit vertagt, Campeggio ließ sich beurlauben.

Anna erkannte, daß die Ausführung ihrer Pläne ins Ungewisse entrückt war. Zu meiner großen Überraschung entschloß sie sich plötzlich, den Hof zu verlassen und sich nach Hever Castle zurückzuziehen. Was hatte sie vor? Sie war nun über 25 Jahre alt und wußte, daß ihr nicht mehr viel Zeit blieb. Die ersten Tage war sie schweigsam und grüblerisch, dann ließ sie mich zu sich rufen.

Ich fand sie nachdenklich, in ein schlichtes, weit gefälteltes Wollkleid gehüllt, das ihre Gestalt noch zierlicher, ihren hellen Teint noch blasser machte.

„Ich brauche Deinen Rat", rief sie mir zu, als ich in ihr Gemach trat, „denn ich frage mich, ob ich richtig gehandelt habe.
- Du? Unsicher...?
- Ja... ich habe den Rubikon überschritten!
- Soll das heißen, daß Du Dich Heinrich...?
- Noch nicht, denn dadurch würde ich jede Chance verlieren. Aber ich glaube bei Heinrich etwas wie ein kaum spürbares Erlahmen seiner Gefühle, einen Hauch Verstimmtheit bemerkt zu haben.
- Und dann?
- Dann habe ich ihm erlaubt, mein ... Mieder zu öffnen...
- Ist das alles?"
Sie lachte: „Ja das ist alles, aber es ist ein erster, gefährlicher Schritt zum Punkt, von dem an es keine Rückkehr mehr gibt.
- Bist Du deshalb nach Hever Castle geflohen?
- Natürlich! Er muß denken, daß mich die Scham hierher getrie-

ben hat, was bis zu einem gewissen Grad auch stimmt. Aber was jetzt? Soll ich hierbleiben, auch auf das Risiko hin, seine Geduld zu überfordern? Oder soll ich reumütig an den Hof zurückkehren?

Fürchtest Du nicht, daß er eines Tages Gewalt anwendet, um endlich zum Ziel zu kommen?

– Nein, niemals, obwohl das seinem hitzigen Charakter entsprechen würde. Aber er weiß, daß er mich dann verliert. Ich ginge zu meinen Vettern nach Irland und wäre von da an unerreichbar für ihn. Jetzt bin ich in Hever Castle, in greifbarer Nähe!"

Wir kamen überein, daß Zurückhaltung weiterhin die wirksamste Taktik war und es sollte sich bald zeigen, daß wir recht hatten. Armer Heinrich! Kaum hatte er sich der Erfüllung seiner Liebe nahe geglaubt, war sie wieder in die Ferne entrückt.

Annas Abwesenheit verwandelte den machtbewußten Tyrannen, dem niemand zu widersprechen wagte, in einen schüchternen Verehrer. Er überschüttete sie mit den glühendsten Liebesbriefen in denen vorwurfsvolle Drohungen und flehende Bitten miteinander abwechselten. Einmal nannte er sie seine bitter-süße Liebe, dann seine tägliche Folter, sein Leiden, seine Herrin, seine kleine Schlange oder auch sein scheues, kleines Herz... Eine seiner Botschaften endete mit den zärtlichen Worten: „Glücklicher Brief, er wird heute abend dort sein, wohin ich keinen Zutritt habe..." Dann wieder träumte er schwelgerisch von ihren reizenden Brüsten und fügte traurig hinzu, „daß ihm die Trennung von der Frau, die er am höchsten schätze, eine unerträgliche Folter sei". Auch mit sanfter Erpressung versuchte er sein Glück, als er schrieb: „Wenn Ihr tatsächlich auf eigenen Wunsch meine Nähe meidet, so bleibt mir nur die Klage über mein Mißgeschick und ich werde mich zwingen müssen, meine Leidenschaft zu zähmen!" Einige Botschaften waren mit einem Herz signiert, in das er ein „H" gezeichnet hatte. Auf all diese Briefe antwortete Anna mit der ausgesuchtesten Liebenswürdigkeit. Sie versicherte Heinrich ihrer ungebrochenen Anhänglichkeit und schrieb ihm, daß sie allabendlich beim Aufgehen des Abendsterns in Zärtlichkeit an ihn denke, in der Hoffnung, seinen Gedanken zu begegnen. Worauf der König antwortete, daß der Gedanke an sie des Abends den Schlaf von seinen Augen scheuche und daß er Ruhe nur in ihren Armen fände.

Die Wochen der Abgeschiedenheit gaben Anna die Möglichkeit, mit ihren Gefühlen ins Reine zu kommen und ihre weiteren Schritte zu überdenken. Vor allem drehten sich ihre Überlegungen um Kardinal Wolsey. Hatte seine Taktik bei dem schlauen Gegner wirklich versagt oder war es möglich, daß er mit Campeggio zu einer Verständigung auf ihre Kosten gekommen war, um sich beim Papst in ein günstiges Licht zu setzen? Die Zeit drängte, sie konnte nicht länger warten und beschloß, alles daranzusetzen, die Ungnade des Kanzlers beim König zu erwirken.

Wie vorgehen? Der Kardinal hatte zahlreiche Feinde am Hof, allen voran die Familie Boleyn. Doch in einem solchen Fall war es sicherer, den Hebel bei den Freunden anzusetzen. Gerade war Wolseys treuer Sekretär, Erzdiakon Gardiner, mit der Nachricht aus Rom zurückgekehrt, daß Clemens VII. infolge seines Stellenwechsels zugunsten des Kaisers sämtliche Versprechungen zurückgenommen und sogar die Vollmachten für Campeggio und Wolsey zur Einberufung des Kirchengerichtes rückgängig gemacht hatte. Anna war weder empört noch enttäuscht, denn sie hatte sich nie viel von diesem Tribunal versprochen. Aber Heinrichs Zorn über die erlittene Schmach kannte keine Grenzen. Das war der Augenblick zu handeln.

Anna verließ Hever Castle und erschien wieder bei Hof. In seiner Freude über das Wiedersehen suchte der König mehr denn je ihren Rat und es fiel ihr nicht schwer, Zweifel an den Fähigkeiten und an der Integrität des Kardinals zu wecken. So ließ sie anläßlich eines Festmahls, das Heinrich zu ihren Ehren auf einer Auerhahnjagd in Nothamptonshire veranstaltete, die Bemerkung fallen: „Es ist doch erstaunlich, in welchem Maß Wolsey das Ansehen des Königs bei seinen Untertanen untergraben und seine Stellung gefährdet hat". Und als Heinrich nicht gleich den Sinn ihrer Worte begriff, fügte sie hinzu: „Es gibt im ganzen Königreich keinen Menschen, der, wenn er über fünf Pfund verfügt, nicht Gläubiger seiner Majestät wäre!" Womit sie ihn recht perfid an die unglückselige Affaire der „Freundschaftsanleihe" erinnerte. Über Gardiner dagegen und seine Verhandlungen mit dem Papst war sie des Lobes voll. So dauerte es nicht lange, bis der karriererehungrige Sekretär seinen ahnungslosen Herrn verriet und dem König die geheimen Staatspapiere unterbreitete, die dieser gerade in Vorbereitung hatte. Geschickt ließ er unter diese Dokumente eine detaillierte Aufstellung über Vermögen und Besitz, sowie über die außerordentlichen Einkünfte des Kanzlers gleiten. Gerade die Pfründe aus seinen vielen Ämtern hatten den Kardinal zu dem gemacht, was er in England und vor der Welt darstellte: ein Fürst in der geistlichen Hierarchie des Landes, wie es nach ihm keinen mehr geben sollte. Sie hatten es ihm erlaubt, Schulen, Universitäten und Kollegien mit großzügigen Stiftungen auszustatten und damit einen nicht unerheblichen Einfluß auf die geistige Entwicklung Englands zu nehmen. Einnahmen wie Schenkungen waren in Gardiners Inventar aufs Peinlichste genau zu Buch geschlagen.

Heinrich, zunächst ungläubig, dann zornbebend, erkannte, daß sich sein Lordkanzler all die Jahre, in denen er ihn mit Ämtern Ehren und Geschenken überhäufte, auch noch auf Kosten des Königreiches bereichert, die ihm anvertrauten Diözesen und Abteien ausgepreßt und die königlichen Chargen verkauft hatte. Und obendrein ließ er sich von den Mächtigen des Kontinents seine politische Unterstützung mit fetten Renten lohnen. Daß er aus allem und jedem Geld zu schlagen wußte, ging noch hin und war der Lauf der Welt. Daß aber das Vermögen seines Ministers sein eigenes, also das des Königs von England in den Schatten stellte, nein, das war schlechthin unerträglich!

Von Stund an war der Sturz des Kanzlers beschlossene Sache. Alles, was er während der ruhmreichen Jahre seiner unumstrittenen Macht unternommen und erreicht hatte, wurde ihm jetzt zum Nachteil ausgelegt, wenn nicht als Vergehen angekreidet. Eines Tages hatte Wolsey dem König die Streitschrift „Vom Gehorsam des Christenmenschen" aus der Feder des Lutherfreundes Tyndale gebracht, die seine Spürhunde unter Annas Papieren entdeckt und als Beweis für ihre ketzerische Lektüre gebrandmarkt hatten. Anna wurde zur Rede gestellt, aber sie konnte Heinrich auf einen darin enthaltenen Kernsatz aufmerksam machen, der seinen Ambitionen sehr gelegen kam: „Der König, las er, ist nicht nur für den Leib, sondern auch für die Seele seiner Untertanen verantwortlich!" Jetzt bekamen diese Worte eine besondere Bedeutung, denn sie sagten nicht mehr und nicht weniger, als daß der Papst, oberster Seelenhirte der Christenheit wie er sich nannte, die Macht des Königs über die Seele seiner Untertanen usurpiert hatte und daß es an der Zeit war, die Dinge wieder ins Lot zu bringen. Fortan sollte es an ihm, dem König sein, die geistige Macht im Lande auszuüben, ohne Einschaltung von Papst und Kardinal.

Von da an strafte Heinrich jedes Gesuch des Kanzlers um eine Audienz mit tötlichem Stillschweigen und vermied es, ihm zu begegnen. Entweder ging er auf die Jagd, oder zum Ballspiel in Hampton Court, oder er war in Diskussionen mit Thomas Morus verwickelt, bei denen er nicht gestört zu werden wünschte. Der noch vor wenigen Wochen allmächtige Prälat erkannte, daß sich dunkle Wolken über seinem Haupt zusammenbrauten und sagte bitter zu einigen Freunden: „Wenn die Krone anklagt, wird sich auch eine Jury finden, die Abel des Mordes an Kain für schuldig erklärt". Plötzlich fühlte er sich alt und müde. Er fragte sich, ob seine Kräfte noch für den Kampf ausreichten, der ihm vielleicht bevorstand.

Wenig später begab sich der päpstliche Legat Lorenzo Campeggio, vom Vatikan abgerufen, auf die Rückreise von London nach Rom. In Dover angekommen, sah er sich zu seinem Befremden plötzlich von Offizieren der Grenzwache umringt, die seine Gepäckstücke aufbrachen und bis auf den Grund durchwühlten. Aber sie fanden nicht, was Wolsey in einer letzten Verzweiflungstat in die Hand zu bekommen hoffte: die päpstliche Bulle, die ihm die zeitweilige Vertretung des Hl. Stuhls übertrug und die Möglichkeit gegeben hätte, Heinrichs Ehe doch noch für ungültig zu erklären und damit seine Stellung zu retten. Vergebene Hoffnung. Campeggio hatte das begehrenswerte Schriftstück längst vernichtet. Das Schicksal nahm seinen Lauf.

In äußerster Gefahr hatte der Kardinal noch einmal einen hohen Einsatz gewagt und verloren. Der König, dem die Nachricht am gleichen Tag hinterbracht wurde, ließ seinem Zorn und den alten Ressentiments über Wolseys eigenwillige Machtausübung freien Lauf und leitete ein öffentliches Verfahren gegen ihn ein. Der unantastbare Kanzler wurde unter Anklage gestellt. Zwei Tage später war ihm das Amt des Großsiegelbewahrers entzogen.

In einem letzten Versuch, das Schlimmste zu verhindern, bot er wie die Bürger von Calais seinem Herrscher die restlose Unterwerfung an. Er war bereit, der Staatskasse alle seine Einkünfte, die aus den Abteien und Diözesen und Abteien, die aus den Kardinalskollegien von Oxford und Ipswich, abzutreten, ja sogar die ihm von Franz I. ausgesetzte Rente zu überschreiben. Erst als der König auch noch die Herausgabe von York Place forderte, wagte er zu protestieren: York Place war nicht sein Eigentum, wehrte er ab, sondern die Residenz der Erzbischöfe von York. Wie könnte er verschenken, was ihm nicht gehörte? Aber des Kampfes müde gab er schließlich resigniert nach und händigte die Schlüssel zu dem Palast aus, den er in ein Märchenschloß verwandelt hatte. Seine Kunstsammlungen, seine kostbaren Möbel und Wandteppiche, seine Kleinodien, das goldene Geschirr ... alles, was er zusammengetragen und gehegt hatte, ging in den Besitz des Königs über, der bald darauf in einer Anwandlung von Großmut das Verfahren gegen ihn einstellte. Hatte er seine Rache ausgekostet oder hatte ihn die Demut des gestürzten Kanzlers gerührt? Er räumte ihm das Recht ein, das Ende seines Lebens in Esher Abbey im Norden des Landes abzuwarten, verarmt, vereinsamt und machtlos, ein Gefangener in dem Land, dessen Geschicke er jahrelang geleitet hatte. Wir schrieben das Jahr 1529.

SECHSTES KAPITEL
(1530-1532)

Thomas Cromwell

Durch Wolseys Verbannung war Annas gefährlichster Gegner mattgesetzt, ohne daß sie einen Finger zu rühren brauchte. Nun galt es einen gefügigeren Nachfolger für das Kanzleramt zu suchen. Zunächst dachte sie an ihren Schützling Stephen Gardiner, der am Sturz des Kardinals maßgebend beteiligt gewesen war und hoffte, sich durch diese ehrenvolle Ernennung ein williges Werkzeug für ihre Politik zu schaffen. Aber sie irrte sich. Der Erzdiakon zeigte sich ihr gegenüber nicht dankbarer als seinem ehemaligen Brotherrn. Ihm ging es nicht um Macht, für ihn zählten allein Titel und Pfründe. Ein hohes Amt zu übernehmen, in dem er von den Launen seines Monarchen so sehr abhängig war, daß er wie sein Vorgänger von heut auf morgen ins Elend gestürzt werden konnte, war nicht nach seinem Geschmack. Er zielte es auf einen einträglichen Ruheposten ab und ließ sich mit dem Bistum von Winchester und seiner reichen Diözese belohnen, das durch Wolseys Rücktritt vakant geworden war.

Nach der Weigerung Gardiners sagte sich Anna, daß es vielleicht klüger wäre, die vielen Ämter, die der Lordkanzler in seinen Händen vereinigt hatte, künftig auf verschiedene Persönlichkeiten zu verteilen. So ließ sie ihren Onkel James Norfolk, Bruder ihrer verstorbenen Mutter, zum Vorsitzenden des Kronrates ernennen und schlug für das Kanzleramt und den Posten des obersten Lordsiegelbewahrers Thomas Morus vor. Dadurch sollte die Ausübung der Macht im Lande zu gleichen Massen bei einem Mitglied der Hocharistokratie und bei einem Philosophen liegen und zwischen beiden konnte der König, also Anna selbst, als Schiedsrichter und letzte entscheidende Instanz wirken.

Morus hatte dieses hohe politische Amt keineswegs angestrebt, noch hatte er je für oder gegen die Scheidung Partei ergriffen. Es bedurfte Heinrichs ganzer Überredungskunst, ihn zu gewinnen und er mußte ihm zusichern, daß sein Gewissen nie mit anderen Problemen als den Staatsaffairen belastet würde. Für Anna war die Tatsache ausschlaggebend, daß er die Welt des Geistes verkörperte, in der die Idee stets den Vorrang vor der Tat hatte. Nach der Ära Wolsey, die so stark von politischem Ehrgeiz und Gewinnsucht geprägt gewesen war, schien ihr die Anwesenheit eines Gelehrten in den höchsten Sphären des Reiches von unschätzbarem Wert.

Ihr Vater, Lord Rochford wurde in das Amt des Kleinsiegelbewahrers berufen, Suffolk mit dem stellvertretenden Vorsitz des Rates und Fitzwilliam mit dem Schatzamt betraut. Alle diese neuen Minister − Norfolk, Morus, Rochford, Suffolk und Fitzwilliam − stimmten trotz der Verschiedenheit ihrer Charaktere und Anlagen wenigstens in einem Punkt überein, der bewies, daß ihre Wahl nicht zufällig war: sie bezogen, wie vor ihnen Wolsey, eine Zuwendung des Königs von Frankreich. Anna war also bestrebt gewesen, die Sitze der Regierung nicht nur an Persönlichkeiten zu verteilen, die ihr nahestanden, sondern von denen sie zusätzlich eine frankreichfreundliche Politik erwarten durfte. Frankreichfreundlich aus alter Anhänglichkeit gegenüber dem Land auf der anderen Seite des Ärmelkanals und als Gegengewicht zur Habsburger Partei im Umkreis Katharinas.

Inzwischen hatte Heinrich York Place besucht, den bischöflichen Palast, den er Wolsey bei seinem Sturz ziemlich unrechtmäßig abgetrotzt hatte. Von der Pracht der Anlage und Ausstattung beeindruckt zögerte er nicht lange: Das war der Rahmen, der seiner Stadthofhaltung geziemte, wenn er nicht in Richmond, Greenwich oder Hampton Court weilte. Dieser und kein anderer sollte in Zukunft der Sitz des englischen Königs in London sein, um mit den Schlössern des französischen Königs wetteifern zu können. Architekten und Künstler wurden an den Hof gerufen und Hans Holbein, der gerade eingetroffen war, um den Monarchen mit den Insignien seiner Macht zu portraitieren, beauftragt, die Pläne für den Umbau des Palastes zu entwerfen, der später White Hall heißen sollte. Er sollte ihn mit der ersten Kunstgalerie Englands ausstatten. Die Palastanlagen, Symbol der neuen Monarchie, die Heinrich anstrebte, waren von riesigem Ausmaß und verlagerten den Sitz des Herrschers von den exzentrisch gelegenen Befestigungsbauten des Tower ins Herz seiner Hauptstadt. Im Laufe der Jahre sollte er sich von der Themse bis zum alten Leprahospiz von St. James und seinen Waldungen ausdehnen mit Nebengebäuden, Ballhaus, Stallungen, Menagerien und herrlichen Gärten. Tennisplätze wurden angelegt, ein Hahnenkampfplatz und ein Turnierplatz. Eine Straße trennte den königlichen Besitz in zwei Teile und wurde von zwei kunstvollen Brücken überquert, die ein Kommen und Gehen erlaubten ohne mit der bunten Volksmenge, die sich in den Gassen drängte, in Berührung zu kommen.

Anna unterstützte begeistert die hochfliegenden Pläne des Königs, denn sie hatte rasch herausgefunden, daß ihr mehrere Gemächer bestimmt waren, die an seine Appartements stießen, daß für Katharina aber nichts vorgesehen war. Als letzten Huldbeweis schickte Heinrich Annas Bruder George als Botschafter nach Frankreich und erhob Lord Rochford, ihren Vater in den Rang des Grafen von Wiltshire, wodurch ihr der Titel Lady Anna Rochford zufiel.

Als ich sie amüsiert und ein wenig überrascht an die Spötteleien erinnerte, mit denen wir in unserer Kindheit die Jagd der Großen nach Ehrentiteln bedacht hatten, meinte sie lächelnd: „Wundere Dich nur. Ob Du es glaubst oder nicht, meine Einstellung hat sich auch heute nicht geändert. Noch immer bedeuten mir diese Eitelkeiten nicht mehr als das" und sie ließ ihre Finger schnalzen. „Bedenke aber, wieviel leichter es sein wird, eine Lady Anna Rochford, Tochter des Grafen von Wiltshire, zur Königin von England zu krönen, als eine armselige Miss Anna Boleyn. Öffne morgen die Augen beim Bankett, das zu Ehren meines Vaters gegeben wird. Er kommt sich unendlich wichtig vor und plustert sich schon heute auf wie ein Hahn. Das ist die Kehrseite der Medaille. Ihre Vorderseite wird sichtbar werden, wenn wir uns zum Festmahl niedersetzen!"

Ich öffnete die Augen und sie wollten mir fast überlaufen von dem Luxus, mit dem die Tafel geschmückt war. Seit dem Lager hatte ich nichts dergleichen mehr erlebt. Zartschimmernde Damastdecken waren über die Tische gebreitet und darauf lagen, hier und dort verteilt, feinste Spitzen aus Maubeuge. Auf prächtigen Fayenceschalen thronten die erlesensten Früchte, darunter die goldfarbenen, saftigen „Naranjas", die als jüngste Neuigkeit aus Persien über Venedig zu uns gekommen waren und großes Erstaunen hervorriefen. Hier standen phantasievolle Salzgefäße aus bunter italienischer Majolika, dort kostbare Konfektschalen und Räucherpfannen aus China. In der Mitte der Tafel dampften auf einer riesigen Silberplatte zwei am Spieß gebratene Frischlinge und ein junges Reh. Dutzende gesottene Hasen, Gänse, Wildenten, ja sogar

Truthähne und Perlhühner aus dem westlichen Indien warteten darauf, mundgerecht zugeschnitten zu werden. Scharen von Dienern in Livrés aus blauem Samt kamen und gingen mit Platten und Schüsseln. Hinter jedem der Geladenen standen drei Bedienstete, wovon der eine mit der Fackel leuchtete, der zweite eine silberne Kanne mit duftendem Rosenwasser und der dritte eine Silberschüssel zum Spülen der Hände während des Mahles trug. Dabei fiel mir ein, daß uns kürzlich ein Reisender aus Lyon von einem neuartigen Instrument berichtet hatte, das die Form einer Gabel besaß, mit der man die Speisen von Platten und Tellern zum Munde führte. Ein barbarisches Gerät! Wieviel vornehmer ist doch die Verwendung von parfümiertem Wasser! Und wie recht hatte der König, der entsetzt ausrief, daß eine Gabel einzig gut sei, um den Mist aus dem Stall zu schaufeln. Niemand hat ihn je das schreckliche Ding verwenden sehen.

Das endlose Festmahl wurde durch Darbietungen von Sängern, Tänzern, Zauberern und Gauklern aller Art unterbrochen, während uns zweiundzwanzig Musikanten, hinter einem kostbaren Wandteppich verborgen, mit Weisen alter und neuer − man nennt sie kontrapunktisch − Art unterhielten. Zum Schluß schleppten vier stämmige Köche eine Riesentorte aus Bisquit, Mandelteig und geschlagenem Rahm herbei und setzten sie vor dem König ab.

Aus ihr entstieg, als Engel verkleidet, ein kleines Mädchen, das zur Laute sehr artig ein Liedchen zu Ehren des Königs sang, das er übrigens selbst komponiert hatte.

Gewiß war diese Prachtentfaltung Teil eines festen Plans, aber sie stellte nicht das Hauptgewicht des Festes dar. Was in die Augen sprang und was der Hof mit betroffenem Schweigen zur Kenntnis nahm, war die Abwesenheit der Königin. An ihrem Platz zur Rechten des Königs saß die junge Lady Anna Rochford. Ihr hatte Heinrich den Vortritt vor den Herzoginnen von Norfolk und Suffolk, vor allen Gräfinnen und Marquisen gegeben und angesichts dieser Tatsache konnte es keinen Zweifel geben: die Enkelin des Tuchhändlers Geoffrey Boleyn war mehr als eine Favoritin, sie war die zukünftige Königin von England.

Während der Dauer des Mahls ließ ich die Augen nicht von ihr und es schien mir, als sei sie bestrebt, die Wirkung zu dämpfen, die der außergewöhnliche Platz ihr zueignete. Eine andere an ihrer Stelle hätte sich vielleicht hochmütig oder siegessicher gezeigt. Anna hielt die Augen gesenkt und man hatte den Eindruck, als wolle sie sich unsichtbar machen. Auch ihr Gewand war eher schlicht.

Der in einem warmen Braun gehaltene Farbton brachte zwar ihren durchsichtigen Teint zur Geltung, aber verglichen mit den übrigen Gästen, die in schillernde Seide und glänzenden Brokat gehüllt waren, wirkte sie fast bescheiden. Außer dem vierrangigen Perlenkollier, das ihr Muttermal am Halsausschnitt verdeckte, trug sie keinerlei Schmuck. Ihre langen, schwarzen Haare waren in der halbmondförmigen Kopfbedeckung zurückgehalten, die sie bevorzugte, während sich die übrigen Damen an der königlichen Tafel mit den modischen, federgeschmückten Haartrachten geputzt hatten. Kurz, sie fiel durch ihre Zurückhaltung auf. Die Erklärung dafür gab sie mir am nächsten Tag, als ich meine Freude darüber nicht zurückhalten konnte, daß sie doch schon fast zur Königin proklamiert worden sei.

„Übertreibe nichts, freue Dich nicht zu früh!" antwortete sie mir ernst. „Alles kann noch in Frage gestellt werden. Der König macht einen Fehler, wenn er meint, mich auf diese Art seinen Untertanen einfach aufzwingen zu können. Katharina wird niemals nachgeben, Gardiner hat mich im Stich gelassen, Thomas Morus ist gegen die Scheidung, auch wenn er es nicht laut sagt. Norfolk und Suffolk wollen sich auf keinen Fall kompromittieren, weder mit der einen noch mit der anderen Seite. Ich muß jede Provokation vermeiden, in den Hintergrund treten und mich damit abfinden, daß ich nur auf mich selbst zählen kann.

— Und auf den König", warf ich ein, denn Heinrich hatte Thomas Boleyn, Graf von Wiltshire, zu seinem Sonderbotschafter bestimmt, der in Bologna, dem augenblicklichen Aufenthaltsort des Kaisers für die Scheidungsangelegenheit plädieren sollte. Wie schon so oft, hatte es in Italien eine Umgruppierung der Bündnisse gegeben. Die Schrecken der Plünderung Roms waren vergessen, die beiden Feinde von gestern ausgesöhnt und Clemens hatte Karl eigenhändig die Kaiserkrone aufs Haupt gedrückt. Seither hatte Karls Einfluß auf den Hl. Vater ständig zugenommen und es galt, seine Unterstützung für eine Diskussion zwischen den englischen Rechtsgelehrten und Theologen, die Wiltshire begleiteten, und dem römischen Kardinalskollegium zu erhalten. Wenn sich dann, wie Heinrich hoffte, die Kardinäle seiner These (der Ungültigkeit seiner Ehe mit Katharina) anschlossen, bliebe dem Kaiser nichts anderes übrig, als auch seinerseits den Papst zum Nachgeben zu überreden. Der König war seiner Sache so sicher, daß er Wiltshires Mission mit der Drohung auf den Weg schickte, der Kaiser sei gut beraten, den päpstlichen Eigensinn zu dämpfen, denn nichts hindere ihn daran, die Kirchengüter einzuziehen und der Krone einzuverleiben.

Anna teilte Heinrichs Optimismus keineswegs und sah dem Ausgang des Unternehmens mit Unbehagen entgegen. „Wie immer verwechselt Heinrich Wunsch und Wirklichkeit und mein Vater denkt auch nicht viel anders. Sie wollten nicht auf mich hören und Du wirst sehen, daß die Sache kein gutes Ende nimmt".

Sie sollte leider recht behalten. Wiltshire kam zerknirschter aus Bologna zurück, als sie befürchtet hatte. Die Unterredung mit Karl V. war nur von kurzer Dauer gewesen, denn gleich zu Beginn hatte er den Gesandten schlagfertig mit der Gegenfrage unterbrochen: „Und was geschieht, wenn Ihr und Eure Rechtsgelehrten die Kardinäle nicht überzeugen könnt? Verpflichtet sich Heinrich dann, auf die Scheidung zu verzichten?" Derart in die Enge getrieben konnte Thomas Boleyn nur stottern, daß sein Mandat ihm keine Antwort auf diese Frage erlaube und damit war die Audienz beendet.

Verwirrt begann er sich auf die Abreise vorzubereiten, als ihm ein Abgesandter des Tribunals der Rota gemeldet wurde, der ihm eine Vorladung an den König von England überreichte, unverzüglich vor dem Kirchengericht in Rom zu erscheinen oder einen Vertreter zur Wahrnehmung seiner Interessen zu delegieren. In fieberhafter Eile machte sich Wiltshire auf den Weg, um bei Clemens VII. Einspruch gegen diesen Affront zu erheben. Vergebene Mühe, der Papst blieb unsichtbar. Wiltshire wurde von seinem Oberkämmerer abgespeist, der sich erst nach endlosen Diskussionen herabließ, einen Aufschub zu gewähren. Das war alles, was er erreichte und schweren Herzens mußte er sich auf den Heimweg begeben, um Heinrich vom völligen Mißerfolg seines Auftrags Bericht zu erstatten.

Der König empfing ihn äußerst ungnädig und weigerte sich zuzugeben, daß der Kern des Fehlschlags im Unternehmen selbst steckte und nicht unbedingt auf Wiltshires Unfähigkeit abzuwälzen war. Für ihn war Annas Vater der gegebene Sündenbock und schon begann er, Wolseys politischer Geschicklichkeit und Gerissenheit nachzutrauern, die ihm so oft aus der Klemme geholfen hatte. Plötzlich wurde er von Mitleid für den Verbannten gepackt, und als sein Leibarzt ihm berichtete, der alte Kanzler gräme sich, von Kummer und Sorgen erdrückt, in seinem Exil in York zu Tode, ließ er ihm Geld, Geschenke, Genesungswünsche, ja sogar das Versprechen für einen bevorstehenden königlichen Gnadenakt überbringen. Das waren schwere Stunden für Anna. Stand Wolseys Rückkehr bevor, um ihre Pläne wieder zu durchkreuzen?

Der Gnadenakt wurde im Februar 1530 unterzeichnet. Im März konnte der Kardinal bereits wieder die Einkünfte aus seiner Diözese in York kassieren. Seine Kunstschätze, Möbel, Wandteppiche wurden ihm zurückerstattet. Würde er auch seine Macht zurückerlangen? In Wirklichkeit war Heinrichs großzügiges Verzeihen nicht ohne materielle Hintergedanken. Wolsey hatte bei seinem Sturz, um die Mäuler seiner habgierigsten Feinde zu stopfen, einen großen Teil seines Vermögens unter sie verteilt. Dem König aber hatte er den Löwenanteil überschrieben, nämlich die Jahresrente, die ihm aus der Schatzkammer des französischen Königs zufloß. Wie in allen Staatskassen aber herrschte auch in dieser meistens Ebbe und die Zahlungen, die Heinrich bitter nötig hatte, ließen auf sich warten. Da es seiner königlichen Würde nicht gut anstand, den französischen Gesandten mit schnöden Geldgeschäften zu bedrängen, kam er auf den Gedanken, daß sein ehemaliger Kanzler vielleicht ganz gut als Geldeintreiber zu gebrauchen wäre. Wolsey durchschaute den Plan und witterte die Möglichkeit, sich durch sein Eingreifen das Vertrauen des Königs zurückzugewinnen.

Doch er hoffte zu früh, vertraute zu sehr auf seinen Stern, wiegte sich in Illusionen. Noch befand er sich in seinem Exil in York und schon sah er sich wieder im Mittelpunkt des politischen und kulturellen Lebens, plante großartige Umbauten der bischöflichen Sommerresidenz an der Themse. Als Heinrich davon erfuhr – seine Agenten waren überall – ebbten die Wogen des Mitleids in seinem Herzen ab und machten der alten Mißgunst Platz. Wie? Wollte ihm der unverbesserliche Kardinal erneut mit seiner Prunksucht trotzen? Aber Wolsey war hellhörig geworden für die feindseligen Regungen, die von seinem wetterwendischen Herrn ausgingen. Zu tief war sein Sturz gewesen, sein Selbstvertrauen untergraben. So fehlte ihm der Mut, um die ersehnte Aussprache nachzusuchen, für die sich eine günstige Gelegenheit ergeben hätte, als der König in der Gegend von Richmond Lodge, dem Sommersitz des Prälaten, zur Jagd weilte. Norfolk und Suffolk, die alten Feinde Wolseys und seine Nachfolger im Amt taten das ihre sie zu verhindern. Sie befürchteten mit Recht, daß sich Heinrich wie früher von dem alten Fuchs einwickeln ließe. Er erhielt den Befehl, sofort in seine Diözese von York zurückzukehren, und wagte nicht, sich ihm zu widersetzen. Von allen gemieden, sah er seine letzte Hoffnung auf eine Rehabilitierung schwinden.

Doch ganz gab er sich noch nicht geschlagen. Er sann auf Rache, die selten ein guter Ratgeber ist. Da von Seiten des Königs von England keine Huld mehr zu erwarten war, versuchte er sein Glück bei Franz I., dem er durch einen Geheimagenten das sonderbare Angebot machte, seine Pension zurückzuzahlen und zwar nicht nur die bereits erhaltenen, sondern auch noch die ausstehenden Summen. Damit bot er gewissermaßen dem französischen König an, was er dem englischen bereits vermacht hatte. Und da gerade zu diesem Zeitpunkt Wiltshire in Frankreich über ein gemeinsames Vorgehen der beiden Länder gegen den Vatikan verhandelte, blieb dieses Angebot kein Geheimnis. Boleyn sorgte dafür, daß es Heinrich zu Ohren kam und machte sich ein Vergnügen daraus, Franz I. über den Sachverhalt aufzuklären. Der Kardinal erhielt keine Antwort aus Paris. Von allen guten Geistern verlassen wandte er sich nun an den Kaiser und erbot sich, Heinrichs Exkommunikation zu befürworten, falls sich dieser nicht der päpstlichen Entscheidung unterwerfe. Doch auch von dieser Seite kam kein Echo, seine Rufe verhallten ungehört. Wie ein Tier in der Falle begann er nun, verzweifelt nach allen Seiten um sich zu schlagen. Diesmal schickte er einen Boten zu Heinrich mit der Nachricht, daß Norfolk gegen ihn konspiriere und daß er, Wolsey, in der Lage sei, das Komplott zu vereiteln. Doch der Bote hatte Angst, dem Herzog ausgeliefert zu werden. Er zog es vor, seinen Herrn an Norfolk zu verraten, der die Zeit reif fand, dem Wild endgültig den Todesstoß zu versetzen. Er ließ den letzten Vertrauten Wolseys, seinen Leibarzt verhaften und peinlich befragen. Der Unglückliche widerstand den Qualen der Folter nicht lange und legte ein vollständiges Geständnis über die Angebote ab, die der Kardinal Franz I., Karl V. und Clemens VII. gemacht hatte und die an seinem Hochverrat keinen Zweifel zuließen. Jetzt war das Maß voll. Wolsey wurde vor Gericht geladen und als Gipfel der Schmach ließ ihm der König den Vorführungsbefehl durch Percy, Graf von Northumberland überreichen, eben jenen, den der Lordkanzler auf der Höhe seiner Macht so tief gedemütigt hatte. Percy entledigte sich seiner Aufgabe mit selbstzufriedener Unerbittlichkeit. Er hieß den entmachteten Kanzler einen Maulesel besteigen und gedachte ihn so nach London zu führen. Doch ein letztes Mal entzog sich der alte Mann dem Zugriff. Den Schrecken über seine Verhaftung in den Gliedern, seelisch erschöpft und körperlich durch die nicht enden wollende Reise über Land durch Wind und Wetter entkräftet, wird er krank. Man bringt ihn in die nahe Abtei von Leicester. Trotz aller Pflege, die man ihm angedeihen läßt, wird sein Leiden schlimmer, von Tag zu Tag, von Woche zu Woche. Der einstmals mächtigste Mann des Landes gleitet widerstandslos in die Bewußtlosigkeit und von dort in die Ewigkeit.

* * * *

Die Nachricht von Wolseys Tod wurde von seinen Feinden, den Boleyn, den Norfolk und Suffolk mit Freudenfesten gefeiert, die Befremden auslöste. Wiltshire schrieb eine Posse über die „Höllenfahrt des Kardinals", die er auch aufführen ließ und von Norfolk, der Zeit seines Lebens vor dem großen Mann um seine Posten gezittert hatte, in Druck gegeben wurde. Zu meiner Überraschung reagierte Anna als erste gegen diese Wogen der Geschmacklosigkeit.

„Wolsey hat mich seinerzeit tief verletzt", gestand sie mir. „Ich habe ihn bekämpft wo ich konnte, aber trotz seiner Fehler und Schwächen bin ich ihm Achtung schuldig. Ich vergesse auch nie, daß er den Mut hatte mich zu besuchen, als ich mit der Schweißkrankheit in Hever Castle lag, und nicht der König. Er wird mir fehlen und irgendwie fühle ich, daß sich sein Tod nicht günstig für mich auswirken wird. Gardiner, Fitzwilliam und Onkel Norfolk allen voran werden jetzt über mich herfallen. Solange der Kardinal lebte, hatten sie Angst vor ihm und unterstützten mich gegen ihn. Jetzt aber bin ich es, die ihnen im Wege steht und sie werden Katharina gegen mich unterstützen!"

Wieder einmal hatte sie die Lage klar durchschaut, denn bald zeigte es sich, daß die Königin, von ihren neuen Parteigängern angeregt alles tat, um einen Keil zwischen Heinrich und seine Favoritin zu treiben. Es kam zu Intrigen und Auseinandersetzungen, die im allgemeinen damit endeten, daß er sich dem Willen seiner autoritären Gattin unterwarf. Einmal aber ging Katharina in ihrer Heftigkeit zu weit und ihre Pfeile schossen über das Ziel hinaus. Aufs äußerste gereizt beschuldigte sie ihn des Ehebruchs, worauf ihr der König triumphierend antworten konnte, daß seine Verbindung mit Lady Anna rein intellektueller Art war, daß sie ohne Makel sei und es auch bleiben würde. Ihren Vermutungen zum Trotz habe er seine Freundin nie berührt und gedächte es auch nicht zu tun, bevor sie seine Frau geworden sei. Er bestehe auf seinem Recht auf einen Sohn und Nachfolger, rief er erregt aus, und er würde diese Ehe eingehen, auch wenn sich Papst und Kaiser noch so wild gebärdeten! Worauf er zornbebend das Gemach verließ. Da ihm Katharina außer anderen Liebenswürdigkeiten auch an den Kopf geworfen hatte, daß er es nie wagen würde, dem Hof und dem Land eine Königin so niederer Herkunft aufzuzwingen, beauftragte er gleich am nächsten

Tag die namhaftesten Heraldiker des Reiches mit der Ausarbeitung eines Stammbaumes der Boleyn, dessen Wurzeln bis zu jenem normannischen Krieger zurückreichten, der Seite an Seite mit Wilhelm dem Eroberer nach England gekommen war...

Das war zuviel. Anna wurde zum Gespött des ganzen Hofes, worauf sie gerne verzichtet hätte. Doch der Zorn des Königs war nicht zu zügeln. Aus Trotz ließ er Annas Dienerschaft eine in Frankreich aufgegriffenen Devise auf die Livrée sticken. Sie lautete „Ainsi sera, groigne que groigne", was etwa soviel heißt wie „Ich steh es durch, koste es was es wolle". Schwerer Fehlgriff auch hier, als sich herausstellte, daß es sich um den Wappenspruch des Hauses Burgund handelte und der Sinnspruch mußte schleunigst wieder abgetrennt werden.

All diese Plänkeleien und Ungeschicklichkeiten vergifteten die Atmosphäre bei Hofe zusehends und Annas Befürchtungen bewahrheiteten sich nur zu bald. Freund und Feind ließen Neid, Haß und schlechte Laune an ihr aus. Verweigerte der König Norfolk eine neue Apanage, so machte er seine Nichte dafür verantwortlich und überhäufte sie mit Schmähungen. Nicht genug damit. Suffolk verbreitete hämisch, daß die „aufgeblasene Pute", die nun den Vortritt vor seiner Frau Maria, der Schwester des Königs, habe, schon vor Jahren die Maîtresse des Grafen von Northumberland und von Thomas Wyatt gewesen sei. Zum Glück hatte Anna in Erwartung derartiger Anschuldigungen längst vorgebaut und Heinrich gestanden, daß sie zwar Percy geliebt und von Wyatt geliebt worden war, daß aber keine dieser Neigungen zu einem Fehltritt geführt hätten. Reinen Gewissens konnte sie einer Gegenüberstellung mit den beiden Männern ins Auge sehen, die ihre Unschuld auf die Bibel beschworen. Die Störenfriede Norfolk und Suffolk mußten für einige Zeit den Hof verlassen, der Klatsch legte sich und die Aufregung ebbte ab.

Sie hatte aber nicht nur den Hof ergriffen. Es brodelte auch unter den Bischöfen des Landes, als bekannt wurde, daß die Fakultät der Theologie von Paris – von Franz I. entsprechend unter Druck gesetzt – die Ungültigkeit der Ehe Heinrichs mit Katharina anerkannt hatte. Sie sprachen den Franzosen, wie kaum anders zu erwarten war, jede Kompetenz in englischen Angelegenheiten ab und weigerten sich standhaft, zu Gunsten der Scheidung Stellung zu beziehen. In Rom machte sich der Einfluß des Kaisers geltend und zum ersten Mal wurde das Wort Exkommunikation ausgesprochen, das Heinrich in panischen Schrecken versetzte.

Anna zog sich vor dem Gewitter nach Hever Castle zurück um bessere Zeiten abzuwarten. Da sie die Dinge hatte kommen sehen, nahm sie sie mit Gleichmut hin. Nicht einmal die Spottgedichte, die eine unsichtbare Hand manchmal früh morgens auf ihren Frisiertisch legte, konnten sie verunsichern.

* * * *

Einige Zeit nach Wolseys Tod wurde bei Anna ein Mann vorstellig, der im Dienste des Kardinals schon mehrfach den Beweis seiner Intelligenz und seiner Geschicklichkeit abgelegt hatte: Thomas Cromwell, etwa vierzig Jahre alt, Sohn eines Wollkardierers aus Putney. Seinen Studien des Rechts in England waren Reisen in die Niederlande, nach Frankreich und Italien gefolgt. Man sagte ihm ein abenteuerliches Leben nach, das ihn von der Kanzlei eines venezianischen Wucherers auf die Schlachtfelder Oberitaliens, als Kondottiere, geführt habe. Nach seiner Heimkehr hatte Wolsey den tatendurstigen jungen Mann an die Kandarre genommen und zu einem tüchtigen Diplomaten zurechtgestutzt. Cromwell war es gewesen, der zunächst den Pardon des Königs für den Kanzler erwirkt und nach dessen Tod eine äußerst kluge Verteilung seiner Güter unter Adel und Geistlichkeit durchgeführt hatte. Norfolk, der auf diese Weise großzügig bedacht worden war, ließ ihn ins Unterhaus wählen und wenig später zum Staatssekretär des Königs ernennen. Acht Jahre lang sollte er als erster Ratgeber Heinrichs wirken.

Daß ein so routinierter Schüler Wolseys gerade in dem Moment Verbindung mit Anna anknüpfte, als für sie alles verloren schien, bedeutete seit langem den ersten Hoffnungsschimmer. Niemals, so sagte sie sich, würde er einen derartigen Schritt wagen, wenn er nicht von ihrer gesicherten Zukunft überzeugt war. Sie ließ ihn also gewähren, als er dem König einen neuen Plan zur Durchsetzung der Scheidung vorlegte. Von der Tatsache ausgehend, daß sich Wolsey des Hochverrats am König schuldig gemacht hatte, schlug er vor, sämtliche Geistliche unter die Anklage der Bereicherung auf Kosten der Krone zu stellen, die Würden, Ämter oder Pfründe aus den Händen des Kardinals empfangen hatten. Da das auf alle zutraf, mußten alle das Verfahren gewärtigen. Der Einfall war etwas an den Haaren herbeigezogen, aber bedrohlich genug, um die gesamte englische Geistlichkeit in Unruhe zu versetzen. Was mochte dahinterstecken? Es kam hinzu, daß sie weder beim Volk, noch beim Adel auf Sympathie zählen konnten. Der Hochadel betrachtete von jeher die geistlichen Würdenträger als Konkurrenten in Gemeinden und Diözesen und würde mit Vergnügen dabei sein, wenn es darum ging, die bischöflichen Rechte zu beschneiden.

Zunächst hofften die Prälaten, daß es wieder einmal um die Auffüllung des leeren Staatssäckels ging und beeilten sich, dem König die Zahlung von hunderttausend Pfund, über fünf Jahre verteilt, anzubieten. Zu ihrem großen Erstaunen wurde das Angebot abgelehnt. Offensichtlich handelte es sich dieses Mal nicht um Geld. Es dauerte nicht lange, bis sie die wahren Hintergründe der Maßnahme durchschauten und öffneten nun auch den Lords die Augen. Die Gefahr war für sie gebannt und Cromwells Plan schlug fehl. Zwar unterzeichneten alle den von ihm entworfenen Akt der unbedingten Unterwerfung unter die Macht der Krone, aber sie hatten den Satz „in den Grenzen der göttlichen Gesetze" hinzufügen lassen, womit seine Verwendung für einen Scheidungsprozeß hinfällig wurde.

Von ihrem Erfolg beflügelt gingen die Bischöfe einen Schritt weiter. Sie hatten begriffen, daß es der König darauf abzielte, der englischen Geistlichkeit die Autorität des Heiligen Stuhls zu entziehen und forderten die Priesterschaft auf, sich diesen Versuchen mit allen Mitteln zu widersetzen. Heinrichs Mißerfolg war total, seine Abhängigkeit von der Kirche verstärkt. Der Wille Roms stand nach wie vor über dem Willen des Königs. Genau das hatte Anna schon immer gesagt und als unerträglich für ein freies Land empfunden.

* * * *

Wie kaum anders zu erwarten war, wurde Clemens VII. sehr bald über diese Ereignisse unterrichtet. Unerbittlich holte er zum Gegenschlag aus. Der dem König gewährte Aufschub, sich dem Kirchengericht in Rom zu stellen, wurde aufgehoben und der päpstliche Nuntius in England, Baron del Borgho beauftragt, Heinrich davon in Kenntnis zu setzen, daß das Verfahren der Rota gegen ihn eingeleitet sei.

Heinrich tobte. Er schwor, daß er sich nie unterwerfen werde und wenn er sich nach Rom begäbe, dann nur an der Spitze einer Armee. Leere Drohung, von der Del Borgho kein Wort glaubte.

Wenn er sich auch nicht Hals über Kopf in einen Krieg mit dem Vatikan stürzt, so gab der König sich doch nicht geschlagen. Noch am gleichen Tag rief er den Kronrat zusammen und beauftragte ihn, sich zu Katharina zu begeben und von ihr im Namen der Regierung einen Verzicht auf ihre königlichen Rechte zu verlangen. Die Delegation bestand aus zwölf Lords, darunter die Herzöge von Norfolk und Suffolk, begleitet von den Bischöfen von London, Lincoln und Winchester, sowie einigen Doktoren der Theologie, unter der Führung von Thomas Cromwell, der in seinem weiten, schwarzen Mantel beeindruckend wirkte. Aber der Schein trügte.

Die Mitglieder der Gesandtschaft waren nicht von ihm ausgewählt, sie waren ihm zugewiesen worden und standen der Scheidungsfrage mit sehr geteilten Meinungen gegenüber. Außerdem empfanden sie rein von Standes wegen die größte Hochachtung vor der Königin, die sie mit ausgesuchter Höflichkeit empfing. Es fiel ihr nicht schwer, mit Geschick und Charme den einen zu schmeicheln, die anderen von ihren Rechten zu überzeugen, Cromwell in eine Nebenrolle zu manövrieren und überhaupt das ganze Unternehmen zum Scheitern zu bringen. Sie zogen sich unverrichteter Dinge zurück.

Was sich auch in den letzten Monaten und Jahren am Hofe ereignet hatte, Katharina verfügte nach wie vor über ausgedehnte Machtbefugnisse. Gewiß herrschte sie nicht mehr über das Herz des Königs, aber sein wankelmütiger Charakter war noch immer ihrem Einfluß ausgeliefert und sie überwachte streng alle Angelegenheiten der königlichen Haushaltung. Sie war es oft, die Heinrichs Wäsche und Rocksäume eigenhändig ausbesserte und überall für Ordnung sorgte. Anna, die noch immer als Hofdame dem Hofstaat der Königin angehörte, war in ihren Gefühlen hin und hergerissen. Einesteils empfand sie für Katharina und ihre Standhaftigkeit in der Prüfung so etwas wie kindliche Verehrung und andererseits blieb sie bei der festen Meinung, daß ihr politischer Einfluß durch fremde Interessen geprägt war und deshalb verhindert werden mußte. Es schien ihr unumgänglich, den König aus seinen bequemen Gewohnheiten des Alltagslebens zu lösen und Katharina aus seiner Umgebung zu entfernen.

Wenig später sollte sie Gelegenheit haben, ihren Willen durchzusetzen. Der König begab sich in ihrer Begleitung auf eine Reise durch sein Land. Vier Wochen war sie allein mit ihm, die Königin außer Reichweite...

Schon vor Heinrichs Rückkehr nach Windsor, wurde es Katharina nahegelegt, das Schloß zu verlassen und sich in die Abtei von Moor, die Residenz des Abtes von Saint-Albans zurückzuziehen. Man nannte es einen Ruhesitz, nicht etwa eine Verbannung.

SIEBENTES KAPITEL
(1532)
Heimliche Trauung

Die Entfernung der Königin sollte einschneidende Veränderungen am Hof nach sich ziehen. Heinrich konnte es kaum erwarten, Katharinas Parteigänger, die sie so viele Jahre gegen ihn unterstützt, ja manchmal gegen ihn intrigiert hatten, durch Männer zu ersetzen, die ihm ergeben waren. Oder besser gesagt, die er sich ergeben glaubte. Anna, die Gelegenheit gehabt hatte, die Mentalität der Höflinge kennenzulernen, machte sich keine Illusionen über den Erfolg dieses Vorgehens und versuchte vergeblich, seinen Tatendrang zu bremsen. Ihr wäre es lieber gewesen, die im Dienst der Königin erfahrenen Männer jetzt durch neue Würden an den König zu binden, statt sie zu Feinden zu machen. Neue Freunde zu gewinnen, statt allzusehr auf Höflinge zu bauen, die in der Vergangenheit vielleicht nur aus reiner Berechnung zu ihm gehalten hatten.

Aber Heinrich hörte nicht auf ihre Warnungen. Er setzte seinen Willen durch, und manchmal frage ich mich, ob er sich nicht nach dem Ausscheiden von Wolsey und Katharina, seinen Kerkermeistern, wie er sie nannte, vorgenommen hatte, nun nur noch seinen eigenen Wünschen nachzugeben.

Anna sollte recht behalten. Bald spann sich ein Netz von Agenten vom englischen Hof nach Wien und Rom. Kaiser und Papst waren über alles unterrichtet und wußten, daß Katharina noch viele Anhänger besaß. Dr. Bennet, einer von Heinrichs persönlichen Abgesandten beim Vatikan, verhandelte offiziell über die Scheidung, während er Clemens im Geheimen in seiner unnachgiebigen Haltung bestärkte. Sir Thomas Elyot, neuernannter Botschafter des Königs in Wien, verfaßte eine Schmähschrift gegen die Scheidung und ließ dem Kaiser ein Exemplar davon überreichen.

Doch das waren nicht die einzigen Wolken, die sich am Londoner Himmel zusammenzogen. Seine Geheimagenten in Spanien berichteten Heinrich, daß Karl nur auf die effektive Verstoßung Katharinas wartete, um England anzugreifen. In den niederländischen Häfen lag die kaiserliche Flotte in Alarmzustand, bereit, die Anker zu lichten. Ein Krieg aber hatte katastrophale Folgen für England, die englische Flotte war zu klein, um eine Seeschlacht auf sich zu nehmen, das Heer zu schwach, um einer Landung ernsthaft Widerstand zu leisten. England war in ernster Gefahr.

In dieser Situation gab es nur einen Ausweg, eine Allianz mit Frankreich. Die Gelegenheit war günstig. Franz I., der Niederlage und Gefangenschaft gekostet hatte, konnte einer Übermacht des Kaisers und einem möglichen Sieg über England nichts abgewinnen. Geheime Abmachungen verbanden ihn bereits mit den lutherischen Fürsten Deutschlands. Heinrich schloß sich den Verhandlungen an, und Ende Mai 1532 kam es in Scheyern zum Abschluß eines gegen Karl V. gerichteten Vertrages zwischen den Deutschen, Franz I. und Heinrich VIII., der sich zu einer finanziellen Unterstützung verpflichtete. Damit war die Versorgung der kaiserlichen Truppen gefährdet, einem Landungsmanöver der Riegel vorgeschoben.

Innenpolitisch aber ging der Kampf um die Scheidung weiter. Auf irgendeinem Weg mußten die englischen Bischöfe dazu gebracht werden, daß sie ihren König in dieser Frage auch gegen den Willen des Papstes unterstützten.

Anna aber ging es darüber hinaus um die grundsätzliche Unabhängigkeit Englands von Rom, und sie tat alles, den Streit zwischen König und Papst zu einer Kraftprobe zwischen Königtum und Papsttum zuzuspitzen, die schließlich zur Exkommunikation und zum Bruch führen mußte. Der König dachte zunächst sicher nicht an dieses Extrem, das unvorhersehbare politische Folgen haben konnte. Aber mehr noch als die Ereignisse war es sein Charakter, der das Schicksal dann doch in diese Richtung wies.

Gerade jetzt war ihm mehr denn je an der Bestätigung seiner uneingeschränkten, ererbten, von Gott gegebenen Autorität gelegen und mehr denn je störte es ihn, daß sich zwischen seinen Willen und die englische Geistlichkeit die Machtbefugnisse Roms schoben. Das Parlament wurde einberufen, um die ihm zukommende Hierarchie ein für alle Mal festzulegen und gesetzlich zu verankern. Das Unterhaus war leicht für die Annahme eines Textes zu gewinnen, dem gemäß von jetzt an die Verordnungen der Kirche der Zustimmung des Königs unterworfen seien. Das hörte sich harmlos und logisch an, war aber in Wirklichkeit eine Herausforderung an die bisher übliche bischöfliche Autorität und damit an die Allmacht Roms.

Wie würden im Oberhaus die hohen geistlichen Würdenträger reagieren? Sie waren, wie auch in der Scheidungsfrage, geteilter Meinung. Freund Gardiner, der Bischof von Winchester versuchte, das Gesetz zu Fall zu bringen, ohne sich durchsetzen zu können. Aber der alte Warham, Erzbischof von Canterbury und Primas von England, der sich bisher der Krone gegenüber stets willfährig gezeigt hatte, leistete hartnäckigen Widerstand. Er war sterbenskrank und hoffte vielleicht, sich einen günstigen Platz im Jenseits zu sichern, indem er auf der Schwelle des Todes noch eine feierliche Protestakte unterzeichnete, die auf die unantastbare Vorrangstellung der Kirche in den Diözesen pochte. Es sollte seine letzte Erdentat sein.

Die Protestakte Warhams konnte den vom Parlament erlassenen Text nicht annullieren, aber verzögern. Zuallererst mußte also ein gefügigerer Nachfolger für ihn gefunden werden. Heinrich VIII. und Cromwell einigten sich auf einen Bischof namens Cranmer, der wiederholt für die Annullierung von Heinrichs erster Ehe Partei ergriffen hatte. Er war ein Mann mittleren Alters, intelligent, fleißig, von edlen Gesichtszügen und gewandtem Auftreten. Er würde dem Posten des Erzbischofs von Canterbury sicher gewachsen sein. Auf den ersten Blick wirkte er mit seinen hellblauen, erstaunt in die Welt schauenden Augen eher etwas schüchtern, wenn nicht bei genauerem Hinsehen die schmalen, ernsten Lippen mit den heruntergezogenen Mundwinkeln und das starke Kinn diesen Eindruck Lügen straften. Vor allem widersprach ihm eine recht bewegte Vergangenheit, die bewies, daß er weder schüchtern noch den Freuden des Lebens abhold war. Nach seinen Studien in Oxford und einem Lehrstuhl für Theologie in Cambridge war er als Beichtvater in die Dienste von Lord Rochford getreten, der ihn, als er zum Grafen von Wiltshire erhoben worden war, anläßlich einer Jagdpartie dem König vorgestellt hatte. Äußerst geschickt wußte er im Laufe eines Gesprächs die Rede auf die Scheidungsfrage zu lenken und den Gedanken einfließen zu lassen, daß es nicht unmöglich sei, die Zustimmung der Fakultäten in Oxford und Cambridge zu gewinnen. Heinrich griff die Idee nicht gleich auf, denn beide Universitäten waren für ihre freidenkerische Haltung jeder Autorität gegenüber bekannt, seit Erasmus und sein Freundeskreis dort gewirkt hatten. Aber er fand sie erwägenswert und nahm Cranmer in seine Dienste.

Bald darauf begleitete dieser Wiltshire auf seiner verhängnisvollen Reise nach Bologna und gelangte von dort als englischer Gesandter im Gefolge Karls V. nach Deutschland, insgeheim beauftragt, die deutschen Theologen für die Sache des englischen Königs zu gewinnen. Mit dem kaiserlichen Hof hielt er sich eine zeitlang in Regensburg auf, dann in Augsburg, dann in Wien und war mit ihm auf der Rückreise nach Italien, als ihn in Mantua schließlich der Ruf erreichte, nach England zurückzukehren. Er war zu Höherem ausersehen.

Cromwell war ein wenig seinen Spuren gefolgt und konnte in Erfahrung bringen, daß sich Cranmer in Deutschland sterblich in eine den männlichen Reizen recht aufgeschlossene Schönheit verliebt und sie stillschweigend geheiratet hatte. Diese an sich schon schwere Verletzung des Zölibatsgesetzes kam bei einem künftigen Erzbischof, noch dazu Primas von England, geradezu einem Kapitalverbrechen gleich. Cranmer beschloß, über seinen Fehltritt zu schweigen. Der König und Cromwell hüteten sich, ihn darüber aufzuklären, daß sie längst Bescheid wußten. Auf diese Weise hatten beide Seiten was sie wollten. Cranmer den einträglichen und ehrenvollen Posten, Heinrich ein gefügiges Werkzeug für seinen Willen.

Fehlte noch das Breve des Heiligen Stuhls und es bestand die Gefahr, daß Clemens, wenn er die Hintergründe der Wahl erahnte, Informationen über Cranmer einholen und den Skandal der heimlichen Ehe aufdecken würde. Undenkbar! Der ganze Plan wäre zum Scheitern verurteilt, die Investitur Cranmers würde nie genehmigt. Es galt also, sein Mißtrauen einzuschläfern. Wieder verfolgte Anna dabei eine besondere, indirekte Strategie: sie ließ sich vom König Titel, Grund und Boden des Marquis von Pembroke, männlich bitte sehr, zum Geschenk machen. Manche hielten diese Gabe zunächst für eine ihrer Launen und schlugen sie als Zeichen ihrer Geldgier zu Buche. Aber die wahren Gründe waren ganz andere.

Die plötzliche Großzügigkeit des Königs sollte den Anschein einer Liebesgabe erwecken, oder besser gesagt, die Belohnung für geleistete Dienste, noch krasser ausgedrückt: das goldverbrämte Abschiedsgeschenk an eine ausgediente Kurtisane, denn die Grafschaft war von allerlei Apanagen in klingender Münze begleitet. Der Schachzug gelang. Man ging der Finte umso leichter auf den Leim, als sie einem Wunschdenken entsprach. Bald erreichte die Nachricht auch den Papst, dem ein Stein vom Herzen fiel: endlich war man diese leidige Geschichte von Nichtigkeitserklärung,

Scheidung und Wiederverheiratung los! Als wenig später eine Gesandtschaft englischer Geistlicher in Rom vorstellig wurde, um über die päpstliche Bulle zur Bestätigung Thomas Cranmers als Erzbischof von Canterbury zu verhandeln, sah Clemens keinen Grund, sie zu verweigern. Und doch sollten noch etliche Wochen vergehen, bis das kostbare Schriftstück in England eintraf. Gerade während dieser Zeit wurde Anna Zeuge und Opfer eines ärgerlichen Zwischenfalls in Frankreich.

Im Herbst 1532, zwölf Jahre nach dem Lager vom Goldenen Tuch war eine zweite Begegnung zwischen Franz I. und Heinrich VIII. vereinbart worden, um den Vertrag von Scheyern zu besiegeln, und diesmal sollte Anna an der Seite des Königs auftreten. Doch die rauschenden Feste des Lager vom Goldenen Tuch gehörten der Vergangenheit an. Franz bestand auf einer zwanglosen Zusammenkunft in bescheidenem Rahmen, denn bei aller Animosität wollte er vermeiden, Karl V., seit einigen Jahren sein Schwager, unnütz zu verärgern. Heinrich und Anna würden sich mit einem kleinen Hofstaat einschiffen, beide mit einem zahlenmäßig gleichen Gefolge, was ihre Ranggleichheit bestätigen sollte. Außerdem hatte der König ihr gewährt, die Kronjuwelen zu tragen, wodurch Franz vor die vollendete Tatsache gestellt und de facto eine erste Anerkennung ihrer königlichen Würde erreicht wäre. Aber es sollte nicht soweit kommen.

Die Ausführung des listigen Plans scheiterte an einer Frage, auf die keine Antwort gefunden werden konnte: Wer sollte im Namen des französischen Königs die heikle Aufgabe übernehmen, den Marquis von Pembroke in Boulogne zu empfangen? Königin Eleonore schied als Schwester Karls V. von vornherein aus. Margarethe von Alençon, Schwester des Königs und durch Heirat Königin von Navarra, ließ sich entschuldigen. Sie stand mit Karl V. in Unterhandlung über Gebietsteile ihres Reiches, das seine Truppen besetzt hielten und konnte keinen Zwischenfall mit ihm riskieren. Die Herzogin von Vendôme? Sie wäre zu diesem Dienst sicher bereit gewesen, aber ihr skandalumwitterter Lebenswandel hätte ihre Wahl zu einem Affront gemacht. Die Entscheidung über diese peinliche Frage war noch immer nicht gefallen, als Heinrich mit dem Marquis von Pembroke und Gefolge in Calais an Land ging, und Anna mußte bestürzt erkennen, daß keine Prinzessin von Geblüt in Boulogne zu ihrem Empfang anwesend war. In ihrem Stolz gekränkt blieb sie in Calais, während der König zur Grenze zwischen den beiden Hoheitsgebieten aufbrach, wo Franz I. ihn erwartete. Von dort aus war der Ritt nicht weit nach Boulogne, auf dem einer den andern an Zuvorkommenheit zu überbieten suchte. Heinrich bestand darauf, an der Linken des französischen Königs zu reiten, während dieser darauf beharrte, ihn an seiner Rechten zu haben. Der vergnügliche Ritt und das höfliche Hin und Her war ein gutes Omen für die folgenden Verhandlungen. Schon nach drei Tagen konnte der Vertrag unterzeichnet werden, dessen Wortlaut unverbindlich genug gehalten wurde um keinen der beiden zu übervorteilen. Heinrich verpflichtete sich für eine Unterstützung gegen die Türken, die bereits bis Ungarn vorgedrungen waren. Eine symbolische Geste, denn die Türken in Ungarn bereiteten ihm keine schlaflosen Nächte. Als Gegenleistung versprach Franz bei Kaiser und Papst ein gutes Wort für den englischen König einzulegen und bei dieser Gelegenheit einen Ehevertrag zwischen Katharina von Medici, der reichen Großnichte des Papstes, mit seinem zweiten Sohn abzuschließen. So hatte jeder seinen Vorteil am Vertrag von Boulogne: Heinrich erkaufte sich Schützenhilfe für seine Auseinandersetzung mit dem Papst, Clemens durfte sich der Hoffnung hingeben, daß seiner Nichte der Weg ins französische Königshaus offen stand (man denke: die Tochter eines Bankiers am Hof der Valois!) und Franz konnte durch diese Heirat die Auffüllung seiner Staatskasse erwarten.

Es herrschte Zufriedenheit, Geschenke wurde ausgetauscht. Franz ließ Anna kostbare Ohrgehänge überreichen und versprach ihr, seinen Einfluß auf den Hl. Vater geltend zu machen, daß er ihre Heirat mit dem König akzeptiere. Ein magerer Trost für die erhoffte Anerkennung als zukünftige Königin von England. Das Versprechen sollte auch nie gehalten werden oder es blieb ohne Wirkung, wie die Geschichte zeigen sollte. Nach der Heimkehr nach London beschloß Anna, jetzt oder nie eine klare Entscheidung des Königs zu erzwingen. Sie zog sich nach Hever Castle zurück und ließ ihn wissen, daß sie erst wieder bei Hof erscheine, wenn er bereit sei, mit ihr vor den Traualtar zu treten.

* * * *

Das hieß ihre Zukunft aufs Spiel zu setzen. Aber sie kannte Heinrich besser als ich. Sie wußte, daß ihm an der Heirat mit ihr sehr viel lag und daß sie ihm unentbehrlich geworden war. Das Jahresende rückte heran und in unserer Abgeschiedenheit herrschte eine Ruhe, die stark von der Geschäftigkeit der letzten Monate abstach. Wahrscheinlich sah sich schon mancher am Hof in seiner Überzeugung

Anna Boleyn, zweite Gemahlin Heinrichs VIII. Kupferstich aus der Zeit (Hachette).

*Katharina von Aragon, erste
Gemahlin Heinrichs VIII.
(National Portrait Gallery, London).*

*Eine Seite aus dem Psalter Heinrichs VIII. Man sieht den König mit
der Laute, vielleicht eine seiner eigenen Kompositionen spielend.
(British Museum, London).*

Heinrich VIII. REX. Gemälde von Hans Holbein d.J. (Coll. Thyssen, Lugano).

Franz I. von Frankreich, der „Champagnerkönig". Gemälde von Jean Clouet. (Louvre, Paris).

Heinrich VIII. schifft sich auf der „Henry, Grace of God" ein. (Versailles, Schloßmuseum).

Das Feldlager vom Goldenen Tuch. (Versailles, Schloßmuseum).

Karl V., Kaiser des Abendlandes.
(Biblioth. Nat., Paris).

Sir Thomas Morus, Philosoph und Staatsmann. (National Portrait Gallery, London).

Erzbischof John Fisher. (National Portrait Gallery, London).

Galerie von Freunden und . . .

Der Medici-Papst Clemens VII.

Der Graf von Surrey, später Herzog von Norfolk, Onkel von Anna Boleyn. (LAP)

Thomas Wolsey, Kardinal, Lordkanzler und Großsiegelbewahrer. (LAP).

Thomas Cromwell, Staatssekretär und Lordkanzler, acht Jahre lang erster Ratgeber des Königs. Gemälde von H. Holbein d.J. (LAP).

. . . Feinden der Anna Boleyn.

Thomas Cranmer, Erzbischof von Canterbury.

Prinzessin Maria Tudor, Tochter Heinrichs VIII. und Katharina von Aragon.

Hever Castle, Residenz der Familie Boleyn.

Sir Thomas Boleyn, Diplomat im Dienst Heinrichs VIII., später Lord Rochford und Graf von Wiltshire – Annas Vater.

Das Wappen der Boleyn.

*Der Parnass, Festdekoration für die Krönung von Anna Boleyn:
Triumphbogen mit Apollo von seinen Musen umgeben. Entwurf H. Holbein d.J. zugeschrieben. (Berlin, Kupferstichkabinett).*

Der König und sein Parlament. Zu Füßen des Throns das Oberhaus, rechts die Lords, links die Kirchenfürsten. Die kleine Gruppe rechts oben: die Mitglieder des Unterhauses. (Privatbesitz).

Allegorie auf die Gründung der englischen Kirche. Links Heinrich VIII., die Tiara zu Füßen, hinter ihm die „Zerstörung des Aberglaubens". Rechts Thomas Cranmer, Erzbischof von Canterbury, die englische Bibelübersetzung in Händen , einen Rosenkranz zu Füßen. Hinter ihm der „Aufbau der neuen Kirche". (Kupferstich, Bibl. Nat. LAP).

Die Einziehung der Kirchengüter: Eine von Thomas Cromwell vorbereitete Schätzung der bischöflichen und klösterlichen Besitztümer. (Record Office, London).

Der Tower von London im 16. Jahrhundert. Vorne das Tor zur Themse. Darüber rechts die königliche Residenz im White Tower, links das Tor zur City und zum Tower Hill. Dazwischen der Tower Green genannte Hof, auf dem auch die Richtstätte aufgebaut wurde. (British Museum).

Ausschnitt eines Idealbildes: In der Mitte Heinrich VIII. auf seinem Thron. Neben ihm zur Rechten der etwa zehnjährige Edward, später König Edward VI. Zur Linken seine dritte Gattin Jane Seymour, die jedoch im Kindbett starb. Holbeinschule. (LAP).

Heinrich VIII. in seinen letzten Lebensjahren. Kupferstich von C. Matsys. (Bibl. Nat., LAP).

Elisabeth I., Tochter von Heinrich VIII. und Anna Boleyn zur Zeit ihrer Thronbesteigung. (Hachette).

bekräftigt, daß die Trennung zwischen Anna und dem König endgültig sein könnte. Aber die Stille war trügerisch. Geheime Boten eilten zwischen Whitehall und Hever Castle hin und her. Die Korrespondenz zwischen Heinrich und Anna kam nie ins Stocken.

Endlich, im Januar 1533 ließ uns der König unerkannt im Dunkel der Nacht, über verschneite Straßen nach London holen, wo alles für eine heimliche Trauung vorbereitet war. Sie fand in einem der Turmgemächer des noch nicht ganz fertigen Palastes von Whitehall in strengster Verschwiegenheit statt. Niemand im ganzen Königreich durfte davon erfahren. Ein Bruder des Ordens des Hl. Augustin, dessen Verschwiegenheit Heinrich mit dem Versprechen erkauft hatte, ihn zum General des Barfüßerordens zu ernennen, zelebrierte die Messe. Noch heute hat diese Szene fast etwas Gespenstisches für mich, als sich im Halbdunkel, bei flackerndem Kerzenlicht, ohne Prunk, ohne Hofstaat und ohne die Insignien seiner Macht, der König von England und Anna Boleyn mit pochendem Herzen endlich das Jawort gaben.

Gemahlin des Königs von England war sie geworden, aber Königin von England längst noch nicht. Ein mühevoller, nervenzerreibender Weg stand ihr noch bevor. Das tägliche Leben am Hof mußte seinen Lauf nehmen als sei nichts geschehen, sei es in Greenwich, Whitehall oder Hampton Court. Vor allen Dingen mußten wir abwarten, bis von Rom die Bestätigung für die Ernennung des neuen Erzbischofs von Canterbury eingetroffen und Cranmer in seiner Stellung als Primas von England anerkannt war. Weder der päpstliche Nuntius Del Borgho noch der Hl. Vater selbst durften Verdacht schöpfen. Anna hielt sich im Hintergrund, als Heinrich, Del Borgho zur Rechten auf dem Ehrenplatz, und den französischen Gesandten zur Linken, das Parlament eröffnete. Aber die Wochen vergingen und die Zeit drängte: Anna gestand mir, daß sie schwanger war.

Lange konnte die Wahrheit nicht mehr vor der Öffentlichkeit geheimgehalten werden, und doch wollte Anna vermeiden, den Hof unvorbereitet vor die vollendete Tatsache zu stellen. Sie wollte Schritt für Schritt vorgehen. Eines Abends ließ sie vor dem versammelten Hofstaat die Bemerkung fallen, daß sie eine unbezwingbare Gier auf Äpfel habe, und alle begriffen ihren Sinn. Acht Jahre lang hatte man auf diese Nachricht gewartet und sie wäre als etwas ganz Normales hingenommen worden. Jetzt aber war sie von äußerster Wichtigkeit, denn sie ließ die Frage offen, was der König, der so sehnlich einen Sohn für die Erbfolge der Tudor erhoffte, unternehmen würde. Del Borgho, von der Neuigkeit unterrichtet, beschloß, sie zunächst nicht nach Rom weiterzugeben, sondern abzuwarten.

Heinrich und Anna aber kamen überein, ihren wichtigsten Bundesgenossen, den König von Frankreich, in Kenntnis zu setzen. Die Vermählung des Prinzen Heinrich mit Katharina von Medici war auf den Herbst 1533 festgelegt worden und Clemens hatte vor, seine Nichte persönlich nach Marseille zu den Hochzeitsfeierlichkeiten zu geleiten. Eine einmalige Gelegenheit für ein Treffen von historischer Bedeutung zwischen Papst und König. Unter so günstigen Vorzeichen wäre es Franz I. sicher möglich, sein Versprechen von Boulogne einzulösen. Aber Annas Hoffnungen wurden enttäuscht. Franz fürchtete die Folgen dieser in seinen Augen übereilten Heirat. Hatte Clemens nicht von Exkommunikation gesprochen? Welche Gefahren würde ein Bündnis mit einem exkommunizierten Monarchen für Frankreich heraufbeschwören? Außerdem störte ihn die Unerfahrenheit des jungen Grafen Georges Rochford, den der König mit dieser heiklen Mission betraut hatte. Seine Antwort war ausweichend.

Am englischen Hof kursierten derweilen noch die kühnsten Mutmaßungen über Heinrichs weitere Schritte, bis eines abends anläßlich eines mit besonderer Prachtentfaltung begangenen Banketts sein Verlöbnis mit Anna verkündigt wurde. Einen Moment lang herrschte verblüfftes Schweigen, dann erhoben sich alle Anwesenden und klatschten Beifall. Am Sonntag darauf, als der Hofstaat in der Schloßkapelle zum Gottesdienst versammelt war, beschwor der Priester, der die Messe zelebrierte, den König, seine sündige Ehe mit Katharina von Aragon aufzugeben und dem Land eine würdige und tugendhafte Königin zu schenken. Da begriffen alle, daß die Entscheidung gefallen und die Ehe bereits vollzogen war.

Ende März traf die Investitur des Papstes ein, die Cranmers Ernennung zum Erzbischof von Canterbury besiegelte. Noch in derselben Woche wurde dem Parlament ein Text vorgelegt, der bestimmte, daß Fragen des Eherechts künftig der Autorität Roms entzogen und der Rechtssprechung des Primas von England unterstellt seien. Das Unterhaus nahm ihn problemlos an, während sich im Oberhaus die Debatten über drei Wochen hinzogen, bis eine Einigung erzielt werden konnte.

Noch immer aber fehlte die Einwilligung des Klerus, für den Cranmer zwei Textvorlagen ausgearbeitet hatte. Die eine betraf die richterliche Vollmacht des Primas, und für sie war die Zustimmung der Geistlichen, vor allen Dingen des niederen Standes, so gut wie gesichert. Die andere betraf die Ungesetzlichkeit von Heinrichs Ehe mit Katharina, die von der Mehrheit des Episkopats nicht anerkannt wurde. Folglich sollten nur diejenigen an den Verhandlungen teilnehmen, die den Wünschen der Krone zustimmten. Hundertzwanzig Geistliche – mit dem Stimmrecht der zweihundert Abwesenden in der Tasche – versammelten sich schließlich unter dem Vorsitz des Bischofs von London. Bei der Abstimmung wurde der erste Text einstimmig und der zweite trotz einiger Stimmenthaltungen angenommen.

Damit war die Lage rechtlich und parlamentarisch geklärt. Eine von Cranmer zusammengestellte Kommission begab sich darauf unter Norfolks Führung zu Katharina, um sie davon zu unterrichten, daß sie laut Parlamentsbeschluß nicht mehr die Gemahlin des Königs von England und daher ihrer Kronrechte verlustig sei. Sie stellte ihr frei, sich mit den Apanagen, die ihrem Rang zustanden, in die Provinz ihrer Wahl zurückzuziehen. Stolz entgegnete sie, daß sie lieber betteln ginge, als sich diesem Urteil zu unterwerfen. Aber die Würfel waren endgültig gefallen.

Am Ostersamstag im April des Jahres 1533 wurde Anna, obwohl sie noch nicht gekrönt war, mit den Insignien der Königswürde ausgestattet, gefolgt von zahlreichen Ehrenjungfrauen in den Gemächern Heinrichs VIII. dem Hofstaat zur Huldigung vorgestellt.

Am nächsten Tag jedoch, als in den Kirchen das Hochamt zur Feier der Auferstehung des Heilands gehalten und danach der Segen Gottes auf des Königs zweite Gemahlin erfleht wurde, verließ ein Großteil der Gläubigen lärmend die Plätze. Die Aversion des Volkes gegen Anna und gegen die Verstoßung Katharinas konnte nicht deutlicher zum Ausdruck kommen und machte sich in den kommenden Wochen und Monaten bei jeder Gelegenheit Luft, auch wenn sie am Lauf der Dinge nichts mehr ändern konnte.

ACHTES KAPITEL
(1533)

Die Krönung

Anna war von dieser Reaktion nicht überrascht; sie hatte sich von vornherein innerlich darauf eingestellt und hoffte, daß sich die Erregung mit der Zeit legen würde. Sie drängte auf eine baldige offizielle Krönung, weil sie annahm, daß die damit verbundenen Feierlichkeiten eine Stimmungsänderung im Volk hervorriefen. Vor allem glaubte sie, daß sie erst dadurch im ganzen Land in ihrem Rang als Königin anerkannt würde.

Heinrich und Anna wußten aber auch, daß der Krönung, wenn sie vor Gott und der Welt bestehen wollte, ein Kirchengericht vorausgehen mußte, um das schon Wolsey so verbissen gekämpft hatte und das Scheidung und Ehe im Rahmen der Kirchengerichtsbarkeit unverrückbar bestätigte. Seine Einberufung unterlag der höchsten kirchlichen Instanz im Lande, also dem Erzbischof Primas von Canterbury und wurde durch eine öffentliche Supplik an den König eingeleitet, ihn, Cranmer, als Richter in seiner Sache einzusetzen. Und eben die Veröffentlichung dieser Supplik war der Haken in der Geschichte, denn sie setzte den Verfasser persönlich dem Zorn des Papstes aus, dem die Beweggründe nicht verborgen bleiben würden.

Wie erwartet versuchte Cranmer alles, um dem Königspaar diese Idee auszureden oder zum mindesten ihre Ausführung auf den Herbst zu verschieben, wenn nach der Begegnung zwischen Franz I. und Clemens VII. eine duldsamere Haltung von seiten des Vatikans zu erwarten war. Ich selbst war seiner Ansicht. Warum die Dinge überstürzen? Warum nicht abwarten, bis sich die Wogen der Entrüstung etwas gelegt hatten? Aber Anna hatte einen ausschlaggebenden Grund, wenn sie zu sofortigem Handeln drängte: „Stell

Dir vor", sagte sie zu mir, „wenn mein Sohn" – sie kannte keinen anderen Gedanken als den an einen Thronfolger – „vor der Krönung geboren würde! Er wäre nicht mehr als ein dritter Bastard für Heinrich, ohne Recht und Legitimität! Nein, wir dürfen keine Zeit verlieren".

Cranmer gab seinen Widerstand auf und leitete das Verfahren ein. Die an den König gerichtete Supplik wurde verfaßt, veröffentlicht und dem Monarchen überreicht. Der Form halber beteuerte Heinrich, daß er sich in Bezug auf seine Ehe mit Katharina von Aragon einzig dem Richterspruch Gottes unterwerfe, daß er jedoch, wenn es sein müsse, den Erzbischof von Canterbury, Primas von England, als Fürsprecher des göttlichen Willens berechtige, über die Sache zu statuieren.

Katharina hatte von ihrem Exil in Dunstable aus die Entwicklung der Dinge beobachtet und sich dem neuen kaiserlichen Gesandten in England Eutstachius Chapuis anvertraut. Der Aufforderung, zur Verhandlung vor dem Primas zu erscheinen, leistete sie keine Folge, sondern verfaßte auf Chapuis Rat zwei Protestnoten gegen ihn. Die eine machte ihm zum Vorwurf, gegenüber dem Heiligen Stuhl eidbrüchig geworden zu sein, die andere erklärte ihn als unzuständig, da er als ehemaliger Beichtvater Lord Rochfords Richter und Partei in einer Person vereine. Damit war die Sache für sie erledigt.

Chapuis forderte außerdem Del Borgho auf, den Primas an ein päpstliches Breve zu erinnern, das seinem Unterfangen jede Rechtsgrundlage entziehe. Aber der päpstliche Nuntius war eine furchtsame Natur. Das päpstliche Breve und Chapuis Einschreiten blieben unerwähnt. Katharinas Nichterscheinen vor dem Tribunal wurde aktenkundig niedergelegt und ihre Ehe mit Heinrich für ungültig erklärt. Damit stellte die kirchliche Anerkennung seiner Ehe mit Anna nur noch eine Formsache dar. Der Krönung stand nichts mehr im Wege.

* * * *

Nichts außer dem Unwillen des Volkes, der sich nicht legen wollte. Aber gerade deshalb sollte sie mit einem Aufwand und Pomp begangen werden, der Katharinas Inthronisation vor vierundzwanzig Jahren in nichts nachstand. Nur so, meinte Anna, könne sie in den Augen ihrer Untertanen bestehen.

Die Tradition wollte, daß die Königin einen Tag und eine Nacht vor der Krönung zurückgezogen im Tower verbrachte, um sich im

Gebet auf ihre Aufgabe vorzubereiten. Anna verließ Greenwich also vierundzwanzig Stunden vor dem König und bestieg eine mit Fahnen und golddurchwirkten Tüchern geschmückte Barke, die einer übergroßen venezianischen Gondel glich. Von acht starken Männern gerudert, glitt sie Themse aufwärts dem Tower entgegen. Der Baldachin, unter dem sie auf goldenen Kissen ruhte, war backbord mit dem Wappen des Marquis von Pembroke, steuerbord mit dem des englischen Königshauses bestickt. Ihr voran bahnte eine vielfarbig bewimpelte Schaluppe den Weg durch einen Schwarm von kleinen Booten, welche die Edelleute, Ritter, Pagen und Damen des Hofes flußaufwärts zur Stadt trugen, Westminster entgegen. Es war ein klarer, blauer Maienmorgen und die Sonnenstrahlen glitzerten auf den Wellen. Es sollte die Traumreise einer jungen Königin werden, umjubelt von ihren Untertanen, aber sie wurde zum Alptraum, zu einer Kundgebung abgrundtiefen Widerwillens und endete in der bitteren Erkenntnis, daß sich Liebe und Anerkennung nicht befehlen ließen. Kein Hochruf ertönte, keine Musik, kein Gesang. Schweigende Lippen und verschlossene Mienen begleiteten uns. Totenstille herrschte, einzig vom Ruderschlag unterbrochen. Die Fahrt schien kein Ende nehmen zu wollen. Als die Winde an der Einfahrt des Towers endlich unsere Gondel aus den Wassern der Themse hob, erwartete uns auch hier eine in stummer Feindseligkeit verharrende Menge. Annas Gesicht zeigte nur zu deutlich ihre Enttäuschung: trug sie nicht die Hoffnung des Landes auf einen Thronfolger im Schoß? Erst als wir auf der Schwelle der Festung angelangt waren, löste fröhlicher Schall von Trommeln und Trompeten die lähmende Spannung. Salutschüsse krachten, die nach den Stunden der eisigen Stille wie ein Donnerschlag in der Kirche wirkten. Sir Kingston, der Gouverneur des Tower, führte uns in die für den Empfang der Königin eigens bereiteten Gemächer, wo uns Speisen und Trank erwarteten. Anna zog sich zurück und verbrachte den Rest des Tages in Sammlung und Gebet.

Am nächsten Morgen, dem letzten Maitag des Jahres 1533 hatte sich der Himmel der allgemeinen Stimmung angepaßt, er war grau. Zu früher Stunde meldete sich der Großzeremonienmeister des Königs, um Anna nach Westminster zu leiten. Die Königin, in ein weißes, mit Gold durchwirktes Seidengewand gehüllt, ihre langen schwarzen Haare in ein spinnwebfeines Geflecht aus Goldfäden gebunden, bestieg eine Sänfte mit weißgoldenem Baldachin, die von zwei Schimmeln gezogen wurde. Der König hatte die Straßen mit Lilienbannern, die Fenster mit bunten Fahnen und Wimpeln, die

Häuserfassaden mit Rosengirlanden schmücken lassen. Aber wie am Vortag die glitzernden Wasser der Themse, bildete auch an diesem Morgen der festliche Dekor den Hintergrund für eine hartnäckig schweigende, totemste Menge. In der ersten Reihe behielten die Vertreter der Zünfte die Kappen auf dem Kopf festgenagelt, daß der Narr ihnen zurief: „Habt ihr denn alle eure Schädel von Skorbut zerfressen, daß ihr sie nicht zeigen wollt?"

Die Spitze des Festzuges bildeten die Gilde der in London ansässigen französischen Kaufleute, in violettem Wams, auf das an der Stelle des Herzens der gekrönte Vogelgreif, Emblem des Marquis vom Pembroke, gestickt war. Anna hätte an ihrer Stelle lieber die Mitglieder des Adels gesehen, aber sie hatten diese Ehre zurückgewiesen. Hinter ihnen ritten Lordkanzler Cromwell — er hatte vor einigen Monaten das Amt des Thomas Morus übernommen — dann Seite an Seite die Gesandten Frankreichs und der Serenissima, dahinter Thomas Cranmer, Primas von England, sowie die Erzbischöfe Stokeley und — wer hätte das gedacht — Gardiner. Erst danach folgte die Sänfte der Königin, zur Rechten von Herzog von Suffolk, Marschall des Königreiches, auf einem Braunen, zur Linken von William Howard, Großseneschall, auf einem Schecken flankiert. Ihr folgten Lady Wiltshire, Annas Stiefmutter, und die Witwe des Herzogs von Norfolk in einer festlich geschmückten Sänfte, umgeben von ihren Ehrendamen auf brokatgezäumten Zeltern.

Als wir Fleetstreet erreichten, machte der Festzug halt, damit wir den kunstvollen Triumphbogen bewundern konnten, der auf Kosten der ausländischen Niederlassungen errichtet worden war. Seine Pfeiler waren aus einem üppigen Architekturgemisch von Säulen, Nischen, Grotten und Brunnen gebildet, um die sich Blumen rankten und aus denen goldener Rheinwein sprudelte. Auf dem Gesims über dem Rundbogen sang Apoll, von den neun Musen umgeben zum Klang der Lyra ein Preislied auf Anna. Den Prachtbau überragend aber, wer grüßte da herab? Der kaiserliche Adler, die Fittiche über die Wappenschilder von Kastilien und Aragon gebreitet! Darunter das Wappen der Tudor und zu unterst das des Marquis von Pembroke... Ein wohlausgeklügeltes Kunstwerk des Spottes und vielleicht auch ein kleiner Racheakt der Kaufleute der Hanse, die — im Gegensatz zu den Spaniern — mit besonderem Nachdruck zur Kasse gebeten worden waren. Es wäre nutzlos, ja lächerlich gewesen, Protest einzulegen, denn der Kaiser nahm tatsächlich den höchsten Platz unter den Fürsten der Welt ein. Auch Anna ließ sich nichts anmerken und ließ nicht zu, daß die Anstifter zur Rechenschaft gezogen wurden. Übrigens waren ihre eigenen Landsleute nicht weniger spottlustig. Ein paar Straßenecken weiter zum Beispiel wurde die Hl. Anna Selbdritt dargestellt, umgeben von einer Schar junger Mädchen in weißen Kleidern, die für Anna den Segen ihrer Schutzpatronin herabflehten. Was in verhüllten Worten ausdrücken sollte, daß sie ihr boshaft die Geburt einer Tochter statt des ersehnten Sohnes wünschten.

Ich stellte mit Erleichterung fest, daß Anna die Enttäuschung des Vortages überwunden hatte und diese Sticheleien mit Gleichmut hinnahm. Für sie zählte einzig und allein, daß sie nun wirklich gekrönt war. Neben diesem Ereignis schrumpften die kleinen Racheakte zu Lappalien zusammen, zu denen auch der Höllenlärm gehörte, den die deutschen und spanischen Karawellen, die, von Chapuis angeregt, vor Greenwich Anker geworfen hatten, die ganze Nacht über mit Pauken, Trompeten und Böllerschüssen machten und der das Königspaar zur Flucht nach Schloß Windsor zwang!

Nach der Krönung überstürzten sich die Ereignisse. Papst Clemens, außer sich vor Zorn, leitete erneut das Prozeßverfahren der Rota gegen Heinrich ein, und der englische Gesandte beim Vatikan erhielt die Auflage, in Vertretung seines Herrn unverzüglich vor den geistlichen Richtern zu erscheinen, was Heinrich in panische Angst versetzte. Er fürchtete nicht nur die Exkommunikation an sich, sondern auch den Aufruhr, den sie im Königreich hervorrufen könnte. Anna indessen ließ sich nicht aus der Ruhe bringen. „Im Land herrscht Frieden" antwortete sie mir auf meine aufgeregte Frage. „Nicht einmal vom Hof wird mir eine Intrige gemeldet. Abgesehen davon: Heinrich wird niemals nachgeben. Könntest Du Dir ihn im Büßerhemd auf dem Weg nach Rom vorstellen? Undenkbar, dazu ist er viel zu stolz und zu bedacht auf seinen Ruf. Weißt Du, daß er sich neulich während einer Audienz fast auf Chapuis gestürzt hätte? Allerdings hat der ihn zur Weißglut geärgert. Die Bemerkung, daß er mit seiner Scheidung Gott versuche und sein Gewissen besudle, nahm er noch hin. Bei dem „wohlmeinenden" Rat, Prinzessin Maria möglichst bald zu verheiraten, um die Thronfolge zu sichern, kochte er bereits. Als Chapuis aber seine Zeugungsfähigkeit in Frage stellte, verlor er die Beherrschung und konnte nur zwischen den Zähnen hervorknirschen „die Zukunft wird es zeigen"... womit Karls Gesandter wußte, was er wissen wollte!

Tatsächlich war Annas Schwangerschaft und die Hoffnung auf einen Sohn das beste Mittel gegen den Druck von Kaiser und Papst und sie nützte es uneingeschränkt, um dem Kampfgeist des Königs aufrecht zu erhalten. Auf ihre Anregung ließ er ein Konzil der englischen Bischöfe unter dem Vorsitz Cranmers einberufen,das zur Aufgabe hatte, beim Papst gegen die kirchengerichtliche Vorladung des Königs offiziell Berufung einzulegen! So etwas Unerhörtes hatte es auf der ganzen Welt noch nicht gegeben. Man hatte gegen den Hl. Vater Krieg geführt, ihn bedroht, verfolgt, gefangen gesetzt ..., aber seine geistliche Autorität, nein, die war schon seit Jahrhunderten nicht mehr in Frage gestellt worden. Heinrich selbst erschrak vor der Maßlosigkeit des Aktes und es wurde beschlossen, ihn „so lange wie möglich" geheimzuhalten. Solange wie möglich aber konnte kaum länger sein, als ein Bote brauchte, um die ungeheuerliche Nachricht nach Rom zu bringen...

Kaum hielt Clemens das Schriftstück in Händen, so versuchte er, rasend vor Wut, Himmel und Erde in Bewegung zu setzen, um den rebellischen König zu vernichten. Er gelangte an den Kaiser, damit er seine Heere zum Kampf gegen den Gotteslästerlichen aufrufe, bedrängte den König von Frankreich, das Bündnis mit Heinrich zu brechen, aber er stieß auf taube Ohren. Dann plante er,einen Umsturz im Innern des englischen Königreiches, durch eine Heirat der Prinzessin Maria mit dem Grafen von Surrey, Sohn des Herzogs von Norfolk, anzuzetteln. Auf die Bemerkung, daß Surrey bereits verheiratet war, verfocht er ernsthaft die Möglichkeit einer Annullierung dieser Ehe, bis ihm schließlich klar wurde, daß er damit auf dem Weg war, den Teufel mit Belzebub auszutreiben!

Mangels handgreiflicher Mittel mußte Clemens also zu den Waffen greifen, die ihm das Kirchenrecht in die Hand gab. Er versammelte ein Kardinal-Konsistorium, welches das Konzil der englischen Bischöfe als illegal und seine Entscheidungen für null und nichtig erklärte. Weiterhin drohte er Heinrich, Cranmer und Anna mit der Exkommunikation, falls nicht binnen sechs Wochen Scheidung, Heirat und Krönung rückgängig gemacht seien.

Dieser Drohung zu weichen wäre ehrenrührig, des englischen Königs unwürdig gewesen. Es blieb Heinrich kein anderer Weg als die Offensive. Allerdings erhielt er auf eine Fühlungnahme mit Franz I. ebensowenig eine Antwort wie der Papst. Frankreich hielt auf strikte Neutralität in einer so heiklen Angelegenheit. Darauf schickte er zwei Vertrauensleute Cromwells zu den protestantischen Fürsten Deutschlands, um ihnen ein gegen den Kaiser gerichtetes Bündnis anzubieten. Gleichzeitig rief er seine Gesandten in Rom nach England zurück, was weitere Verhandlungen unmöglich machte. Die Brücken zum Heiligen Stuhl waren abgebrochen.

NEUNTES KAPITEL
(1533-1534)
Das Schisma

1533 — Abkehr von Rom. Der Bruch war unumgänglich, aber noch nicht vollzogen. Erst ein Akt des Parlaments, der den König mit Zustimmung eines Konzils der englischen Bischöfe zum unumschränkten weltlichen UND kirchlichen Oberhaupt des Landes machte, würde ihn besiegeln.

Bisher hatte außer Anna noch niemand diesen Gedanken bis zu den letzten Konsequenzen durchdacht, weder Cranmer, noch Cromwell, noch Heinrich selbst. Außerdem versetzt die Einmaligkeit einer Berufung gegen einen Beschluß des Vatikans ganz Europa in Aufruhr und brachte auch die Mächtigsten aus der Fassung. Wie sollte man sich in der neuen Situation verhalten? Kontakte wurden geknüpft und wieder abgebrochen, Bündnisse aufgekündigt. Auf allen Straßen des Kontinents waren Geheimboten unterwegs. Wie beim Kontredanse befanden sich Figuren und Partner in dauerndem Wechsel zueinander, aber zu einer Melodie, die keiner kannte...

Als eine der noch unbekannten Figuren tauchte am englischen Hof ein neuer französischer Gesandter, Bischof Jean Du Bellay auf. Ein englandfreundlicher Diplomat, der Anna gegenüber eine fast ausschließlich zu nennende Verehrung an den Tag legte, was vielleicht auf den gemeinsamen Ursprung ihrer Namen (Bellay wie Boleyn bedeutet soviel wie bouleau, die Birke) zurückzuführen war. Du Bellay tat sein Möglichstes, mit unterschiedlichem Erfolg übrigens, um den politischen Entwicklungen einen dem englischen Königspaar günstigen Verlauf zu geben.

Anna konnte eine Unterstützung von dieser Seite gut gebrauchen, denn ihre Niederkunft stand bevor, alles war für das große Ereignis bereit. „Ich bin froh, daß die grundlegenden Entscheidungen hinter uns liegen, und daß es kein Zurück mehr gibt", sagte sie zu mir. „Wenn ich einen Sohn bekomme, wird alles gut. Aber eine Tochter ... ich wage nicht, so weit zu denken.

– Hast Du schon an einen Namen gedacht?

– Eduard oder Heinrich. Die Entscheidung liegt beim König, der jeden Gedanken an eine Tochter von sich weist. Sollte es tatsächlich ein Mädchen werden, will ich sie Elisabeth nennen, wie meine Mutter".

Es wurde eine Tochter. Am 7. September 1533 kam Elisabeth in Greenwich zur Welt, und ich war es, die dem König diese Hiobsbotschaft überbringen mußte. Heinrich nahm sie wie eine Beleidigung, ja wie eine persönliche Niederlage, wie eine Schande auf. Monatelang hatte er von nichts anderem geredet als von der Geburt des Prinzen von Wales, einen lebensgefährlichen Kampf gegen Kirche und Papst geführt, und jetzt war er vor der ganzen Welt lächerlich gemacht, die es dann an Spott auch nicht fehlen ließ. Wahrscheinlich hat er diese „Schmach" Anna nie verziehen, auch wenn sich im Laufe der Wochen sein Zorn legte. Selten aber habe ich ihn so außer sich vor Enttäuschung und Wut gesehen als in diesem Augenblick. Seine Augen blitzten wild und er warf seine geballten Fäuste in die Höhe, daß ich fürchtete, er wolle mich erschlagen. Er konnte es auch nicht über sich bringen, zur Taufe zu erscheinen, die drei Tage später stattfand.

„Da haben wir Pech gehabt", murmelte Anna nachdenklich. „Jetzt wird es einen Kampf aufs Messer mit Katharina geben: welche von den beiden Töchtern Heinrichs, Elisabeth oder Maria, hat Anspruch auf den Thron von England? Es sei denn, ich bringe doch noch einen Sohn zur Welt. Alles ist möglich. Aber bis dahin..." Und nach einer Weile fügte sie hinzu: „Ich weiß nicht, ob ich mich noch auf Cromwell verlassen kann. Er soll bereits mit Katharina Verbindung aufgenommen und ihr versichert haben, daß er Marias Ansprüche unterstützen werde. Das war abgekartetes Spiel mit Chapuis für den Fall der Geburt einer Tochter! Er vertritt die Meinung, daß Maria zweifach königlicher Herkunft ist und als Erstgeborene erstes Anrecht hat. Aber kannst Du Dir die Folgen vorstellen?"

Tatsächlich war Cromwells Einstellung zu dieser Frage nicht ungefährlich, denn er übte als Nachfolger des Thomas Morus im Lordkanzleramt einen zunehmenden Einfluß auf Heinrich aus, und man konnte ihm durchaus zutrauen, daß er ihn dazu benutzte, den König nach der enttäuschenden Geburt Elisabeths zum Nachgeben und damit zur Vermeidung der Exkommunikation zu überreden. Niemand wußte, welche Bedeutung er der Trennung zwischen dem Papst und dem englischen Monarchen zumaß.

Eine weitere Gefahr drohte von John Fisher, dem Bischof von Rochester, der sich schon immer grundsätzlich gegen die Scheidung ausgesprochen hatte. Gemeinsam mit anderen gleichgesinnten Mitgliedern des Klerus versuchte er diskret, Karl V. zu einem militärischen Vorgehen gegen Heinrich anzuregen. Die Rebellion des Königs gegen den Heiligen Stuhl, so argumentierte er, käme dem Angriff der Türken gegen die Christenheit gleich und müsse mit den gleichen Waffen bekämpft werden. Aber er hatte sich verrechnet wenn er glaubte, den König auf diese Weise mürbe zu machen. Im Gegenteil, sie band Heinrich, wenigstens für den Moment noch fest an Anna und Elisabeth. Sein Zorn war dahingeschmolzen und hatte einem gesunden, väterlichen Stolz Platz gemacht. Er war überzeugt, daß Elisabeth ihre kräftige Natur und ihre Lebhaftigkeit einzig und allein von ihm geerbt hatte und daß sie einmal wie ihr Vater mit beiden Beinen in der Welt stehen würde. Außerdem war nun erwiesen, daß die Königin ihm gesunde Kinder schenken konnte und daß er auf einen Sohn noch hoffen durfte.

Es wurde Herbst und das internationale Imbroglio löste sich noch immer nicht, die diplomatische Geschäftigkeit dauerte an. Bei der Hochzeit des französischen Prinzen Heinrich mit Katharina von Medici in Marseilles machte Franz I. einen schwachen Vorstoß, um von Clemens die Widerrufung seines angedrohten Anathemas gegen Heinrich, Anna und Cranmer zu erlangen. Aber der Papst blieb unnachgiebig. Sein neuester Plan war, wenn nicht Heinrich, so doch wenigstens Anna vor die Rota zu zitieren. Er konnte ihm nur mit Mühe von Gardiner ausgeredet werden, der ihm klar machte, daß sich dieser Prozeß, wenn es überhaupt dazu käme, jahrelang hinziehen könne.

Dann schaltete sich erneut Franz I. mit einer Idee ein, die ihm ebenfalls der listige Gardiner eingeflüstert hatte. Er schlug Clemens vor, Heinrich statt vor die Rota in Rom, vor ein kleines Tribunal in Avignon zu laden, wo zwei päpstliche Legate über die Angelegenheit zu befinden hätten. Die Verhandlungen waren bis zu einem gewissen Punkt gediehen, als sich herausstellte, daß Papst Clemens das Tribunal von Avignon nur unter der Voraussetzung einer bedingungslosen Unterwerfung des Königs unter den Richterspruch genehmigte, womit auch dieser Verständigungsversuch scheiterte. Franz zog sich — einstweilen — verärgert aus dem Netz von Fallstricken zurück, die allseits gelegt wurden. Nicht lange, denn der Hl. Vater lockte ihn aus seiner Reserve, indem er ihm für seine militärische Unterstützung gegen den aufsässigen König versprach, ihm bei der Rückeroberung von Calais und Mailand behilflich zu sein. Das war nun wieder garnicht nach dem Geschmack des Kaisers!

Das Groteske an der Situation bestand für uns darin, daß sich die Mächtigen des Abendlandes pausenlos mühten, das Schlimmste zwischen Papst und König zu verhüten — nicht ohne dabei ihre eigenen Interessen aus den Augen zu verlieren — während Anna auf der anderen Seite alles daransetzte, Heinrich in seiner Unnachgiebigkeit zu bestärken damit es NICHT zu einer Einigung kam. Ende 1533 war der Ausgang des Kampfes noch nicht endgültig entschieden und es gelang Du Bellay, dem französischen Gesandten, eine Art Waffenstillstand zu erwirken. Heinrich erklärte sich bereit, keine weiteren Schritte zum Schisma zu unternehmen, unter der Bedingung, daß Clemens bis Ostern — wir waren im Dezember — die Beschlüsse des Kardinalkonsistoriums widerrufe. Nach diesem Termin werde die Kirchentrennung endgültig.

Du Bellay war mit dem Erfolg seiner Verhandlungen zufrieden, denn er hielt sich für fähig, die Frist zu gegebener Zeit von Monat zu Monat zu verlängern. Das wichtigste war für ihn, Zeit zu gewinnen und die Ursachen des Konflikts zu entschärfen.

Inzwischen ergab sich für Heinrich die Möglichkeit, seinen Tatendrang auf einem anderen Kriegsschauplatz auszuspielen.

* * * *

Seit fast zweihundert Jahren führte die deutsche Hanse unter der Führung Lübecks einen mit mehr oder weniger militärischem Nachdruck geführten Kampf um die Sicherung und Ausdehnung ihrer Handelsniederlassungen in den baltischen Ländern und in Skandinavien. Vor noch nicht allzu langer Zeit hatte Lübeck über das größte Heer und die stärkste Flotte in der Ostsee verfügt, aber die ruhmreichen Jahre gehörten der Vergangenheit an. Ein wechselvolles Schicksal brachte Handel und Wandel der Stadt langsam zum Sinken und zwar aus wirtschaftlichen, aber auch aus politischen Gründen. So waren im Jahr 1519 zum ersten Mal seit Menschengedenken die Heringschwärme ausgeblieben, die einen Grundstein für den Reichtum der Stadt bildeten. Die finanzielle Einbuße war unermeßlich. Zu gleicher Zeit begann sich im Süden eine junge

Seemacht auszubreiten und den Mitgliedern der Hanse die Vorherrschaft der Meere streitig zu machen. Es handelte sich um die reichen Niederlande, die damals die Provinzen von Flandern, Brabant, Hennegau, Holland, Seeland, ja auch Luxemburg und Limburg umfaßten und seit dem Niedergang des Burgunder Reiches zu Habsburg gehörten. Sie besaßen eine beträchtliche Flotte, für die sie die uneingeschränkte Zufahrt durch den Sund in die Ostsee forderten. Das wollte Lübeck keinesfalls zulassen, war aber in der damaligen Situation nicht mehr in der Lage, seinen Willen und damit den der Hanse eindeutig durchzusetzen. Eher könnte man sagen, daß es zu dauernden Streitereien und Sticheleien mit den südlichen Nachbarn kam. Zu den wirtschaftlichen und politischen Gegensätzen gesellten sich nun auch noch religiöse, denn zu Beginn der dreißiger Jahre unseres Jahrhunderts hatten alle Hansestädte wie der gesamte Norden Europas den neuen Glauben übernommen. Dadurch standen sie in Opposition zum Reich Karls V. und waren 1531 dem schmalkaldischen Bund der lutherischen Fürsten beigetreten. Noch war ungewiß, wie der Machtkampf ausgehen würde, und Lübeck suchte auf seine Weise, den lästigen Gegner zu schwächen. So war gerade eine neue Flotte ausgerüstet worden, die vor der holländischen Küste kreuzte und dort die Bevölkerung in Panik versetzte. 1534, zur selben Zeit als Anna zur Königin von England gekrönt wurde, drangen einige lübeckische Koggen ein gutes Stück in die Themsemündung ein und brachten drei kaiserliche Galeonen auf. Nach dieser Heldentat segelten sie die Südküste Englands entlang bis zur kleinen Hafenstadt Rye am Ärmelkanal, um den holländischen Handelsschiffen aufzulauern, die mit reicher Fracht von Spanien nach den Niederlanden unterwegs waren. Als Kommandant dieses Geschwaders, dessen Aktivität von der Seeräuberei nicht allzuweit entfernt war, wirkte ein Haudegen namens Marx Meyer, ein ehemaliger Schmied aus Hamburg, der es fertiggebracht hatte, sich dank seiner Tapferkeit, Schlauheit und Redegewandtheit zum Befehlshaber der lübeckischen Truppen ernennen zu lassen.

Es dauerte nicht lange, bis Chapuis, der Gesandte des Kaisers, bei Heinrich VIII. Beschwerde gegen die Piratenflotte einlegte, die, wie er behauptete, die Unterstützung der Bevölkerung von Rye genoß. Auf Befehl des Königs wurde Marx Meyer ergriffen, sobald er den Fuß auf englischen Boden setzte, und während man ihn in Ketten nach London schaffte, lichtete das führerlose Flottengeschwader die Anker und flüchtete nach Dänemark. Meyer sah sich bereits, wie es einem Freibeuter geziemt, am höchsten Mast der Londonbridge baumeln, konnte aber mit großartigen politischen Plänen seine Kerkermeister derart beschwatzen, daß sie ihrem Monarchen Bericht erstatteten.

Heinrich VIII., von dem, was er über seinen Gefangenen vernahm, eher überrascht als empört, ließ Marx Meyer zu sich führen, und es stellte sich heraus, daß er über die Ereignisse in der Welt und über die Rivalitäten zwischen den Mächtigen in Europa sehr gut informiert war. Sah sich England durch die Machtgelüste des Papstes, die Autorität des Kaisers, durch die Ansprüche Frankreichs bedroht? Nun, das ging Lübeck und Dänemark nicht anders. Friedrich I. von Dänemark hatte gerade das Zeitliche gesegnet und über seine Nachfolge entbrannte ein Streit, in den die Hanse verwickelt war und dessen Ausgang man noch nicht absehen konnte. Warum nicht einen Anwärter unterstützen, der den Interessen Englands nahestand? Eine Allianz zwischen England, Lübeck und Dänemark wäre sicher stark genug, um die Ambitionen der anderen europäischen Mächte in Schach zu halten!

Diese Ideen waren so recht nach Heinrichs Geschmack. Sie schmeichelten seinem Ehrgeiz, und außerdem ließen sie Ausblicke auf eine Machtposition zu, die ihm immer vorgeschwebt hatte. Er erklärte sich bereit, eine Gesandtschaft zu Verhandlungen nach Lübeck zu schicken. Während er außenpolitisch, von Meyer angestachelt, seine Fäden zu Europas Norden spann, entschloß er sich nun auch – durch Anna angeregt, die auf eine endgültige Lösung des Konflikts mit Rom und dadurch auf eine Festigung ihrer Position drängte – innenpolitisch zum Handeln. Ohne die Frist abzuwarten, die er dem Papst bis Ostern 1534 gewährt hatte, beauftragte er das Parlament mit der Ausarbeitung der Textvorlagen, die ihn als alleinigen, weltlichen und geistlichen Herrscher Englands anerkannten. Die Texte sollten gleichzeitig die Frage seiner Ehe mit Anna und das Erbfolgerecht ihrer Tochter Elisabeth regeln.

Begreiflicherweise aber war noch manches Hindernis zu überwinden, bis diese folgenschwere Urkunde ausgearbeitet und von beiden Häusern angenommen und rechtskräftig war. So manches Mitglied des Oberhauses vertrat, wenn auch nicht allzu offenkundig, die Ansicht, daß die Befugnisse der königlichen Obergewalt in Grenzen gehalten werden müsse. Als erstes versuchte der Bischof von London sich durch Androhung des Anathemas dem Willen des Königs zu widersetzen, was ihm nicht gelang. Andere wichen dem Druck oder ließen sich durch Versprechungen zu einer versöhnlicheren Haltung überreden.

Schwieriger war es, den Widerstand Marias, Heinrichs ältester Tochter, zu brechen, die nicht gewillt war, freiwillig auf ihren Titel als Thronanwärterin zu verzichten und sich standhaft weigerte, die Existenz ihrer kleinen Rivalin anzuerkennen. Einerseits stand sie ganz unter dem Einfluß ihrer Mutter und andererseits hatte sie wohl von beiden Elternteilen ein gerütteltes Maß an Starrköpfigkeit geerbt, denn sie hörte nicht auf, sich gegen den Willen ihres königlichen Vaters aufzulehnen und hinter seinem Rücken zu intrigieren. Einen Thronverzicht unterzeichnete sie schon gar nicht. Sie war damals fast achtzehn Jahre alt und konnte in Hof- und Diplomatenkreisen, ja sogar im Volk auf viele Anhänger zählen, ganz zu schweigen von der Unterstützung, die sie über Chapuis von Karl V. genoß. Eine strenge Überwachung von Hatfield House, dem malerischen Landsitz in Herfordshire, der ihr und Elisabeth zum Aufenthalt diente, brachte denn auch ein Komplott größeren Ausmaßes zutage, dessen Mittelpunkt Elisabeth Barton, eine Ordensschwester von Saint Paul's Cross war, die visionär den baldigen Tod des englischen Königspaares und die Thronbesteigung Marias voraussagte und großen Zulauf hatte. Verhaftet und peinlich befragt lieferte sie den Richtern eine ganze Reihe Namen von so eminenten Persönlichkeiten wie John Fisher, Thomas Morus, die Marquise von Exeter, Die Gräfinnen von Derby und Salisbury und vielen anderen, daß man vorzog, die Angelegenheit im Sande verlaufen zu lassen, bevor das ganze Königreich in Aufruhr geriet. Die Namen, zwar aktenkundig, wurden vor der Öffentlichkeit geheimgehalten, die Verdächtigen freigelassen. Außer der Verbrennung der Visionärin wurde kein Urteil verhängt.

* * * *

Im Innern schienen die Wogen einigermaßen geglättet, aber auf der internationalen Ebene spitzte sich die Lage zur Machtprobe zu.

Clemens VII. dachte nicht daran, die Drohungen des Kardinalskonsistoriums widerrufen zu lassen, auch wenn er das nicht offen zugab. Vor allem ließ er, nicht ahnend, wie weit die Dinge in England bereits gediehen waren, Du Bellay im Unklaren über seine Absichten, die immer noch darauf hinausgingen, Heinrich VIII. in die Knie zu zwingen. Der französische Gesandte glaubte weiterhin im Sinne beider Parteien zu handeln, wenn er, wenn nötig über eine Verlängerung der Frist, einen Kompromiß anstrebte und dafür nichts unversucht ließ. Dabei ist nicht ganz klar, inwieweit er im

Auftrag Franz I. handelte oder eher von dem Wunsch beseelt war, sich dem englischen Königshaus unentbehrlich zu machen, indem er ihm die Exkommunikation ersparte. Aber da er das Spiel nicht durchschaute, behielt ihm das Schicksal Enttäuschungen von allen Seiten vor.

Das Datum des Osterfestes 1534 rückte heran, ohne daß ein Nachgeben des Papstes in Aussicht stand. Um den Hl. Vater konzilianter zu stimmen, schilderte Du Bellay ihm die Gefahren des Schismas in den krassesten Farben. Würde die katholische Kirche dem Sturm widerstehen? Doch Clemens hatte schon Schlimmeres erlebt. Je mehr Du Bellay redete, desto weniger hörte er ihm zu. Immerhin ließ er sich herab, ein neues „Tribunal im kleinen Kreise" in Aussicht zu stellen. Dieses Mal nicht in Avignon, sondern in Cambrai, eine Geste gegenüber Heinrich VIII. Franz I. stimmte hilfsbereit zu. Heinrich versprach, einen Exkusator zu schicken, der jedoch — wohl bemerkt — FÜR und nicht IM NAMEN des Königs plädieren werde... Du Bellay atmete auf. Die von ihm erhoffte Verlängerung der Frist stand in Aussicht.

Es wurde März. Während sich der französische Gesandte endlich dem Ziel seiner Bemühungen nahe glaubte, trat in London das Parlament zur Abstimmung über die Texte zusammen, welche die Trennung Englands von der Kirche in Rom unwiderruflich machen sollte. Und in Rom brach das Kardinalskonsistorium über Heinrich und Anna den Stab. Die Exkommunikation wurde beschlossen, aber sie konnte den Lauf der Geschichte nicht mehr ändern. Genau drei Tage vorher war die Vorlage von beiden Häusern des englischen Parlaments angenommen worden. Der Suprematsakt, ein Meilenstein in der englischen Geschichte, war rechtsgültig, Heinrich VIII. vor aller Welt zum Oberhaupt der englischen Kirche ernannt, der Papst in England seiner Macht verlustig erklärt. Das Schisma war vollzogen.

Heinrich VIII. als Oberhaupt der anglikanischen Kirche auf der Titelseite der Cover-
dale-Bibel aus dem Jahr 1535. Der König übergibt das Buch den Bischöfen.

ZWEITER TEIL

HEINRICH

ZEHNTES KAPITEL
(1534)

Franz I. und Karl V.

Es dauerte nicht lange, bis sich die Reaktionen auf die Proklamation des Schismas allenthalben bemerkbar machten. In Irland kam es zu ernsthaften Zusammenstößen zwischen Anhängern der katholischen Kirche und Parteigängern des Königshauses, in Schottland wurde Waffenlärm hörbar und in England selbst rottete sich mancherorts das Volk zusammen. Die Lords dagegen verhielten sich ruhig. So verdächtig ruhig, daß Anna sich fragte, ob dahinter nicht eine Intrige steckte. Wie würde sich überhaupt Heinrich verhalten, wenn es im Innern oder im Ausland zu ernsthaften Schwierigkeiten käme? Wäre er, wie Anna, bereit, allen Feinden die Stirn zu bieten und den eingeschlagenen Weg zu Ende zu gehen, koste es was es wolle? Oder würde er ihr die Schuld an allem Ungemach in die Schuhe schieben und die Konsequenzen auf sie abschieben?

Könnte das Königspaar im Ernstfall auf eine Stütze hoffen und auf welche? Die Unterzeichnung eines Beistandsvertrags mit den protestantischen Fürsten Deutschlands ließ auf sich warten, das Bündnis mit Lübeck lag in weiter Ferne. Wenn nun auch noch Franz I. ihnen den Rücken kehrte, könnte die Lage tatsächlich gefährlich werden. Das durfte auf keinen Fall geschehen. Um die Stimmung am französischen Hof zu sondieren, wurde Annas Bruder, Lord Rochford, und Fitzwilliam mit einer Sonderbotschaft nach Blois geschickt, wo ihnen Franz und seine Schwester Margarethe den wohlwollendsten Empfang bereiteten. Ein fast zu wohlwollender Empfang, denn sie sahen sich in eine unablässige Folge von Festen, Banketten und Maskeraden verwickelt, die für ernsthafte Verhandlungen nicht eine Minute Zeit ließen. Die Tage vergingen, ohne daß es ihnen möglich gewesen wäre, die Fragen ihres Monarchen vorzutragen.

Schließlich bat man sie, ihre Wünsche schriftlich niederzulegen. Und da der Austausch von Schriftstücken keinen Spielraum für Verhandlungen bietet, so endete die Mission in einem grotesken Frage-Antwort-Spiel, in dem jeder der Teilnehmer es sorgfältig vermied, sich irgendwie festzulegen.

Auf Heinrichs Bitte, Franz I. möge doch sein Bündnis mit dem Papst lösen, erhielt er die Antwort, daß nichts zu lösen sei, weil gar kein Bündnis bestehe.

Drängte Heinrich seinen lieben Bruder Franz, doch ja die Unterstützung des Hl. Vaters für die Wiedereroberung Mailands abzulehnen, so wurde ihm bedeutet, daß ohnedies der Zeitpunkt dafür nicht gekommen sei.

Oder gar eine Änderung der kirchlichen Hoheitsgesetze wie in England? Nein, dazu bestehe in Frankreich keinerlei Notwendigkeit... Aber wenn sein lieber Bruder Heinrich seine Zuschüsse an die Protestanten in Deutschland erhöhen wolle, so würde man das sehr schätzen!

Immerhin versprach Franz, ein drittes Treffen mit König Heinrich gnädigst in Erwägung zu ziehen und, wenn es ihn beruhige, auf eine Eheschließung zwischen seiner Tochter Madeleine und dem König von Schottland fürs erste zu verzichten.

Bruder Franz flocht aber auch eine Gegenfrage ein, die den englischen Monarchen nicht wenig in Verlegenheit brachte. Mit welcher militärischen Hilfe von englischer Seite dürfe er rechnen, fragte Franz, wenn Clemens VII. von Karl V. die Durchführung des Kirchenbannes gegen Heinrich verlange und damit Frankreich der Gefahr eines Angriffs aussetze?

Ein heikles Thema wurde da angerührt. Heinrich dachte nicht daran, seine Truppen zur Verteidigung Frankreichs zur Verfügung zu stellen, während Anna ihm klarzumachen versuchte, daß er für eine Unterstützung gegen den Papst auch eine Gegenleistung, und sei es nur auf dem Papier, gewähren müsse. Aber ein festes Versprechen war genau das, was er am meisten scheute, und er sann auf eine Möglichkeit, sich nach allen Seiten abzusichern, ohne sich die Hände zu binden. Franz I. erhielt eine Botschaft, in welcher Heinrich entzückt die Einladung zu einem dritten Zusammentreffen akzeptierte, aber auch hinzufügte, daß er für seine Reise auf den Kontinent, zu Wasser und zu Lande, unbedingt die militärische Deckung durch französische Einheiten benötige, um ihn vor einem eventuellen kaiserlichen Eingriff zu schützen.

Kaiser Karl erhielt aber auch eine Botschaft, in der ihm Heinrich versöhnlich versicherte, daß seine Tante Katharina als Mutter von Prinzessin Maria wieder vollen Zutritt zu den königlichen Residenzen genieße (womit er nicht viel riskierte, denn Katharina war seit einiger Zeit leidend), daß ihr eine königliche Hofhaltung zur Verfügung stände und daß ihr Schmuck und Kleinodien aus dem Kronschatz zurückerstattet worden seien.

Man kann sich nur zu leicht vorstellen, wie sehr Anna von diesen Anweisungen getroffen wurde. Politisch gesehen waren sie ein Mißgriff und ein Beweis der Schwäche, d.h. das Gegenteil von dem was Heinrich angestrebt hatte. Außerdem sorgten Spione und Agenten dafür, daß sein Doppelspiel kein Geheimnis blieb. Aber auch persönlich war das Verhalten des Königs ein schwerer Schlag für Anna, denn es zeigte ihr, wie stark sie seit jenem 7. September, dem Geburtstag Elisabeths, an Einfluß verloren hatte. Ihre Chancen stiegen erst wieder, als sie ihrem Gemahl verkünden konnte, daß sie in der Hoffnung war. Mit einem Schlag zerteilten sich die schwarzen Wolken, die Gefahren schienen gebannt. Heinrich war außer sich vor Freude in der Aussicht auf den sehnlich gewünschten Thronfolger.

„Ich habe neun Monate Zeit gewonnen!" bemerkte Anna aufatmend zu mir. „Aber alles hängt an einem Faden. Eine Fehlgeburt oder eine zweite Tochter, und die Chance ist endgültig verspielt. Er würde mir die „Schande" nie verzeihen. Jetzt ist er mir wieder nahe gerückt und schenkt mir sein volles Vertrauen. Ich muß jede Minute nützen. Für die Dauer seiner Reise nach Frankreich hat er mir die Regentschaft über das Königreich anvertraut!

– Aber er wird nicht lange auf dem Kontinent bleiben!

– Lange genug, um den Grundstein meiner Politik zu legen. Eine Politik der wirtschaftlichen Selbständigkeit. Ich habe vor, mehrere Schiffswerften ins Leben zu rufen. Wir brauchen Handels- und Kriegsschiffe, das sage ich Heinrich schon seit Jahren. Aber er hat nie Geld dafür. Alles seiner Prunkliebe geopfert. Ich habe bereits Verbindung mit den besten Zimmerleuten des Königreichs aufgenommen.

– Und woher willst Du die Mittel jetzt nehmen?

– Der Luxus am Hof muß eingeschränkt werden. Die notwendigen Gelder erhalte ich durch Einsparungen und durch Anleihen beim Hochadel und bei den Bankhäusern. Franz I. und Karl V. sind verschuldet, warum nicht wir? Es ist für einen guten Zweck. Bis Heinrich zurückkommt, werden die Pläne und Verpflichtungen soweit gediehen sein, daß er sie nicht mehr rückgängig machen kann, und vielleicht läßt er sich für die Idee begeistern!"

Aber dazu kam es nicht. Es gab weder ein Treffen zwischen den Königen von Frankreich und England, noch eine Regentschaft für Anna. Weder Werften noch Schiffe. Heinrich hatte sich anders besonnen. Als Vorwand für seine plötzliche Absage an den französischen Herrscher, der dem Treffen mit seinem ungemütlichen Nachbarn wohl kaum eine Träne nachweinte, benützte er die Schwangerschaft seiner Gemahlin. Aber die wahren Gründe lagen anderswo. Einerseits hegte er die vielleicht nicht ganz unbegründete Befürchtung, daß Anna seine Abwesenheit dazu benützen würde, Katharina und Maria nach Spanien abzuschieben. Zum andern schien es ihm unklug, das Königreich gerade in dem Augenblick zu verlassen, als sich deutliche Anzeichen bemerkbar machten, daß die Autorität des Königs durch Strömungen im Innern des Landes angefochten und untergraben wurde. Ein in der Geschichte bisher einmaliger Vorfall bewies, daß sein Verdacht nicht unbegründet war.

Unter den Peers, die sich so lange auffallend ruhig verhalten hatten, war eine Verschwörung ruchbar geworden, als deren Anführer und Mittelpunkt schon seit einiger Zeit Lord Dacre von Greystock verdächtigt wurde. Im Laufe der letzten Monate hatten sich genügend Anklagepunkte angesammelt, um ihn wegen Hochverrrats vor Gericht zu stellen. Er wurde verhaftet und einem Geschworenengericht von 21 königstreuen Lords unterworfen, die der Herzog von Norfolk zusammengetrommelt hatte. Der Anwalt des Königs beantragte die Todesstrafe und Lord Dacre war von der Unausweichlichkeit des Urteils so überzeugt, daß er auf eine Verteidigung verzichtete und gelassen den Richterspruch seiner Adelsbrüder erwartete. Sie zogen sich zu langer Beratung zurück und keiner, weder Anna, noch der König, noch der Angeklagte selbst zweifelte an ihrem Ausgang. Umso ungeheuerlicher war die Überraschung, als die 21 Geschworenen die rituelle Frage des Seneschalls mit einem einstimmigen „Unschuldig" beantworteten. Lord Dacre wurde freigesprochen!

Der unerhörte Präzedenzfall traf den König an seiner empfindlichsten Stelle. Zum ersten Mal in seinem Leben sah er seine Macht im eigenen Land in Frage gestellt, seine Würde als König verhöhnt. Und das ihm, der sich über alle erhaben glaubte! Die Demütigung erreichte ihn im ungünstigsten Moment. Zu einem Zeitpunkt nämlich da sich – Gott behüte! – und obgleich er erst 43 Lenze zählte, die ersten Zeichen des Alters bemerkbar machten. Er litt unter Migräne und hatte Geschwüre an den Beinen, die nicht heilen wollten.

Wahrscheinlich litt er unter diesen Gebresten weniger körperlich als seelisch, denn Krankheit bedeutete Verzicht auf Jagd und Turnier, auf Tanz und Ballspiel. Ein Gedanke, der ihn bisher nie gestreift hatte, drängte sich plötzlich auf: sollten Jugend und Lebensfreude ein Ende für ihn haben? Erstaunt stellte er fest, daß die bevorstehende Reise nach Frankreich nichts Anziehendes mehr für ihn hatte, und der Freispruch des Verräters machte sie zu einem fast selbstmörderischen Unternehmen. Es wurde begraben.

Mehr noch als für den König aber bedeutete der Vorfall für die Königin ein Warnsignal. Sicher würde Heinrich den Affront als Beweis dafür deuten, daß die Stimmung im Lande gegen die Scheidung und gegen seine Ehe mit Anna noch immer nicht besänftigt war, daß er weiterhin mit dem Widerstand seiner Untertanen zu rechnen hatte. Würde er an ihrer Seite den Schwierigkeiten die Stirn bieten? Anna glaubte nicht mehr daran. Mit dem ihr angeborenen Spürsinn sah sie in dem Freispruch eines Verräters das Vorspiel zu ihrem eigenen Sturz. Wieviel Zeit blieb ihr noch?

Angstvoll warteten wir auf die ersten Anzeichen kommenden Unheils. Die Wochen schleppten sich dahin, und als sich immer noch nichts ereignete, wagte ich aufzuatmen. Sicher band die Hoffnung auf den Thronfolger den König untrennbar an seine Gemahlin. Als er mit ihr im Sommer 1534 in die Midlands aufbrach und die reichen Provinzen des Kernlandes besuchte, glaubte ich die Gefahr gebannt.

Bis in den September hinein hörte ich nichts von ihr und deutete ihr Schweigen als ein gutes Omen. Doch dann tauchte sie plötzlich in Hever Castle auf. Allein. In größter Aufregung.

„Eine Katastrophe, preßte sie heraus: Meine Schwester Maria ist schwanger, sie steht kurz vor der Entbindung!

– Aber sie ist doch seit sieben Jahren Witwe!

– Das ist es ja gerade, ein Skandal! Sie hat sich mit einem Landsknecht eingelassen, die ehemalige Geliebte des Königs von England. Sie ist vom Hof verwiesen. Alles was ich für sie tun konnte war, eine armselige Rente für sie und ihren Liebhaber zu erwirken, zum Leben zu wenig, zum Sterben zuviel.

– Und was sagt Dein Vater dazu?

– Er liegt vor dem König im Staub und schwört, daß er sie verflucht und auf immer aus seinen Augen verbannen läßt.

– Noch immer der unverbesserliche, treusorgende Papa! Und der König?

– Der ist von morgens bis abends auf der Jagd, hetzt seine Pferde zu Tode und spricht nicht mehr mit mir". Nach einer kleinen Weile fügte sie ganz leise hinzu, in einem Ton, der fast wie ein Schluchzen klang: „Meine Schwester ist schwanger ... und ich bin's nicht mehr".

Ich öffnete den Mund, ohne einen Ton hervorzubringen.

„Vielleicht bin ich gar nie schwanger gewesen", fuhr sie fort. „Vielleicht war alles nur ein Wunschtraum oder ein falscher Alarm, so etwas gibt es".

Ich war erschüttert. Alles schien sich gegen sie zu verschwören, und ich wagte nicht mir auszumalen, wie Heinrich — nach dem Skandal mit Maria — diese Hiobsbotschaft aufnehmen und was er anstellen würde. Woher sollte sie den Mut nehmen, ihm die Wahrheit zu sagen? Als ob sie meine Gedanken erraten hätte, fügte die Königin seufzend hinzu: „Wir müssen es nehmen wie es kommt. Vorläufig steht Elisabeth der Thronfolge am nächsten. Heinrich hat Freude an ihr, denn sie ist ein fröhliches und kräftiges Kind und ... es fließt nicht ein Tropfen fremdländisches Blut in ihren Adern, wie bei ihrer Halbschwester Maria. Sie ist meine ganze Hoffnung, denn vorläufig wird die englische Flotte wohl kaum gebaut!" Ein Gedanke, der sie offenbar nie losließ und der sie auch im Augenblick größter persönlicher Gefahr beherrschte. Anna fuhr fort, laut zu denken: „Auf welche einflußreichen Freunde kann ich noch zählen? Ich sehe nicht viele. Franz I., der mich seit so vielen Jahren kennt und eigentlich immer geschätzt hat? Wohl kaum. Seine Umgebung ist gegen mich, wie der ganze Hochadel auf beiden Seiten des Ärmelkanals. Für sie alle bin ich nur der Eindringling. Ja, wenn ich Mutter des Prinzen von Wales wäre, oder hoffen dürfte, es zu werden. Aber jetzt? Und wem wird die Lage zugute kommen? Katharina und Maria. Alle werden Heinrich zu ihren Gunsten unter Druck setzen und gegen mich aufhetzen.

— Siehst Du nicht zu schwarz? Vielleicht hast Du mehr Freunde, als Du denkst? Wieviele der Häupter des Adels hast Du nach der Konspiration der Visionärin vom Schafott gerettet?

— Das haben sie längst vergessen. Und Franz selbst hat andere Sorgen. Für ihn bleibt die Umklammerung durch Habsburg — die reichen Niederlande im Norden, das mächtige Spanien im Süden, die kaiserlichen Städte Norditaliens — das Hauptproblem. Er hat sich gerade erst durch Geldzuschüsse das Wohlwollen der Lutheraner erkauft und vom Herzog von Württemberg den vorgerückten Stützpunkt von Mömpelgard im Jura erhandelt. Es wäre schon längst wieder zu einem Krieg zwischen Frankreich und Habsburg gekommen, wenn Karl nicht durch die Türkengefahr im Osten alle Reichsfürsten gegen den gemeinsamen Feind hinter sich vereinigt hätte, vorübergehend wenigstens. Derweilen verpulvert der König von England die Staatsgelder für einen Feldzug in Dänemark... Im Strudel der europäischen Machtkämpfe bin ich nur noch ein Sandkorn, das jede Bedeutung verloren hat".

Tatsächlich, und vielleicht zum Glück für Anna, war Heinrichs Interesse auf das lübeckisch-dänische Abenteuer gerichtet, das Marx Meyer ihm schmackhaft gemacht hatte. Sein persönlicher Sekretär kehrte aus Lübeck zurück und bestätigte, daß der Rat der Hansestadt nur auf die nötige Unterstützung wartete, um einen Feldzug nach Dänemark zu starten und Christian II. auf den Thron zu setzen. Auch für Schweden, das erst seit einigen Jahren ein eigenständiges Königreich unter Gustav Wasa bildete, wurde ein Gegenkönig aufgestellt. Vater dieser hochfliegenden Pläne war Bürgermeister Jürg Wullenwever, ein Kaufmannssohn, der den Rat der Patrizier verjagt, einen Bürgerlichen eingesetzt und außerdem für die Vertreibung der katholischen Geistlichkeit gesorgt hatte. Unter seiner Obhut wurde Lübeck offiziell „demokratisch" durch Bürger und Volk regiert, war aber in Wirklichkeit seinem persönlichen Ehrgeiz ausgeliefert. Jetzt kehrte Marx Meyer, der ehemalige Galgenvogel, vom englischen König – man höre und staune – zum Ritter der Weißen Rose geschlagen und mit einem Jahresgehalt ausgestattet mit der Botschaft zurück, daß von England eine Unterstützung in Aussicht stand, ein Versprechen, das Wullenwever als bare Münze nahm. In Wirklichkeit schwankte Heinrich noch zwischen dem Risiko eines militärischen Unternehmens, vor dessen Auswirkungen ihn Anna warnte, und der Furcht, bei der neuen Machtverteilung zu spät zu kommen. Die lübeckischen Truppen überschritten bereits die Grenze zum Herzogtum von Holstein, und er hatte sich noch immer nicht entschieden, hielt eine Gesandtschaft der Hansestadt mit leeren Versprechungen hin. Als jedoch die Nachricht eintraf, daß Graf Christoph von Oldenburg an der Spitze des lübeckischen Heeres in Kopenhaben eingedrungen und daß eine Festung des Herzogs von Holstein Marx Meyer in die Hände gefallen war, wollte er beim Sieg nicht der Letzte sein. Er zögerte nicht mehr, sondern öffnete den Staatssäckel zur Zahlung von Söldnern und Waffen. Das letzte Wort in dieser Angelegenheit war indessen noch längst nicht gesprochen. Wie Anna befürchtet hatte, waren die deutschen Fürsten nicht gewillt, im Norden eine politische Umschichtung im Sinne Wullenwevers zu dulden. Philipp von Hessen zog mit einer Armee nordwärts, um ihren Thronanwärter, den Herzog von Schleswig Holstein, zu entsetzen und Lübeck zu beklagen...

Während sich Heinrich in dieses bedenkliche Unternehmen verstrickte, braute sich im Norden Englands ein Komplott unter der Führung von Lord Darcy zusammen, der Chapuis informieren ließ, daß eine Truppe von achttausend Reisigen zum Aufstand gegen den König bereit sei, falls sich der Kaiser zu einer Landung entschlösse. Auch der König von Schottland habe seine Hilfe versprochen, wenn es darum ging, Maria Tudor auf den Thron von England zu setzen. Doch Karl V. war viel zu klug, um sich auf ein Abenteuer einzulassen, das seine Truppen auf der Insel festnagelte, während auf dem Kontinent Franzosen und Türken auf ihre Stunde warteten. Anna war nicht überrascht, als sie erfuhr, daß Chapuis den Auftrag erhalten hatte, den Kriegseifer der Verschwörer zu dämpfen.

Diese Gefahr war gebannt. Aber es drohte ihr eine andere: der König hatte eine Geliebte. Gewiß, er hatte es mit der Treue nie allzu genau genommen und auch manche Liebschaft gehabt, seit Anna in sein Leben getreten war. Im allgemeinen sah sie über solche Eskapaden großzügig hinweg. Aber jetzt lagen die Dinge anders. Was die Königin beunruhigte, ja mit schlimmen Vorahnungen erfüllte, war nicht die Tatsache, daß es eine neue Liebhaberin gab, sondern daß Heinrich sie vor ihr und vor dem Hof versteckte.

ELFTES KAPITEL
(1535)

Der Mord an Thomas Morus

So sehr sie sich auch bemühten, niemand brachte heraus, wo das weibliche Wesen steckte, das Anna aus dem Herzen des Königs verdrängte. Man sprach von einem Schloß irgendwo in den Wäldern von Sussex. Alles übrige blieb ein Rätsel, vor allem: wer war sie, die geheimnisvolle Schöne? Und warum das Versteckspiel, das so gar nicht in seine Gewohnheiten passen wollte? Jovial bis zur Derbheit, sinnlich und eitel war Heinrich immer von einem ganzen Schwarm junger Frauen umgeben und schenkte ohne falschen Scham einmal dieser und einmal jener seine königliche Huld, wenn ich das so nennen darf. Das Spiel um Gunst, Verführung und Liebe gehörte in Greenwich, Richmond oder Hampton Court zum täglichen Leben, wie es in Frankreich zu Amboise und Chambord gehörte. Der neue Zustand war ungewohnt für alle.

Die Königin hätte der Geschichte vielleicht nicht viel Bedeutung zugemessen, wenn nicht gewisse Anzeichen darauf hinwiesen, daß in dem Maße, in dem sie an Einfluß verlor, Katharina und Maria in der Achtung des Königs — und damit des ganzen Hofes — zu steigen begannen. Sieben Jahre hatte er um Anna gekämpft, geworben, um ihre Liebe gebettelt, ihr jeden Wunsch von den Augen abgelesen, und der Clan der Boleyn war übermächtig geworden. Die Hofkamarilla hatte Zeit gehabt, sich an diesen Zustand zu gewöhnen. Und jetzt? Von heute auf morgen veränderte sich sein Benehmen ihr gegenüber (vielleicht seit er wußte, daß sie nicht schwanger war), er wurde aggressiv, verletzend und wenn er besonders schlecht gelaunt war, warf er ihr sogar ihre bürgerliche Herkunft vor. Jederzeit könne er sie dorthin zurückschicken, wo sie hergekommen sei!... Eine düstere Warnung. Anna hatte von vornherein gewußt, daß ihre Macht über Heinrich nicht ewig dauern konnte, aber mit einer so plötzlichen Änderung seiner Stimmung hatte sie wohl kaum gerechnet. Ein Jahr seit Heirat und Krönung, das war nicht viel. Längst nicht genug, um ihre politischen Pläne in die Tat umzusetzen. Naturgemäß folgten die Herren und Damen des Hofes dem Beispiel ihres Herrschers, und das Schauspiel, das sich manchmal bot, entbehrte nicht der Komik. Waren sie nicht gezwungen, den Launen des Monarchen gemäß der Königin an einem Tag ihre Ehrerbietung zu erweisen und sie, im Kreise ihres Hofstaates, an einem andern kaum eines Blickes zu würdigen? Eine nervenaufreibende Akrobatik, die besonders anschaulich wurde, wenn die beiden Töchter des Königs anwesend waren. Seit der Anerkennung Elisabeths als offizielle Thronanwärterin, die Maria ihres Titels als Prinzessin von Wales entkleidete, mußte diese auf Befehl ihres Vaters ihrer kleinen Halbschwester als erste Hofdame Gesellschaft leisten. Das ging oft nicht ohne Drohung und Tränen ab, denn es wurde in der Reihenfolge der Ehrerbietungen deutlich, die ihnen erwiesen wurden. Immer stand das Kleinkind an erster Stelle. Seit einiger Zeit nun wiederholte sich bei jedem Besuch dasselbe Spiel, das auf einen Außenstehenden äußerst befremdlich wirkte. Abwartend hielten sich die Anwesenden zurück, bis eine Geste oder ein Wort des Königs durchblicken ließ, welche der beiden Prinzessinnen die Gunst der Stunde genoß und welcher von ihnen der erste oder der zweite Fußfall gebührte. Dann erst setzte sich die Meute in Bewegung und stürzte an die eine oder andere Seite des Throns.

Trotz aller Widrigkeiten schien sich Anna mit einer gewissen Gelassenheit mit diesem Zustand abzufinden, der übrigens keineswegs einem unabwendbaren Abgleiten in die Ungnade gleichkam, sondern in dem Tiefpunkte und Höhepunkte einander abwechselten. Vorläufig konnte ihre Position noch als gesichert gelten, und das hatte mehrere Gründe. Zunächst war da die Gewohnheit. Seit über sieben Jahren war Anna so etwas wie des Königs erste Ratgeberin, hatte ihn mit ihrer Intelligenz angeregt und mit ihrer Heiterkeit aufgemuntert. Auch wirkte sie noch immer überaus anmutig, lebhaft und geistreich, sodaß ihrer eigenen kleinen Hofhaltung eine Aura französischer Eleganz anhaftete. Die Königin hatte, einer Sitte folgend, die sie vom Hof Franz I. und seiner Schwester Margarethe her kannte, einen Kreis von Künstlern, Gelehrten und Dichtern um sich versammelt. Zu ihm gehörte der Maler Hans Holbein, der das Königspaar portraitiert hatte, und John Leland, der berühmte Altertumsforscher und Geograph seiner Zeit, der Heinrich VIII. einen ausführlichen Bericht über die Mannigfaltigkeit Englands zu Papier brachte. Unermüdlich bereiste er das ganze Land, jede Stadt, jedes Dorf, jedes Kloster, jeden See, jeden Fluß, und Anna wurde nicht müde, ihm zu lauschen. Zu dem Kreis gehörte aber auch der Dichterfreund Thomas Wyatt, der einmal von Heinrich gesagt haben soll, daß er ein Monarch vom Scheitel bis zur Sohle sei, aber nie einen Gentleman abgäbe... Der König, der von seinem Kunstsinn und von seiner Freude an Musik und Poesie nichts eingebüßt hatte, fand noch immer im Kreis seiner Gemahlin mehr Ablenkung und Anregung als unter seinen eigenen Höflingen.

Der zweite Grund war eher politischer Art. Eine Trennung oder Scheidung von Anna käme einer Rehabilitierung Katharinas gleich. Aus der Ehe mit Anna zurück in die Ehe mit Katharina? Unmöglich! Das hieße zugeben, daß er einen siebenjährigen Kampf, Kirchenbann und Schisma um einer Laune willen auf sich genommen hätte, und sein ganzes Ansehen im In- und Ausland verlieren. Außerdem hatte er ganz einfach keine Lust, seine Ehe mit Katharina wieder aufzunehmen. Und schließlich glaube ich auch, daß er noch immer hoffte, daß Anna ihm einen Thronerben schenken würde.

Seit der Verabschiedung des Suprematsaktes durch das Parlament waren bereits einige Monate vergangen, und doch schien es, als wollte sich der Protest im Lande gegen die ungeheuerlichen Neuerungen nicht legen. Die geistigen Führer des Widerstandes waren John Fisher und Thomas Morus. Beide gehörten zur Elite des Reiches, hatten dem Humanismus in England zum Durchbruch verholfen und waren durch ihre Schriften weit über die Landesgrenzen hinaus bekannt. Fisher, Bischof von Rochester, amtete seit Jahren als Kanzler der Universität von Cambridge, ein weltoffener und gleichzeitig unbeugsamer Katholik. Er galt als entschiedener Gegner Luthers und bekämpfte Heinrichs Bestrebungen zur kirchlichen Unabhängigkeit von Rom, vor allem aber seine Scheidungsgelüste, mit äußerster Vehemenz. Thomas Morus, eminenter Rechtsgelehrter, Philosoph, Humanist und Schriftsteller, Freund und Schüler des Erasmus, hatte vor zwanzig Jahren die Thronbesteigung Heinrichs VIII. als den Aufbruch in ein neues, goldenes Zeitalter begrüßt und war von ihm zum Mitglied des Geheimen Rats, zum Unterschatzmeister und nach dem Sturz Wolseys zum Großkanzler berufen worden. Jahrelang stand er seinem König als Ratgeber zur Seite. Aber seine Hoffnungen auf ein neues Zeitalter erfüllten sich nicht, und jeder wußte, daß er sein hohes Amt 1532 aus Mißbilligung über den Streit mit dem Papst und den zunehmenden Despotismus

Heinrichs niedergelegt hatte. Aber sie waren nicht die einzigen, die gegen die Akte protestierten, sie waren nur die Berühmtesten. Kardinal Reginald Pole, ein Verwandter des Königs, wollte unter den neuen Umständen nicht mehr in England leben, verließ London und veröffentlichte von Rom aus Streitschriften gegen die Usurpation der geistlichen Autorität durch die Krone.

Die Popularität der beiden Gelehrten drohte ihren Widerstand zu einer ernsten Gefahr anwachsen zu lassen. Neue Komplotte von Adel und Geistlichkeit waren zu befürchten. Da riet Thomas Cromwell dem König, die Wirksamkeit des Suprematsaktes durch einen Eid zu untermauern, den alle Untertanen, in erster Linie die Parlamentsmitglieder, abzulegen hatten, und ihnen dadurch die Möglichkeit zu nehmen, sich dem Akt zu widersetzen. Den König einen Ketzer, Schismatiker oder Ungläubigen zu nennen, sollte gleichbedeutend sein mit Hochverrat und unweigerlich zu Folter und Tod auf dem Rad führen. Mangelnde Ehrerbietung gegenüber der königlichen Familie desgleichen. Der Sinn war klar, die Methode hart. Aber Cromwell glaubte, daß nur eine eiserne Hand den königlichen Willen durchsetzen könne. Wohl erreichte das Parlament einen Aufschub von drei Monaten, um den Betroffenen zu erlauben, „sich mit den Texten genauestens vertraut zu machen" und zu vermeiden, sich durch Unwissenheit ins Unrecht zu setzen. Auch einige Formulierungen wurden gemildert. So mußte dem Verbrechen der Majestätsbeleidigung ein „böswilliger Vorsatz" zugrunde liegen. Aber mit der Beschwörung wurde jeder Protest automatisch gesetzwidrig. Weder Thomas Morus noch John Fisher fügten sich dem Diktat und wanderten in den Tower. Noch wurde ihnen kein Haar gekrümmt. Drei Monate Frist war ihnen sicher und man hoffte, sie zur Einsicht zu bringen. Sie erhielten die Erlaubnis zu lesen, zu schreiben, Besuche zu empfangen, und genossen eine ehrenvolle Behandlung. Für den Frieden im Lande genügte zunächst, daß sie sich hinter Schloß und Riegel befanden ... bis sie sich vielleicht doch noch eines Besseren besannen.

* * * *

Zur gleichen Zeit etwa erhielt Heinrich durch seinen kaiserlichen Agenten in Madrid die beunruhigende Nachricht, daß in den Werften der spanischen und portugiesischen Küstenstädte rege Bautätigkeit herrschte. Zimmerleute waren dabei eine Flotte auszurüsten, eine beachtliche Anzahl von Galeonen, vorn und achtern mit hohen

Kastellen versehen und mit zahlreichen Geschützen bestückt. Offensichtlich waren sie für den Transport größerer Truppenmengen bestimmt. Was sollte das heißen? Plante Karl V. eine Landung an den englischen Küsten, in der Annahme, daß die rebellischen Barone zu den Waffen greifen und einen Umsturz zugunsten Marias ermöglichen würden? Aber die Furcht schien unbegründet, der Norden blieb ruhig. Immerhin genügte die Warnung, um den König endlich, endlich von der Notwendigkeit des Baus einer englischen Flotte zur Landesverteidigung zu überzeugen. Zum ersten Mal erklärte er sich ernsthaft bereit, Gelder für die Verwirklichung des Plans bereitzustellen, der Anna am meisten am Herzen lag. Aber vom Willen zur Ausführung war noch ein weiter Weg, und es sollten noch Jahre ins Land gehen, bis eine englische Flotte sich auf den Meeren behauptete.

Auch ein Heiratsprojekt beunruhigte das englische Königspaar, mit dem Franz I. plötzlich seinen Sonderbotschafter Du Bellay beauftragt hatte. Ihm schwirrte die Idee im Kopf herum, den Dauphin mit Maria Tudor, der ältesten Tochter Heinrichs VIII. zu verheiraten und diese Idee war gar nichts Neues. Die Verlobung war sogar einmal zwischen den beiden Herrschern vertraglich festgelegt worden und zwar während des Lagers vom Goldenen Tuch. Seither waren jedoch fünfzehn Jahre vergangen und im Licht der neuen innenpolitischen Konstellationen paßte sie weder dem König noch der Königin ins Konzept.

„Stell Dir die Konsequenzen dieser Heirat vor", versuchte mich Anna zu belehren. „Beim Tod der Könige wären beide Länder unter einem Zepter vereint, und da Frankreich uns kräftemäßig und zahlenmäßig überlegen und viel reicher ist als wir, würde England zu einer französischen Provinz degradiert. Ganz abgesehen davon sehe ich nicht, wie sich Karl V. mit der Möglichkeit abfinden würde, daß seine beiden alten Gegner den Ärmelkanal beherrschen und die Verbindung zwischen Spanien und den Niederlanden unterbrechen können. So komisch es klingen mag, aber in diesem Fall wird sich der Kaiser bequemen müssen, meine Partei zu ergreifen und Marias Interessen entgegenzuwirken, die er doch unbedingt auf den englischen Thron bringen möchte! Ich bin gespannt, wie Heinrich sich verhalten wird, denn wenn er sich gegen die Heirat stemmt, treibt er den Dauphin in eine Ehe mit der Infantin von Spanien, und wenn er sich damit einverstanden erklärt, so entspricht seine Zusage einer stillschweigenden Anerkennung von Marias Thronrechten! Beides ist unmöglich. Der erste Fall bedeutet eine unannehmbare Annäherung zwischen Frankreich und Habsburg, der zweite einen Bruch der von ihm selbst initiierten Suprematsakte!"

Auch Heinrich witterte die Falle, und bestellte entschlossen den französischen Gesandten zu sich. Er erinnerte ihn daran, daß Maria seine uneheliche Tochter sei und daher keine gebührende Partie für den Dauphin darstelle. Eine Verbindung zwischen ihm und der Infantin sei ihm aber auch nicht genehm. Sie würde ihn zwingen, Maria mit dem Infanten Philipp zu verheiraten. Er schlage vielmehr eine Verlobung der Thronfolgerin Elisabeth mit Karl, Herzog von Angoulème vor, dem jüngsten Sohn von Franz I. Diese Lösung scheine ihm für beide Länder wünschenswert.

Zu meiner Überraschung war die Königin aber auch mit dieser Lösung nicht einverstanden, obwohl sie ihre Tochter vor aller Welt zu Ungunsten Marias legitimierte. „Der Herzog von Angoulème ist zwar der jüngste Sohn von Franz I., aber wenn die beiden Älteren früh sterben, wird er König, und Elisabeth durch ihren Gatten gleichzeitig Königin von England und von Frankreich, wodurch England wieder in seiner Eigenständigkeit bedroht wäre. Außerdem hat uns die Geschichte gelehrt, daß eine Verbindung der beiden Länder unter einer Krone immer nur Streit und Unheil brachte. Darunter leiden wir noch heute".

„Denke nur allein an die Sprache", fügte sie nach einer Weile hinzu. „Französisch ist überall vorherrschend, am Hof der Habsburger wie am englischen. Wir beide sprechen französisch, mit dem König spreche und korrespondiere ich in französisch. Wenn Elisabeth mit Angoulème verheiratet ist, wird sie und ihre Kinder das Englische vergessen, und das will ich nicht. Wenn es nach mir ginge, würde am englischen Hof englisch gesprochen".

„Übertreibst Du nicht etwas? Erst vor ein paar Tagen hat Lord Shrewsbury Du Bellay auf eine Bemerkung geantwortet, daß er doch versuchen solle, das erste französische Wort mit dem Schwert aus ihm herauszuhauen. Der ganze Hof hat sich aufgeregt.

— Umso besser, aber Deine Geschichte beweist, daß er eine Ausnahme ist. Wie sollen sie ihre Untertanen verstehen, wenn sie deren Sprache nicht sprechen? Übrigens hat Thomas Morus schon im Jahr 1530 die Behauptung zurückgewiesen, daß die englische Sprache grob und für eine literarische Verwendung zu ungeschliffen sei, wie John Skelton meinte. Auch in dieser Beziehung muß sich noch viel ändern bei uns".

Die Fäden der Heiratspläne im Dreieck der europäischen Groß-

mächte wurden natürlich hinter den Kulissen eines politischen Rän-
kespiels gesponnen, in dem jeder für sich die größten Vorteile her-
auszuschlagen hoffte, wenn möglich ohne daß die anderen es merk-
ten. Franz I. hatte Ende 1534 einen Bundesgenossen verloren, der
ihm wiederholt seinen Beistand zur Rückgewinnung Mailands versprochen hatte: Der Medici-Papst Clemens VII. war gestorben. Seinem Nachfolger Paul III. aus dem Fürstengeschlecht der Farnese
sagte man viel Sinn für Kunst und Wissenschaft aber wenig Interesse für die Mailänder Frage nach. Seine Haltung Heinrich VIII. gegenüber war noch unklar, aber Franz wußte, daß er sich nach neuen
Verbündeten gegen den Kaiser umschauen mußte. Einen entscheidenden Schritt hatte er bereits unternommen, indem er diplomatische Beziehungen mit Konstantinopel knüpfte und ein offensives
Bündnis mit dem Piraten Chaireddin Barbarossa in Tunis abschloß.
Der zweite Schritt zielte auf die eheliche Verbindung mit dem englischen Königshaus.

Gerade wurde Palamedes Gautier, Schatzmeister des französischen Königs, als Sonderbotschafter am englischen Hof empfangen,
um über Elisabeths Heirat mit Karl von Angoulème zu verhandeln.
Die Verhandlungen zogen sich hin, denn die Bedingungen, die er
stellte, waren recht hart. Als erstes äußerte er den etwas perfiden
Wunsch auf eine eindeutige Abklärung der Titel der jungen Braut,
worauf Heinrich ziemlich verärgert erwiderte, daß ihre Thronfolge,
wie jeder wußte, im Suprematsakt verankert sei, daß sein lieber
Bruder Franz I. aber das Seinige zu der Sache beitragen könne, in-
dem er von Paul III. den Widerruf des von Clemens VII. verhängten
Anathemas und die Annullierung der Ehe mit Katharina erwirke.
Die zweite Bedingung betraf den Verzicht der englischen Könige
auf den Doppeltitel König von Frankreich, den sie seit Wilhelm dem
Eroberer trugen und der eigentlich längst Sinn und Bedeutung verloren hatte. Die Frage mußte dem Kronrat vorgelegt werden, aber
Heinrich versprach, den Wunsch zu erfüllen. Die dritte und letzte
Bedingung war die härteste. Sie rührte an die königlichen Einnahmen, und gerade in diesem Punkt war Heinrich empfindlich. Hier
zeigte es sich, warum Franz seinen Schatzmeister geschickt hatte,
denn es ging um nichts anderes, als um die Streichung der Schuld-
verschreibungen und Jahresgelder, welche die englische Krone
rechtens seit dem Lager vom Goldenen Tuch aus der französischen
Staatskasse bezog. Nicht einen Franken sollte sie mehr erhalten!
Heinrich schnappte nach Luft. Sollte er das Gespräch abbrechen,
den Heiratsplan aufgeben? Das hieße sich eine zu große Blöße ge-

ben. Besser Zeit gewinnen und das heikle Thema auf eine Unterredung Auge in Auge mit Franz I. verschieben. Auch der Kronrat zeigte sich in diesem Punkte unnachgiebig, was verständlich wird wenn man weiß, daß mehrere seiner Mitglieder Pensionen aus Frankreich bezogen. Heinrich sagte weder ja noch nein und Gautier wurde entlassen, ohne eine klare Antwort erhalten zu haben. Bis zum Abschluß des Ehevertrages würde noch einiges Wasser die Themse hinabfließen.

Bei den Verhandlungen war Anna in einer ihr ganz uneigenen Art passiv geblieben, obwohl oder vielleicht weil diese Ehe nicht ihren Wünschen entsprach. „Was sollte ich in meiner Lage auch tun? Sie ist schlechter als vor meiner Krönung. Wenn ich mich dem Willen des Königs widersetze – und er duldet momentan keinen Widerspruch – bringt er es fertig, mich zu verstoßen.

– Verstoßen? Aber er will doch nicht zu Katharina zurück! Seine Hände sind gebunden.

– Heute ja. Aber wenn Katharina sterben sollte...

– Ist sie krank?

– Man sagt es..."

Einer schien noch immer unerschütterlich hinter der Königin zu stehen, und das war Thomas Cromwell. Aber es war schwer zu entscheiden, ob sein Verhalten von ehrlicher Treue oder von Berechnung diktiert war. Er wie der Clan Boleyn hatten alles zu befürchten und nichts zu hoffen, falls Katharina und Maria wieder in der Gunst Heinrichs VIII. steigen sollten. Sie personifizierten Scheidung und Schisma und kristallisierten den Haß der Reformgegner auf sich. Sogar Percy, Herzog von Nothumberland, Annas Jugendliebe mit dem sie die Erinnerung an gemeinsam verlebten Schmerz verband, trat zu ihnen über. Es sah so aus, als wollten sie den dreimonatigen Aufschub bis zum Suprematseid weniger zum Nachdenken als zur Tat nützen. Ein nächtlicher Fluchtplan, der Prinzessin Maria auf dem Weg von Hatfield House nach Eltham entführen und per Boot die Themse abwärts über die Nordsee in die Niederlande bringen sollte, konnte erst im letzten Moment durch die Wachsamkeit des Hofmarschalls Sir John Shelton vereitelt werden. Sein Gelingen hätte dem Kaiser ein gefährliches Druckmittel gegen Heinrich in die Hand gegeben. Die Spannung erreichte einen fast unerträglichen Grad. Da griff das Schicksal noch einmal zu Annas Gunsten ein, allerdings nicht ohne ein wenig Nachhilfe von Seiten des Lordkanzlers.

Sir John Sheltons Ernennung zum Marschall von Marias Residenz war nicht zufällig. Thomas Cromwell wußte, als er ihn zu diesem Posten ernannte, daß er auf seine absolute Loyalität rechnen konnte. Das hatte seine guten Gründe, und die hießen Margarethe Shelton.

* * * *

Ich weiß nicht recht, wie ich Maggie beschreiben soll, obwohl ich sie sehr gut gekannt habe. Sage ich zuviel Gutes von ihr, so wird man mir Schmeichelei und Befangenheit vorwerfen. Tue ich es nicht, so besteht die Gefahr, daß ich ihren Vorzügen nicht gerecht werde.

Margarethe Shelton war die Tochter des Hofmarschalls, einige Jahre jünger als die Königin und ihr in unerschütterlicher Treue und Anhänglichkeit ergeben. Konnte man sie hübsch oder anziehend nennen? Ja und nein. Ihr Charme lag in ihrer jugendlichen Frische, in ihrer zarten Pfirsichhaut voller Sommersprossen, zwei lachenden, blauen Augen und einer kleinen Stupsnase, die man am englischen Hof als „pariserisch" bezeichnete. Sie war eigentlich nicht intelligent, aber gebildet und kultiviert, humorvoll und unkompliziert, eine Perle unter den Hofschranzen.

Seit einiger Zeit nun schien es, als sei der König ihren Vorzügen gegenüber nicht unempfindlich. Jedenfalls konnten die Anzeichen keinen Beobachter trügen: Immer wieder schweiften seine verstohlenen Blicke zu ihr, immer wieder wählte er sie als Partnerin zum Tanz. Was mochte das bedeuten? War die geheimnisvolle Favoritin im fernen Sussex bereits entthront? Was immer die Inkonsequenz des Königs verbergen mochte — eine Laune oder eine Liebe — wir begriffen sofort, daß sich hier eine einmalige Chance bot, den Einfluß der Unbekannten zu schwächen und sie durch Annas Freundin zu verdrängen. Ich zog ihren Bruder, Georges Rochford zu Rate und es fiel uns nicht schwer, Maggie diskret davon zu überzeugen, was sie selbst schon erraten hatte, nämlich daß sie der Königin eher nütze als schade, wenn sie auf Heinrichs Werben einging. Es ist ziemlich sicher, daß sie keine Liebe für ihn empfunden und seinem Drängen nur nachgegeben hat, weil es das Gebot der Stunde forderte. Ein Opfer für die von ihr verehrte Herrin. Wohl möglich auch, daß sie und ihr Vater daraus gewisse finanzielle Vorteile zogen. Aber was bedeutet das schon? Derlei Liebeleien waren an den Höfen Gang und Gebe. Natürlich erhoben sich Stimmen, die das Verhalten des jungen Mädchens als frivol und berechnend anprangerten, ein Echo der ewigen Neider. Sie änderten nichts daran, daß der König zusehends Gefallen an dem pikanten Dreiecksverhältnis fand, das zu seinem Erstaunen von den Beteiligten in guter Laune und nicht in Zank und Streit gelebt wurde, und daß sich dank Maggie Shelton Annas Stellung am Hof noch einmal festigte.

Der Lordkanzler hielt den Zeitpunkt für gekommen, den Suprematsakt, wie zu Jahresbeginn parlamentarisch festgelegt, jetzt beschwören und landesweit rechtsgültig zu machen. Unbeirrt hielt er an der einmal eingeschlagenen Linie fest und war wenigstens in diesem Punkt im Einklang mit der Königin. Im Suprematseid wird der Krone die oberste Kirchengewalt zugesprochen, der katholische Glaube und die Vorherrschaft des Papstes negiert und die alleinige Berechtigung der protestantischen Thronfolge ausgesprochen. Sein Wortlaut ging sichtlich darüber hinaus, was Heinrich ursprünglich geplant hatte, nämlich die Beibehaltung des katholischen Glaubens und lediglich die Aberkennung der päpstlichen Vormachtstellung. Aber Cromwells Auffassung setzte sich durch, denn sie bot, wie wir sehen werden, die Möglichkeit zu einer erheblichen Bereicherung der Staatskasse. Gleichzeitig aber legte sie den Grundstein zu einer landeseigenen anglikanischen Kirche, an deren Spitze der König stand. Papsttreue und allein die Nennung seines Titels in der Kirche war gleichbedeutend mit Eidbruch, Ketzerei und Verrat.

Der niedrige Klerus unterwarf sich ohne große Schwierigkeiten. Aber eine Gruppe Äbte und Priore von Kartäuserklöstern protestierten. Sie wurden erbarmungslos gerichtet, gefoltert und zu einem qualvollen Tod auf dem Rad und durch den Strang verurteilt, ein Schauspiel, dem zahlreiche geistliche Würdenträger und Mitglieder des Adels beizuwohnen hatten. Anna war entsetzt. In ihren Augen bewirkten diese Grausamkeiten nichts anderes als Haß und Empörung gegen England, womit sie recht hatte, obwohl die Methoden überall auf der Welt noch heute die gleichen sind.

Plötzlich erhöhte Franz I., der in Frankreich wahrlich nicht zimperlich mit den Ketzern umging, seine finanziellen Forderungen für die Ehe zwischen d'Angoulème und Elisabeth. Worauf Heinrich verlangte, daß der junge Herzog bis zum Vollzug der Ehe als Pfand an den englischen Hof komme und sein Herzogtum der englischen Krone anheimfallen solle, sofern Elisabeth Königin würde. Damit kam es zum endgültigen Abbruch der Verhandlungen. Solange ich mich erinnern kann, wurde von dieser Heirat nie mehr gesprochen.

Aber auch Papst Paul III. ließ die Dinge nicht auf sich beruhen.

Seine Reaktion war eine subtile Mischung von Provokation und ostentativer Darlegung apostolischer Machtbefugnisse in einem Land, das ihm diese Machtbefugnisse gerade eben abgesprochen hatte: Er verlieh John Fisher, Bischof von Rochester, derzeitig Gefangener des englischen Königs im Tower von London, den Kardinalshut. Nicht gerade ein Meisterstück der Diplomatie, von dem man außerdem sagte, es sei ihm von Franz I. eingeflüstert worden. Wie dem auch sei, Heinrich betrachtete die Ernennung als eine unannehmbare Herausforderung, und damit war das Schicksal der Häftlinge besiegelt. Der neue Kardinal und der ehemalige Lordkanzler sahen sich vor den Kronrat geschafft und aufgefordert, binnen zwei Monaten den Suprematseid zu leisten. Eine Weigerung habe den Tod zur Folge. Niemand machte sich Illusionen über den Ausgang der Machtprobe, denn keiner der beiden dachte daran, sich zu fügen. Zwar wurden überall Stimmen laut, die den König aufriefen, Gnade walten zu lassen und Toleranz zu üben. Papst Paul, der einsehen mußte, daß er mit seiner Ernennung den Stein ins Rollen gebracht hatte, versuchte Franz I. für eine Vermittlung zu gewinnen. Doch der hatte andere Sorgen und wollte sich die Finger nicht verbrennen. Anna warnte vor den politischen Folgen eines Blutgerichts an so erlauchten Männern. Jean Du Bellay begab sich in den Tower, um Fisher zum Nachgeben zu überreden. Vergebens. Weder er noch Morus waren gewillt, ihre innerste Überzeugung feilzuhalten und sei es um den Preis ihres Lebens. Nach Ablauf der zwei Monate wurden sie vor Gericht gestellt und wegen Hochverrats zum Tode verurteilt. Tod ... durch die Folter? Gerädert, geviertteilt, gehängt? Ein Schauspiel wie es bei der Hinrichtung der Kartäuser geboten worden war? Noch einmal erhoben sich die Stimmen im Lande. Die einen forderten Nachsicht, die anderen ein Exempel. Heinrich zögerte bis zuletzt, bevor er anordnete, die Strafe durch das Schwert zu vollziehen. Gelassen stieg Fisher aufs Schafott. Ihm folgte Thomas Morus vierzehn Tage später, am 6. Juli 1535, in den Tod, lächelnd, noch bis zum letzten Augenblick mit dem Scharfrichter scherzend. Er hatte längst seinen Frieden mit der Welt gemacht.

Mir wurde erzählt, der König habe noch am selben Abend verkleidet einer Parodie beigewohnt, von fahrenden Schaustellern gespielt, die den Titel „Die Apocalypse" trug und in der unter anderem dargestellt wurde, wie er, der Monarch, unter den Priestern ein groteskes Blutbad anrichtete. Er soll sehr gelacht haben, und die mit ihm waren, schlugen sich auf die Schenkel und johlten vor Vergnügen... Aber ich kann nicht glauben, daß diese Geschichte wahr ist.

ZWÖLFTES KAPITEL
(1535)
Lübeck und Tunis

Das Echo, das diese Hinrichtung in ganz Europa hervorrief, war ungeheuer. In Paris, in Madrid und Rom, an den Universitäten und Fürstenhöfen sprach man von nichts anderem als von dem was „Der Mord an Fisher und Morus" genannt wurde. In gewisser Weise hatte Morus den Humanismus in seiner vollkommensten Art verkörpert. Seine Gelehrsamkeit und der Adel seines Geistes stand außer Zweifel für alle, die mit ihm und seinen Gedanken in Berührung gekommen waren, und das waren viele, denn seine Schriften wurden in ganz Europa gelesen. Sein philosophisches Hauptwerk „Von der Insel Utopia", 1516 in lateinischer Sprache veröffentlicht, war bereits 1524 in deutscher Sprache erschienen, während eine englische Ausgabe erst 1551 gestattet wurde, da es allerlei politischen Sprengstoff enthielt. Morus erwies sich damit als ein ungewohnt kritischer Betrachter seiner Zeit und der damaligen Gesellschaft, und es zeugt für den Idealismus des jungen Heinrich VIII., wenn er ihn trotzdem, oder vielleicht gerade deswegen jahrelang zu seinen engsten Beratern zählte. In seinem Roman schildert Morus das Leben einer Nation, die mit sich selbst und ihren Nachbarn in Frieden lebt, einen Staat, in dem die Menschen freiwillig für das Allgemeinwohl arbeiten und in dem alle Reichtümer gerecht geteilt werden. Es gibt in diesem Staat weder Sklaverei noch Unterdrückung der Schwachen durch die Starken, noch die Konzentration des Geldes in der Hand weniger Menschen. Er zeichnete ein ideal-christliches Leben, das es nicht mehr gab, vielleicht nie gegeben hatte und nie geben konnte. Er nahm den Traum seiner Utopia mit ins Grab.

Es ist verständlich, daß derartige Ideen in einer Zeit und besonders unter einem Despoten wie Heinrich VIII. ... Utopien bleiben mußten. Aber nicht nur England, auch Frankreich, Spanien, Habsburg oder gar der Vatikan waren von seinem Idealstaat weit entfernt. Das „Verbrechen" im Tower in London spielte sich vor einem politischen Hintergrund ab, der sich durch Intrigen, persönlichen Ehrgeiz und Machtbestrebungen auf Kosten des Nachbarn kennzeichnete.

Ich weiß nicht, wie weit Heinrich die Empörung der Welt über seine Tat vorausgesehen hatte. Anna meinte, daß sie völlig überraschend für ihn kam. Gewiß, der König rechnete mit einer heftigen Reaktion der Katholiken und vor allem des Papstes, der dann auch alles daransetzte, ihn durch ein Urteil des Kardinalskollegiums und kraft seiner apostolischen Autorität seiner Königswürde verlustig zu erklären. Dieser Plan zeigte sich jedoch sehr rasch als undurchführbar, schon deshalb, als die Exkommunikation des Abtrünnigen und seiner Familie zwar beschlossen, aber noch nicht von der Rota bestätigt und veröffentlicht worden war.

Auch daß Franz I. ihm seine Entrüstung zum Ausdruck brachte, wunderte und berührte ihn nicht. Der französische König war viel zu sehr in seine eigenen Widersprüche verwickelt — Verträge mit den Reformierten, ja mit den Türken und Mauren neben Ketzerverbrennungen im eigenen Land — als daß ein Protest viel mehr bedeuten konnte als ein Lippenbekenntnis, das für die Katholiken in Frankreich bestimmt war.

Womit Heinrich sicher nicht gerechnet hatte, war der Sturm, den die Hinrichtung unter den Lutheranern in Deutschland auslöste. Trotzdem Thomas Morus sich immer gegen eine Kirchenspaltung ausgesprochen hatte, genoß er bei ihnen ein großes Ansehen. Sogar die Opposition von Kardinal Fisher gegen die Scheidung und Wiederverheiratung des Königs stieß auf Verständnis. Nicht wegen der Sache selbst, sondern weil ihre Begründungen fadenscheiniger Vorwand war. Ihre Moral verbot es ihnen nicht, die Witwe eines Bruders zu ehelichen, und ihre Empörung war ehrlich. Daran änderte sich auch nichts, als der König versuchte, sie durch die ostentative Verbrennung einiger Anabaptisten auf dem Tower Hill als Ketzer auszusöhnen. Im Gegenteil, er erntete mit dieser Bluttat neuen Protest.

Nun griff Heinrich zu einem friedlicheren Mittel, um seinen Ruf in Europa aufzupolieren. Er ließ zwei Manifeste verfassen. Das eine zu seiner eigenen Lobpreisung. Es besagte, daß der König „wahrhaft und mit Recht mit Salomo zu vergleichen sei wegen seiner Weisheit und Gerechtigkeit, mit Samson wegen seiner Stärke und seines

Mutes und mit Absalom wegen seiner Gestalt und Schönheit". Es wurde darin erinnert, daß er dem jungen Jakob von Schottland großherzig die Verbrechen des Vaters verziehen und Franz I. großzügig einen Teil des Lösegelds nach der verlorenen Schlacht von Pavia bezahlt habe. Daß er auch in Milde gegen Morus und Fisher vorgegangen sei, indem er sie durch das Schwert hinrichten ließ ... kurz ein Bild mit Glorienschein.

Das zweite rief den Protestanten in Erinnerung, daß die beiden Hingerichteten Zeit ihres Lebens unerbittliche Gegner der Reform gewesen seien und ihre Urheber stets als Ketzer und Heretiker des Flammentodes würdig bezeichnet hätten. Übrigens habe sich keine erlauchte Stimme hören lassen − eine Spitze gegen Franz I. − um ihnen das Leben zu retten, als es noch Zeit war.

Dummerweise blieb der erhoffte Erfolg auf diese Manifeste aus. König Franz fühlte sich aufs Korn genommen und den Vorwürfen von Papst Paul ausgesetzt. Weder die deutschen Protestanten noch das englische Volk ließen sich auf eine derart plumpe Art einwickeln, und es war für die Stimmung im Lande bezeichnend, daß die Verantwortung an den Schriften ausgerechnet der Königin in die Schuhe geschoben wurde. Dabei war sie längst aus dem engsten Einflußbereich des Königs verdrängt und außerstande, die Veröffentlichungen zu verhindern. Noch bewirkte Maggie Sheltons Anwesenheit am Hof eine Entspannung, und Annas Stellung als Gemahlin des Königs und Mutter der Thronanwärterin blieb unangefochten. Aber die Situation hatte den Beigeschmack eines Provisoriums, das sich unweigerlich seinem Ende zuneigte, ohne daß sie etwas daran ändern konnte. Ihre Berührungspunkte mit dem König wurden rar und er zog sie immer seltener zu Rate.

Heinrichs politische Fehlschläge beschränkten sich nicht nur auf die Veröffentlichung der beiden Manifeste. Schlechte Nachrichten erwarteten ihn auch aus dem Norden, wo Marx Meyer zum Rückzug aus seiner holsteinischen Festung gezwungen worden war. Herzog Christian von Holstein belagerte mit seinen Verbündeten aus dem dänischen und jütländischen Adel die Hansestadt Lübeck. Die Lebensmittel wurden knapp und der Handel kam völlig zum Erliegen. Die Bürger mußten erkennen, daß sie in ihrem Kampf um die Wiedererlangung ihrer Vormachtstellung in der Ostsee unter der Führung ihres ehrgeizigen Bürgermeisters ihrem Ziel nicht einen Schritt nähergekommen waren. Wullenwevers Lage wurde bedenklich. Dank seiner Redegewalt und seiner geistigen Wendigkeit aber konnte er das Volk und den Stadtrat noch einmal hinter sich vereinen und sie glaubten, daß der dänische Krieg ihnen bei vollem Einsatz doch noch Macht und Reichtum einbringen würde. Heinrich VIII. spiegelte er mit denselben Argumenten die Möglichkeit zur Gründung einer nordischen Liga unter Führung der Hanse und des englischen Königs vor, und erhielt von ihm noch einmal Unterstützung. Gleichzeitig aber erhandelte er – und davon erfuhr Heinrich nichts – von Herzog Christian von Holstein, der während der Belagerung, unter den Mauern der Stadt von den Seinen zum Gegenkönig Christian III. von Dänemark ausgerufen worden war, einen Waffenstillstand und Aufhebung der Belagerung. Trotz aller Schwierigkeiten glaubte sich Wullenwever noch immer in günstiger Position. Graf Christoph von Oldenburg hatte sich in Kopenhagen festgesetzt und von dort aus Seeland und die Inseln erobert, allerdings mit so brutalen Methoden, daß er sich die Einwohner zu Feinden machte. Ein Bauernaufstand bedrohte den Holsteiner und seine adligen Verbündeten in Jütland und Fünen. Trotzdem ging Wullenwevers Rechnung nicht auf. Der Bauernaufstand wurde von Holstein rasch niedergeschlagen, die Bevölkerung unterwarf sich ihm als neuen König von Dänemark. Die Hansestädte, außer Rostock und Wismar, machten nicht mehr mit. Marx Meyer, der sich in den Öresund eingeschifft hatte und mit seiner Truppe in Schonen an Land gegangen war, mußte der Übermacht der dänischen und schwedischen Heere weichen, zu denen auch Streitkräfte des Kurfürsten von Brandenburg und der protestantischen Herzöge von Pommern, Braunschweig und Preußen gestoßen waren. Meyer geriet in Gefangenschaft, flüchtete, ward wieder gefangen und endete schließlich als Aufrührer unter dem Beil des Henkers. Die stolze Hanseflotte, darunter vier englische Einheiten, ergab sich mitsamt dem Admiralschiff fast kampflos den Dänen.

Inzwischen hatten die Lübecker, von der Reichsacht bedroht, Wullenwever seines Amtes enthoben und den früheren Bürgermeister sowie den patrizischen Stadtrat wieder eingesetzt. Jürg Wullenwever fügte sich der Entscheidung der Stadtältesten, gedachte jedoch, seine „nordischen Pläne" auf eigene Faust mit Hilfe Heinrichs VIII. weiterzuführen, der sich noch immer von der Aussicht auf eine Liga als Gegengewicht gegen Habsburg blenden und zu neuen Zahlungen hinreißen ließ. Immerhin hielt Christoph von Oldenburg noch Kopenhagen und einen Teil Seelands besetzt... Wullenwever war mit ein paar tausend Reisigen nach Norden unterwegs, als er im August 1535 in die Hände des Erzbischofs von Bremen geriet. Das ganze Unternehmen war jämmerlich gescheitert und England isolierter denn je. Genau das, was Anna vorausgesehen hatte, als sie ihrem Gemahl abriet, sich auf das Piratenstück eines Marx Meyer einzulassen. Ihr stummer Vorwurf brachte ihn zur Weißglut, auch wenn er sich damit trösten konnte, daß es Franz I. nicht viel besser ging. Der hatte es mit den protestantischen Fürsten gründlich verdorben, seit er vor dem Parlament, dem Episkopat und den Rektoren der Universität von Paris die lutherische Lehre als „Fäulnis im Staat" erklärte, die man vernichten müsse, und damit eine Reihe von blutigen Prozessen gegen die „Ketzer" einleitete. Auch wenn er später versuchte, den Fanatismus der Katholiken zu zügeln, so täuschte sich doch niemand mehr über seine wahre Einstellung. Seine Bestrebungen, Melanchthon zu einer ernsthaften Diskussion über Glaubensgrundsätze, über Gemeinsamkeiten und Gegensätze von Katholiken und Protestanten nach Paris zu locken, schlugen fehl. Aber auch Anna hatte mit ihrer Einladung an den berühmten Theologen keinen Erfolg. In Wittemberg herrschte die Pest und ihr Beauftragter, Robert Barnes saß in Hamburg fest. Als die Gefahr vorüber war, verhinderte Kurfürst Friedrich von Sachsen Melanchthons Abreise.

Eine andere, brennende Frage beschäftigte während all dieser Ereignisse das englische Herrscherpaar: Mit welchen Plänen trug sich Karl V.? Hatte er tatsächlich im Sinn, an den englischen Küsten zu landen und den Schismatiker zu strafen? Wozu der Flottenbau in allen Hafenstädten Spaniens?

Die Antwort auf diese Fragen fiel völlig anders aus und versetzte ganz Europa in sprachloses Erstaunen. Am 29. Mai 1535 stach er mit hundert Kriegsschiffen und dreihundert Transportschiffen in Barcelona in See, Richtung ... Tunis. Seit Jahren hatte er insgeheim diesen Plan gehegt, seit Monaten beharrlich an ihm gearbeitet. Sein Ziel: das Piratennest des Barbarossa Chaireddin auszuheben und zwanzigtausend christliche Sklaven zu befreien, wobei nicht sicher ist, ob er von dem Bündnis zwischen Chaireddin und Franz I. Kenntnis hatte. Am 15. Juni landete das kaiserliche Heer bei La Goulette, dem Bollwerk, das die Stadt von der Küste abriegelte. Zunächst kam der Vormarsch des Heeres ins Stocken, denn der Rotbart hatte an dieser wichtigen Stelle seine besten Truppen, an die zehntausend Mann, Türken und Mauren, versammelt. Drei Wochen lang nahm die Artillerie – Karl V. glaubte an die Bedeutung dieser neuen Waffe, im Gegensatz zu Franz I. – die Befestigungsanlagen unter Beschuß. Die Hitze wurde unerträglich, die Stellungen, in einer modrigen Senke, fieberverseucht. Ein unerwarteter Überfall Bar-

barossas führte zu einem mörderischen Kampf und hätte fast das Schicksal der Armee besiegelt. Der Rotbart wiegte sich schon in Sicherheit, als Karl V. zum entscheidenden Angriff ansetzte. La Goulette wurde erobert und mit der Festung Rotbarts Flotte von zweiundachtzig Schiffen. Barbarossa entkam nach Algier. Der Weg war frei nach Tunis. Die Stadt, in der die christlichen Sklaven die Oberhand gewonnen hatten, ergab sich.

Ein überwältigender Sieg, der weder Franz I. noch dem englischen König ins Konzept paßte. Franz mußte einsehen, daß dieser Erfolg, der seinem Erzfeind soviel Ruhm einbrachte, seine Hoffnung auf eine Wiedereroberung Mailands mit Schützenhilfe der Türken in eine ungewisse Zukunft wies. Anna und Heinrich fürchteten, daß der Hl. Vater, durch die Siegesmeldung beflügelt, sich zu neuen Verfügungen gegen die englische Krone hinreißen lasse und vielleicht die Exkommunikation bestätigen könnte. Paul III. handelte tatsächlich, aber er machte nur einen halben Schritt, indem er ein Breve veröffentlichte, das den rechtgläubigen Fürstenhäusern jede Verbindung mit dem Abtrünnigen auf dem englischen Thron untersagte. Man konnte das Schriftstück einen Fetzen Papier nennen, an den sich im Ernstfalle kein Mensch halten würde. Und doch trug es zur weiteren Isolierung Englands bei, für die Heinrich Anna voll verantwortlich machte, weil sie die Ursache aller Probleme sei.

Es gab auch Anzeichen, daß Frankreich einen Bruch mit England herbeizuführen trachtete. Zunächst nahm Franz die Idee einer Ehe zwischen dem Dauphin und Maria Tudor wieder auf, von der er genau wußte, daß sie nie die Zustimmung des englischen Königspaares erhalten würde. Mit dieser Botschaft beauftragt, erschien Dinteville, Stadtvogt von Troyes, mit Castelnau, Bischof von Tabes, vor Heinrich und seiner Gemahlin. Darüber hinaus hatten sie dem König die Frage vorzulegen, ob er vereinbarungsgemäß bereit sei, sich zu einem Drittel an den Kosten zu beteiligen, die zu gewärtigen seien, wenn Karl V. und andere katholische Fürsten in Frankreich einfielen, das gegen den päpstlichen Willen – hier entfaltete er das Breve Pauls III. – Verbindung mit dem Exkommunizierten pflege? Der Anteil seiner Majestät des englischen Königs belaufe sich auf etwa dreißigtausend Pfund im Monat, fügte Dinteville hämisch hinzu, denn ihm war wohl bekannt, daß die Gesamteinkünfte der englischen Krone monatlich nicht mehr als zwölftausend Pfund betrugen. Es blieb Heinrich nichts anderes übrig, als das großzügige Angebot der gemeinsam getragenen Kriegskosten abzulehnen und damit einen Bruch einzuleiten, den weder er noch die Königin gewollt hatten.

Bevor Dinteville und Castelnau sich nach Frankreich einschifften, begaben sie sich nach Eltham, einige Meilen Themseabwärts von Greenwich aus gelegen, um, wie sie sagten, den beiden Prinzessinnen ihre Aufwartung zu machen. Aber sie bekamen nur die kleine Elisabeth zu sehen, Maria blieb unsichtbar. Seit dem mißglückten Fluchtversuch ließ sie die Königin aus Furcht vor einer neuen Verschwörung von Lady Shelton, Maggies Mutter, streng bewachen,und in diesem Fall hatte die überängstliche Hofdame sogar Fenster und Türen vernagelt, um den Austausch geheimer Nachrichten zu verbinden. Dinteville und Castelnau begaben sich mißmutig auf die Heimreise. Aber Ziel und Zweck ihres Besuches hatte sich herumgesprochen. Von allen Seiten wurden sie mit der Frage bestürmt, wann denn die Hochzeit mit dem Dauphin stattfände und als sie antworteten, daß nichts entschieden sei, ja, daß sie Maria nicht einmal gesehen hätten, da bestätigte man ihnen, daß alle bereit seien, für die alte Königin und die Prinzessin aufzustehen und daß sie von der neuen nichts wissen wollten. „Ich kanns nicht ändern", sagte Anna zu mir, als sie von der Geschichte unterrichtet wurde. „Beliebtheit kann man nicht erzwingen. Es ist auch wichtiger, daß ich das durchsetze, was für England am besten ist. Irgendwann werden sie dann erkennen, daß es auch für sie das Beste war".

DREIZEHNTES KAPITEL

(1535-1536)

Katharinas Tod

Im Sommer 1535 wurde England von einer großen Dürre heimgesucht, die nicht wenige als eine Strafe des Himmels für die gotteslästerlichen neuen Verfügungen der Krone auslegten. Das Gras verbrannte auf den Wiesen und Matten, Quellen und Bäche versiegten, das Vieh verdurstete auf der Weide, das Korn vertrocknete an den Ähren, bevor es in die Scheunen eingebracht werden konnte. Die Lebensmittel wurden teuer und bald herrschte große Not im Land. Und gerade dann zeigte es sich, daß der Aufruf des Hl. Vaters zur Züchtigung des Abtrünnigen nicht in taube Ohren fiel. So behinderte die Flotte des neugewählten dänischen Königs Christian III. und – welch ein Hohn – die der Hanse die englischen Fischer vor Neufundland und vor den Küsten Islands, wo sie den Heringsschwärmen auflauerten. Die Getreidelieferungen aus der Isle de France blieben auf rätselhafte Weise aus und nur selten löschte eine venezianische oder genuesische Handelsgaleere ihre prallgefüllten Fässer italienischen Weins, ihre Ballen kostbarer Seide und Damaste, ihre Säcke wohlduftender Gewürze und Spezereien an den Landekais des Londoner Hafens. Fast verödet lagen die Kontore der Handelshäuser am „Strand", in den Lagerhallen stapelten sich die Wollballen und Zinnerze bis zum Dachfirst, denn die Einkäufer aus aller Welt, die sich sonst hier drängten, machten sich rar und suchten ihre Lieferanten in Lissabon, Antwerpen oder Brügge. Franz I. verzögerte die Auszahlung der vertraglich vereinbarten Jahresrente an den englischen König unter dem Vorwand, daß die Verhandlungen stockten.

Auf die Trockenheit folgten im Spätsommer wochenlange Regengüsse, die den Rest der Ernte zunichte machten und Wege und Felder unter Wasser setzten. Krankheit und Hungersnot, Niedergang des Handels und der Steuereinnahmen, Leere im Staatssäckel, das war das Los Englands im Herbst 1535.

Verbittert mußte Heinrich VIII. feststellen, daß nicht nur die katholischen Länder, sondern auch diejenigen sich an der Isolierung Englands beteiligten, die er bisher wegen ihrer religiösen Reformbestrebungen für Verbündete gehalten hatte. Und da er für jeden Fehlschlag einen Sündenbock brauchte, auf den er die Verantwortung abwälzen konnte, war jetzt die Königin die Zielscheibe seiner schlechten Laune, wobei er geflissentlich übersah, wie viele Feinde ihm seine Einmischung in die dänische Fehde, sein Mord an Thomas Morus und andere Grausamkeiten zugezogen hatten. Allerdings blieb die Exkommunikation vorläufig nur eine Drohung. Sie war weder vom Konsistorium noch durch eine Bulle bestätigt, und die feindlichen Heere standen noch nicht an den Landesgrenzen. Vergeblich versuchten die Gesandten Chapuis und Castelnau, ihre Auftraggeber zu einem Angriff auf England zu ermuntern. Die Lage sei günstig, berichteten sie, das Volk sei unzufrieden. Die Nordprovinzen würden geschlossen zu den Waffen greifen und den Truppen des Königs in den Rücken fallen, sobald diese zur Verteidigung der Küsten ausrückten. Aber weder Franz noch Karl hatten Lust, sich auf ein kriegerisches Abenteuer einzulassen, das ihnen nichts einbrachte, solange der Bannfluch des Papstes sie nicht dazu verpflichtete.

So blieb in erster Linie für Heinrich die Frage, wie die Kassen seines Großschatzmeisters aufzufüllen wären. Die eben vom Parlament bewilligten zusätzlichen Steuern konnten dem unter der Mißernte notleidenden Volk unmöglich zugemutet werden. Eine Rebellion wäre die Folge, die den Thron ins Wanken brächte. Nein, es mußten Mittel gefunden werden, die es ermöglichten, an den Reichtum zu kommen, der unangetastet überall im Lande vorhanden war, sich aber bisher dem Zugriff des Staates entzogen hatte. Er befand sich im Besitz der Kirche, lag versteckt in den Klöstern, Abteien und Prioreien. Die Idee war nicht neu und schon manchesmal im Rat zwischen dem König und seinem Kanzler erörtert worden. Außerdem durfte man annehmen, daß dieser Schritt, nämlich der Einzug der Kirchengüter, auf die Zustimmung des Volkes stoßen würde, auf dessen Kosten sie sich angesammelt hatten. Juristisch gesehen, argumentierte Cromwell, gab die Trennung von Rom der Krone ein Anrecht auf den kirchlichen Besitz, aber die Maßnahme sollte auch moralischen Grundsätzen folgen. Hatte nicht schon Thomas Morus wiederholt erklärt, daß die christliche Ethik die Anhäufung von Schätzen in den Händen der Kirche verbiete, und daß die Starrheit Roms eine Entwertung der christlichen Lebensideale von Armut, Demut und Liebe zur Folge gehabt habe? Außerdem war der Niedergang der klösterlichen Sitten, der wachsende Wohlstand und die Prunkentfaltung in den Palästen der Bischöfe und geistlichen Würdenträger schon lange ein Stein des Anstoßes für das Volk und den niedrigen Klerus. Bisher waren die Aufforderungen des Königs, den Besitz an weltlichen Schätzen der Krone abzutreten und ein dem christlichen Bekenntnis entsprechendes Dasein in Bescheidenheit zu führen, ohne nennenswertes Echo verhallt. Jetzt gab ihm die Verweigerung des Suprematseides von seiten der Geistlichkeit eine neue Handhabe, um zum ersehnten Ziel zu kommen.

Heinrich VIII. und sein Kanzler entschlossen sich zum Handeln, aber wie so oft blieb der Entschluß auf halbem Wege stecken. Er richtete sich als erstes gegen diejenigen, die den geringsten Widerstand zu leisten vermochten: die kleineren Klostergemeinschaften. Was als Maßnahme zum Wohle des Volkes hätte durchgeführt werden müssen, verläpperte sich in einer Art Strafexpedition gegen die Schwächsten. Ein Heer rauhbeiniger Landsknechte, Revisoren, Steuereinnehmer und Rentmeister zog über das Land, um die Besitztümer der Prioreien zu registrieren und einzuziehen, die besten goldenen Zierate der Kirchen zum Versand an den König in Leinwand zu verpacken und den Rest einzuschmelzen. Nonnen und Mönche wurden vertrieben. Tausende der nun obdachlos gewordenen, denen die Klostergemeinschaft die einzige Heimat gewesen war, strömten durch die Städte und Dörfer auf der Suche nach einem Unterschlupf. Kirchen wurden in Brand gesetzt, Reliquien entweiht, Altargeräte zerstört, und schließlich gelangte nur ein Teil des Erlöses in die königlichen Kassen, viel zu wenig jedenfalls, um die Kosten des Unternehmens zu decken. Was „zum Wohle des Volkes" ersonnen worden war, stieß nun auf seinen Widerstand und sicherte Thomas Cromwell den Spitznamen „Hammer der Mönche". Vier Jahre brauchte Heinrich – und hier greife ich meiner Geschichte voraus – um die Güter der Kirche zu Gütern des Staates zu machen und insgesamt sechshundert Klöster, Abteien und Ordensgemeinschaften aufzulösen. Ob sich die Maßnahme finanziell für die Krone wirklich gelohnt hat, weiß ich nicht zu sagen, denn ein Großteil der beweglichen und unbeweglichen Habe ging in den Besitz des Adels über, dem der König verschuldet war. Darüber hinaus rief sie in den streng katholischen Nordprovinzen eine Rebellion unter der Führung von Lord Darcy hervor, die unter dem Namen „Gnadenwallfahrt" bekannt und blutig niedergeschlagen wurde.

Ich erzähle diese Vorfälle, weil damit erwiesen ist, daß die Königin an der Beschlagnahme der Kirchengüter und an der zwangsweisen Auflösung der Klostergemeinschaften keinen Anteil hatte, wie immer wieder behauptet wird. Man warf ihr Verschwendungssucht vor, aber ich weiß, daß gerade sie es war, die versuchte, die Privatausgaben des Königs zu bremsen und die öffentlichen Mittel nützlicheren Dingen zuzuführen, womit sie immer wieder und vor allem in den letzten Monaten ihres Lebens das Mißfallen ihres Gemahls erregte. Im Sommer 1535 war ihr Einfluß auf ihn schon soweit gesunken, daß es ihr nicht mehr möglich war, ihm etwas auszureden, was er sich in den Kopf gesetzt hatte.

Sie war zu intelligent, um nicht zu ahnen, daß ihrer Gegenwart an der Seite des Königs zeitliche Grenzen gesetzt waren, und für die Zukunft sah sie ihre Lebensaufgabe darin, die Stellung Elisabeths zu sichern, die durch die hartnäckig verfolgten Heiratspläne zwischen Maria Tudor und dem französischen Dauphin ernstlich gefährdet war. Ihrem und Heinrichs Einspruch zum Trotz entwickelten sie sich langsam zu einer öffentlichen Affaire, an der sich ganz Europa beteiligte. Franz I. verschaffte sich das Gehör des kaiserlichen Gesandten Chapuis, der mit Katharina in ihrer abgelegenen Residenz von Kimbolton in Verbindung stand und den Konsens von Karl V. einholte. Selbst der Hl. Vater drängte auf eine baldige Vollziehung der Ehe, die beim königsfeindlichen Adel naturgemäß auf Anklang stieß und auch beim einfachen Volk ungeheuer populär war. Unterstützt wurde wahllos alles, was der Königin zu Schaden und Ärger gereichte. Würde sich Heinrich auch unter diesen Umständen auf die Dauer unerschütterlich zeigen? Zunächst ja, denn eine Einwilligung in die Ehe hieße sich selber Lügen strafen, und dazu war er nicht bereit. Außerdem brachte ihn der fast hysterisch zu nennende Eigensinn seiner Tochter Maria zur Weißglut. Sie betrachtete sich bereits als Gemahlin des Dauphins und war weder durch Güte noch durch Drohung zur Einsicht zu bringen, daß es für ihre Heirat zunächst einmal der Genehmigung ihres Vaters und dann noch des Abschlusses von Staatsverträgen bedürfe, die noch längst nicht unterzeichnet waren.

Auch Karl V. behielt, obwohl von allen Seiten unter Druck gesetzt, ruhig Blut und dachte nicht daran, sich wegen seiner fernen Cousine die Finger zu verbrennen. Außerdem war er darüber informiert, daß Heinrich VIII. und sein Lordkanzler viel eher an einer Ehe zwischen der kleinen Elisabeth und dem Infanten Philipp und überhaupt an einer Verbesserung der Beziehungen zu Habsburg interessiert waren. Von Chapuis unterrichtet, beobachtete er aus der Ferne die langsame Zerrüttung der französisch-englischen Allianz und den Prestigeverlust der französenfreundlichen Partei am englischen Hof, der vor allem die Königin und ihre Verwandten Wiltshire und Rochford angehörten. Gerade über dieses Thema, so ward ihm von Chapuis berichtet, war es zwischen Anna und ihrem Onkel, dem Herzog von Norfolk zu einem aufsehenerregenden Streit gekommen, in Folge dessen er sich grollend in seine Besitztümer zurückgezogen und ihr unerbittliche Feindschaft geschworen hatte. Die Königin durfte künftig weder auf ihn noch auf Cromwell zählen.

* * * *

Seit einiger Zeit konnte man am Hof den Aufstieg der Familie Seymour beobachten. Sir John Seymour führte seinen Namen auf einen Kampfgenossen Wilhelms des Eroberers zurück, der sich Saint Maur nannte. Er selbst stammte aus der Grafschaft Wiltshire und zählte schon seit langem zum engen Kreis der Edelleute, die täglich im Gefolge des Königs auftauchten. Er kannte alle Intrigen und Klatschgeschichten am Hof, alle Wünsche und Launen des Monarchen. Er wußte, wer gerade in der Gunst stieg und wer in die Hölle der Ungnade glitt.

Sein Sohn Edward Seymour weilte als Sonderbotschafter an der Hofburg in Wien, Residenz der Habsburger, und Heinrich VIII. hielt große Stücke auf diese Verbindung zur kaiserlichen Familie. Seine Tochter Jane Seymour gehörte zum Kreis der Edelfräulein, die Königin Annas Hofstaat bildeten. Heinrichs Schwäche für dieses Vivarium junger Damen, in dem er nach Herzens Lust nach frischer Beute fischen konnte, gehörte zu den Pikanterien, die das Hofleben würzten. Wer wird die Nächste sein, hieß es schon zu Katharinas Zeiten und niemand hatte damals dem schüchternen Wesen Beachtung geschenkt, das sich stets im Hintergrund hielt. Jetzt senkte sich der wohlwollende Blick König Heinrichs auf die unscheinbare Jane Seymour und, halb belustigt, halb beunruhigt, beobachtete Anna die Veränderung, die sich im Verhalten ihrer Hofdame abzeichnete. Wie sollte sie sie deuten?

Ironisch hielt das Schicksal ihr den Spiegel der Vergangenheit entgegen, der sie acht Jahre zurückversetzte, als der König sie, die jugendliche, quicklebendige Anna Boleyn, aus dem zahlreichen Gefolge Katharinas auszeichnete. Unter veränderten Vorzeichen schien sich dasselbe Spiel noch einmal abzurollen. Können Ursache und Wirkung, fragte sie sich, über die Jahre hinweg die gleichen bleiben und sich des Königs Gefühle, wie ehedem, vom Interesse zur Ungeduld und von der Ungeduld zur Leidenschaft steigern? Drohte ihr dieses Mal keine leichte Liebschaft, sondern eine echte Rivalin aus Fleisch und Blut und zwanzig jungen Jahren? Eine ernste Gefahr? Wir versuchten beide, die Lage sachlich zu prüfen.

Jane Seymour schien in jeder Hinsicht das Gegenteil von Anna. Ihre Gestalt war eher zart gerundet und weich. Blonde Locken umspielten ein Kindergesicht mit vollen Wangen, die sich bei jeder Gelegenheit mit einem rosigen Hauch überzogen. Sie wirkte fast zerbrechlich und schutzbedürftig und ihre Bewegungen hatten etwas Linkisches. Aber der krasseste Unterschied zu Anna lag in ihrer Bildung, und ihre Geistesgaben blieben weit hinter denen zurück, mit denen Anna einst bei ihrer Rückkehr aus Frankreich den König und den ganzen Hof bestrickte. Wie oft hatte er sich vor Lachen über ihren Witz und ihre Drolligkeit im wahrsten Sinne des Wortes die Tränen aus den Augen wischen müssen. Von all dem war bei Jane Seymour nichts zu spüren. Schweigend folgte sie den meist in französischer Sprache geführten Gesprächen über Kunst und Literatur an Königin Annas Tafelrunde. Wäre es möglich, daß sich Heinrich für ein Mauerblümchen begeisterte? Er, der auf das geistige Niveau seines Hofes immer so viel Wert legte? Nein, vorläufig sah Anna keinen ernsten Grund zur Unruhe. Noch spielte Maggie Shelton die Rolle der Favoritin, wenn auch des Königs Appetit abgeklungen war. Vor allem aber machte sie eine neue Schwangerschaft plötzlich wieder zum Brennpunkt der Aufmerksamkeit. Wie, wenn die Geburt eines Thronfolgers alle Heiratspläne Europas mit den Töchtern des englischen Königs in den Hintergrund drängte?

Aber im Spätherbst 1535, gerade in dem Augenblick, als die Stellung der Königin endlich wieder als gesicherter angesehen werden konnte, drohte ein neues Unheil. Der Gesundheitszustand Katharinas wurde plötzlich so schlecht, daß der ganze Hof in Aufregung geriet. Die Wassersucht, an der sie schon seit Jahren litt, breitete sich in ihrem ganzen Körper aus und zwang sie, das Bett zu hüten. Fast täglich wurde mit ihrem Ableben gerechnet.

Aber wenn ich glaubte, daß Anna über diese Nachricht erfreut war, so irrte ich mich gründlich.

„Wenn sie stirbt, versuchte sie mich aufzuklären, ist es vielleicht um mich und Elisabeth geschehen, das mußt Du doch selbst sehen!"

– Nein, das sehe ich überhaupt nicht. Sie war Dir doch immer im Wege!

– Politisch gesehen ja. Ihr Einfluß widersprach den englischen Interessen. Persönlich aber hatte ich nichts gegen sie. Heute gibt es nur zwei Gründe, die Heinrich davor zurückhalten, sich von mir scheiden zu lassen: Meine Schwangerschaft und Katharina. Wenn ich wieder eine Tochter habe und wenn Katharina stirbt, hält ihn nichts mehr. Er kann mich von heut auf morgen verstoßen, Elisabeth als illegitim und Maria zur Thronerbin erklären. Für mich gibt es nur eines: ein Stoßgebet zum Himmel, daß Katharina gesundet"!

Doch die Dinge nahmen einen immer bedrohlicheren Lauf. Zwar verschlechterte sich Katharinas Zustand nicht mehr, dafür aber wurden Gerüchte laut, daß ihre Wassersucht auf Gift aus der Hand des Königspaares zurückzuführen sei.

In Anbetracht dessen, was sie mir gerade anvertraut hatte, war der Verdacht auf Anna völlig unbegründet und vermutlich durch ihre Feinde ausgestreut worden. Für den König möchte ich allerdings meine Hand nicht ins Feuer legen. Für ihn wäre Katharinas Tod die willkommenste Lösung all seiner Probleme. Sogar Thomas Cromwell hatte sich dazu hinreißen lassen, im Kronrat und auch dem Gesandten Chapuis gegenüber das Ableben der Prinzessinmutter als „politisch wünschenswert" zu bezeichnen, das nach den vielen durch Zwistigkeit und Intrigen gezeichneten Jahren den Zankapfel zwischen Habsburg und England endlich aus der Welt schaffe! Der kaiserliche Gesandte war über die Deutlichkeiten aus dem Munde eines Staatsbeamten entsetzt und erstattete seinem Auftraggeber eilends Bericht. War aus diesen Worten nicht zu schließen, daß...? Aber Karl V. hielt nichts von Gerüchten. Er glaubte nicht, daß Heinrich zu einem derartig extremen Mittel griff oder schon gegriffen hatte. In seine Dauerfehde mit den Türken verwickelt, überließ er das Schicksal seiner Tante, Gottes weißem Ratschluß.

Plötzlich wurde auch Maria Tudor krank und die Gerüchte verdichteten sich. Obwohl keinerlei Beweisgründe vorlagen, begab sich der kaiserliche Gesandte nach Eltham zu Marias Gouvernante, Lady Shelton. Er machte ihr mit Unterstützung des Leibarztes Dr. Butts in aller Ruhe klar, daß im Falle eines „Unglücks" der Verdacht in erster Linie auf sie fallen würde und daß sie dann wahrscheinlich die bittersten Konsequenzen zu tragen habe.

Was immer die Ursache der Krankheit gewesen sein mochte, Maria genas, Katharinas Zustand verschlechterte sich nicht, und die Gerüchte ebbten ab. Oder besser gesagt, sie kamen und gingen in dauerndem Wechsel, als ob irgendjemand sie heimlich wachhielte. Ich erfuhr unter anderem, daß einige Damen des Hofes eifrig in die Glut bliesen. Die Marquise von Exeter schrieb an Chapuis, der König habe in ihrer Gegenwart die schlimmsten Drohungen gegen Katharina ausgesprochen und erklärt, daß sie bis zur nächsten Parlamentssitzung weder neue Apanagen noch Beiträge zur Lebenshaltung mehr brauche. Und die Gräfin Derby fügte hinzu, daß des Königs Ausspruch „Wenn sein Hut auch nur ein Viertel seiner Gedanken lesen könne, würde er ihn ins Feuer werfen", niemals mehr Bedeutung verdient habe als gerade jetzt.

Doch es wurde Winter und das Weihnachtsfest ging vorüber, ohne daß Chapuis eine weitere Hiobsbotschaft nach Wien zu senden hatte. Dann plötzlich, am ersten Tag des Jahres 1536, verschlechterte sich Katharinas Zustand. Von heftigem Schwindel erfaßt, erbrach sie alle Nahrung. Ihre letzte Stunde schien gekommen. Als der kaiserliche Gesandte um eine letzte Unterredung mit der Sterbenden nachsuchte, ließ ihn Cromwell wissen, daß zunächst der König ihn zu sehen wünsche. An einem kalten, klaren Wintermorgen traf er im Greenwich Palace ein und erstaunte nicht wenig, als Heinrich ihn in sein Privatkabinett einlud, um ihm seine neuesten Kostbarkeiten aus Venedig zu zeigen, ihn dann auf die prächtige Terrasse schob, unter der sich die Themse mächtig zum Meer drängt. Auf- und abschreitend sprach er von diesem und jenem, nur nicht von Katharina, führte ihn zu seinen Wildgehegen und hieß ihn seine Bären bestaunen. Und bei all dem wurde er nicht müde zu beteuern, wie sehr ihm an einem Bündnis mit dem Kaiser läge, das doch so prächtig durch eine Ehe zwischen Elisabeth und Philipp zu besiegeln sei. Er bedauere, auf diesen Vorschlag noch immer keine Antwort aus Wien erhalten zu haben, während ihn Franz I. mit Bündnisangeboten überhäufe. Chapuis fragte sich, was es mit diesem sonderbaren Gespräch auf sich habe. Der Abend brach herein und noch immer hatte er keine Gelegenheit gefunden, seine Bitte vorzutragen. Gegen Mitternacht trat Suffolk mit der Nachricht zu ihnen, daß Katharina in den letzten Zügen liege. Jetzt wurde dem gewieften Diplomaten klar, daß die ganze Komödie nur dazu diente, um sein Vorhaben zu vereiteln, ein letztes Mal mit der alten Königin zu sprechen.

Aber Heinrich unterschätzte ihn. Ohne sich anmerken zu lassen, daß er das Spiel durchschaut hatte, verabschiedete er sich, ließ seine Pferde satteln und ritt am frühen Morgen durch die verschneiten Wälder nach Kimbolton. Er fand Katharina erschöpft aber lebend. Dreimal wurde er an den folgenden Tagen zur Audienz gebeten und es sah so aus, als nähmen ihre Kräfte durch den Gedankenaustausch mit dem alten Vertrauten langsam wieder zu. Man sagt, daß sie am dritten Tag wieder in ihrem Bett aufgesessen und eigenhändig ihre langen Haare gekämmt habe. Dank seiner, soll sie gesagt haben, verende sie nicht einsam wie ein wildes Tier. Einigermaßen beruhigt begab sich Chapuis auf den Heimweg, befragte aber Katharinas Leibarzt Dr. De Lasco darüber, was er von dem Verdacht des Giftmordes halte. Ein Anschlag auf Katharinas Leben sei nicht auszuschließen, antwortete dieser, aber die Symptome ließen derzeit kein endgültiges Urteil zu. Bei einer Verschlechterung würde er Chapuis sofort benachrichtigen.

Dazu sollte es nicht mehr kommen. In den ersten Morgenstunden nach Dreikönig erwachte Katharina sehr geschwächt und bat um die Sterbesakramente. Ihr Hauskaplan, der Bischof von Llandaff zelebrierte die Messe, während der sie noch mit fester Stimme die Antworten sprach. Ins Gebet versunken schlummerte sie schließlich ein und gab am 7. Januar 1536 gegen Mittag ihren Geist auf.

Bei Einbruch der Nacht sprengten zwei Boten mit verhängten Zügeln in den Schloßhof von Greenwich und überbrachten die Todesnachricht. Ein Page fand Königin Anna, als sie gerade die Hände in ein goldenes Waschbecken tauchte. Eine Sekunde lang blieb sie wie erstarrt, während das Wasser von ihren Fingerspitzen tropfte. Dann ergriff sie das kostbare Gefäß mit einer heftigen Gebärde und warf es dem fassungslosen Pagen vor die Füße. „Da, nimm es", rief sie aus, „ich brauche es nicht mehr!" ließ sich in einen Armstuhl fallen und schlug die Hände vors Gesicht.

Als ich einige Minuten später zögernd in ihr Gemach trat, denn ich war von dem Vorfall unterrichtet worden, hatte sie sich etwas gefaßt, ging aber aufgeregt auf und ab. „Alle werden jetzt behaupten, daß ich sie vergiftet habe", stöhnte sie. „Was tun?" Noch nie hatte ich sie so gesehen.

Zu allem Überfluß wurde alles getan, um die düstersten Vermutungen zu bekräftigen. Eine Autopsie fand nicht statt, obwohl Chapuis darauf gedrängt hatte. Statt dessen wurde der Leichnam in aller Eile in einem Bleisarg verschlossen und vor dem Hochaltar der Abteikirche von Peterborough in New Hampshire beigesetzt. Die

Schwestertochter des Königs wohnte der Totenmesse bei. Sie war die einzige Vertreterin des Hofes. Jemand behauptete, er habe einen Minister zu Cromwell sagen hören: „Wir können nicht länger zuwarten". Ein anderer gab vor, das Herz der alten Königin sei verwachsen und ganz schwarz gewesen, das habe ihm der Einbalsamierer selbst erzählt und hinzugefügt, daß das der Beweis für eine Vergiftung sei. Der eine erzählte es seinen Freunden, der andere seinem Beichtvater und so kamen die Gerüchte auch Anna zu Ohren. Aber sie wollte an einen Giftmord seitens ihres Gemahls nicht glauben. „Niemals hätte er dieses Risiko auf sich genommen", antwortete sie mir auf meine Frage, „dazu ist er viel zu ängstlich. Aber es könnte andere geben, denen ihr Tod und all diese Gerüchte gelegen kommen!"

– Denkst Du an einen bestimmten?

– Vorläufig ist noch nicht einmal erwiesen, daß sie vergiftet wurde. Außerdem brauchst Du nur abzuwarten, wem das Verbrechen zum Vorteil gelangt. Mir jedenfalls nicht!"

Der König trug seine Freude über den Tod seiner ersten Frau in geradezu schamloser Weise zur Schau, und der ganze Hof tat es ihm gleich. Öffentlich dankte er dem Himmel dafür, daß er endlich den Stein des Anstoßes zwischen ihm und Kaiser Karl aus der Welt geschafft und damit eine Zeit des Friedens eingeleitet habe. Niemand sprach von Hoftrauer. Statt einer Bußzeit, wie sie beim Tod eines Mitglieds der königlichen Familie Sitte war, folgte eine Zeit rauschender Feste und Maskeraden. Der König schien von einer unersättlichen Vergnügungssucht ergriffen und ließ sich, leutseliger denn je, in einer gelben Brokattunika mit riesigen Puffärmeln und mit einem gelben, federgeschmückten Samtbarett bewundern. Eines Abends erschien er mit seinem Töchterchen Elisabeth auf dem Arm, drehte sich mit ihr in strahlender Laune im Kreise und wies voll Vaterstolz darauf hin, daß sie mit zwei Jahren schon laufen und sprechen könne, wie andere Kinder mit vier. Nicht einmal dieser fröhliche Anblick vermochte Anna aufzuheitern. Sie blieb bedrückt und nahm an der lärmenden Ausgelassenheit nicht teil, mit der die anderen das Ereignis feierten. Allen voran – und das entsetzte sie am meisten – ihre eigenen Verwandten. Nachdenklich beobachtete sie die Vorgänge. Dann murmelte sie, halb zu sich, halb zu mir gewandt „Was geht wohl in ihren Köpfen vor? Sind sie blind oder tun sie nur so? Sie müssen doch sehen, daß wir ohne Katharina alle am Rand des Abgrunds stehen!"

Wochenlang lösten in Greenwich Hofbälle, Jagden und Turniere einander ab, bis Heinrich eines Nachmittags beim Lanzenstechen aus dem Sattel gehoben wurde und wie leblos im Sand der Stechbahn liegen blieb. Seine Ohnmacht dauerte Stunden. Anna wich nicht von seinem Lager. Was sollte werden, fragte sie sich, blaß vor innerer Erregung, wenn der König jetzt starb? Wer wird seine Nachfolge antreten? Aber seine kräftige Natur siegte. Während langsam sein Bewußtsein zurückkehrte, wurde die Königin plötzlich von heftigen Krämpfen im Unterleib ergriffen. Die Wehen setzten ein, zwei Monate vor der Zeit. Man schaffte sie in ihre Gemächer, wo sie eine Frühgeburt erlitt. Das Kind, ein Sohn, war tot.

VIERZEHNTES KAPITEL
(1536)

Maria Tudor und Jane Seymour

Diesem Unglück zum Trotz wollte ich noch immer nicht glauben, daß alle Hoffnungen meiner Königin zunichte und ihr Schicksal besiegelt war. Fieberhaft rief ich mir die Episoden der letzten Monate in Heinrichs Privatleben der letzten Monate ins Gedächtnis zurück: die geheimnisvolle Geliebte in Sussex, Maggie Shelton und andere... Des Königs Laune wechselte von einem Tag zum anderen, und man wußte nie genau, woran man mit ihm war. Sah sie ihre Zukunft nicht in zu düsteren Farben?

Wenig später sollte ich eines Besseren belehrt werden. Ich wurde unfreiwillig Zeuge eines fürchterlichen Auftritts, während dem Anna zum ersten und einzigen Mal völlig ihre Haltung verlor. Die Szene spielte sich kurz nach ihrer Fehlgeburt ab, über die Heinrich in ohnmächtige Wut geriet. Zornbebend stürmte er in ihr Gemach und schrie sie, ohne auf ihre Schwäche Rücksicht zu nehmen, an, daß ihre Ehe vom Himmel verflucht und der Tod seines Sohnes die Strafe Gottes sei! Als er sich darauf zur Tür wandte, warf sie sich ihm zu Füßen. Nicht das Strafgericht Gottes, rief sie aus, nein, ihre Angst um ihn, bei seinem Sturz vom Pferd, sei schuld an allem Unglück. Das müsse er einsehen. Niemand habe ihn geliebt wie sie und ... fügte sie unter Tränen hinzu, es breche ihr das Herz zu sehen, daß er sich einer anderen Frau zuwende!

Einen Augenblick herrschte Totenstille im Raum. Erkannte sie den Fehler, den sie begangen hatte, die ihrem Charakter so unähnliche Ungeschicklichkeit? Zu spät. Der König liebte es nicht, ins Unrecht gesetzt und an seine Fehler erinnert zu werden. Wortlos entfernte er sich, ließ seine Pferde satteln und ritt mit seinem Gefolge noch am gleichen Tag nach London, wo ihn Jane Seymour in Whitehall erwartete.

* * * *

Aber auch andere, weniger erquickliche Dinge warteten auf ihn.
Wieder einmal spitzte sich die Lage zwischen Franz I. und Karl V.
zu und wieder einmal war das Herzogtum Mailand das Streitobjekt,
um das seit Jahren die Gedanken des französischen Königs krei-
sten. Der alte Herzog Maximilian Sforza war gestorben und dieser
Todesfall bot Franz die Möglichkeit, seine Ansprüche auf die Her-
zogskrone, diesmal im Namen seines zweiten Sohnes Heinrich, zu
erneuern. Karl zögerte. Das Problem kam ihm höchst ungelegen,
denn sein Augenmerk war ganz auf den Kampf gegen Suleiman,
den mächtigen Kalifen am Bosporus gerichtet, dessen Heere den
Osten seines Reiches bedrohten. Für seinen Geschmack stand
Heinrich von Orléans dem französischen Thron zu nahe. Außerdem
war er mit einer Medici verheiratet. Als Inhaber des Mailänder Erbes könnte er, sollte er die französische Königswürde erlangen, zu
einer ernsten Gefahr der Interessen der Habsburger in Italien werden. Andererseits schien es dem Kaiser auch nicht geraten, Franz I.
zu verärgern, denn vielleicht bedurfte er einmal seiner Hilfe gegen
die Türken. Er zog sich diplomatisch aus der Affaire, indem er den
dritten Sohn des französischen Königshauses, Karl von Angoulème
als Erben vorschlug. Aber Franz blieb halsstarrig: entweder Heinrich oder ... ein dritter Krieg. Sein Großadmiral Chabot drängte. Er
hielt die Gelegenheit für einen Einfall in Oberitalien gerade jetzt für
günstig, solange das kaiserliche Heer in Ungarn lag. Als im Februar
1536 noch keine Zusage in Paris eingetroffen war, griff Franz zu den
Waffen, beschränkte sich aber darauf, die Bresse und einen Teil des
Herzogtums von Savoyen zu besetzen. Damit meinte er, habe er
den Habsburgern zunächst einmal einen Denkzettel erteilt.

Das Waffengeklirr auf dem Festland gab Heinrich VIII. eine
Chance, den beiden Monarchen in Erinnerung zu rufen, daß er im
Spiel der Mächte trotz allem ein Wort mitzureden gedachte. Aber
seinem unentschlossenen Charakter entsprechend, wollte er es weder mit dem einen noch mit dem anderen verderben. Franz I. bot er
für den Notfall seine militärische Unterstützung, Karl V. seine Neutralität an. Besonders von Letzterem erhoffte er sich zum Lohn eine
konziliantere Haltung in Sachen seiner Ehe und Zurückhaltung gegenüber den aufrührerischen Elementen in Nordengland. Aber seine Rechnung ging nicht auf. Weder der eine noch der andere hatte
Interesse daran, für vage Beistandsversprechungen einen Konflikt

mit dem Papst heraufzubeschwören, und vor allem Franz I. schätzte es nicht, daß er durch das Angebot in das Dilemma geriet, es entweder mit dem Hl. Vater oder mit dem König von England zu verderben, je nachdem ob er es annahm oder abschlug. Großadmiral Chabot löste das Problem auf seine Weise, indem er die Kabinettsitzung mit der spitzigen Bemerkung schloß, er möchte gerne wissen, aus wieviel Truppen und welchen Flotteneinheiten die großzügige Hilfe des englischen Königs wohl bestehen könne! Heinrich soll puterrot angelaufen sein vor Wut und Scham, als ihm darüber berichtet wurde.

Unglücklicherweise fand dann auch sein Lübecker Abenteuer ein äußerst unrühmliches Ende. Seitdem der abgesetzte Bürgermeister Jürg Wullenwever in die Gefangenschaft des Fürstbischofs von Bremen geraten war, hatte es Heinrich nicht an Versprechungen und, als diese nichts fruchteten, an Drohungen fehlen lassen, um die Befreiung seines Freundes aus seiner mißlichen Lage zu erwirken. Ohne jeden Erfolg, denn er konnte nicht ahnen, daß Wullenwever unter der Folter alle möglichen und unmöglichen Geständnisse abgelegt hatte, darunter seine Verhandlungen mit dem englischen König. Er wurde unter die Anklage des Hochverrats gestellt, während man Heinrich einer ungebührlichen Einmischung in die Angelegenheiten der nordischen Staaten bezichtigte. Der Bürgermeister endete, von Gott und der Welt verlassen, auf dem Schafott. König Heinrich wurde aufgefordert, seine Schuld durch die Zahlung von hunderttausend Kronen abzulösen und eingeladen — magerer Trost — unter dem Titel „Protector der Liga" einem Schutz und Trutzbündnis beizutreten.

Gegen Ende des Jahres war auch in Rom wieder einmal das Konsistorium zusammengetreten, um über die Frage der Exkommunikation zu befinden, und wieder einmal konnte zwischen den konzilianten und den unerbittlichen Meinungen keine Einigung erzielt werden. Die Anhänger der harten Linie, der die französischen Kardinäle angehörten, verwickelten sich mit den gemäßigten in einen endlosen Streit darüber, ob Unnachgiebigkeit in den Zeiten der religiösen Unsicherheit eine Gefahr für die katholische Kirche in sich barg, oder nicht, ob die Verurteilung Heinrichs und ihre Folgen nicht das Gegenteil dessen erreichte, was sie erzielen sollte und, ob andere Fürsten durch die Härte des Urteils nicht in die Arme der Reformierten getrieben würden. Unentschlossen und von keiner der beiden Seiten überzeugt, verschob Leo X. seine Entscheidung auf einen späteren Zeitpunkt. Vielleicht stand eine Lösung des Problems auf eine „friedliche" Art bevor? Er war von den neuesten Intrigen am englischen Hof wohl unterrichtet und glaubte fest, daß die Verstoßung der „Konkubine", wie er Anna nannte, der Ursache allen Übels, nur noch eine Frage der Zeit sein konnte. Damit, so hoffte er, wäre dem leidigen Zwist ein Ende gesetzt, ohne daß es zum Äußersten kam. Katharina stellte kein Hindernis mehr dar,und wenn sich dann vielleicht eine präsentablere Gattin für Heinrich VIII. fände...?

Er ahnte wohl kaum, daß er mit dieser Idee auf den Widerstand des Kaisers stoßen würde, aber wer Karl V. genauer kannte, konnte seine Reaktion vorausahnen. Alles, was ich über ihn in Erfahrung gebracht hatte, zeugte davon, daß er ein ebenso mächtiger wie schlauer und vorsichtiger Monarch war, der sich nie, wie Heinrich, auf waghalsige Abenteuer einließ, sondern seine Gedanken auf die Lösung der nächstliegenden Probleme konzentrierte. Was England betraf, hatte sich seine Politik um die Wahrung der Rechte Katharinas gedreht. Jetzt, da Katharina tot war, kannte sie wiederum nur ein Ziel, die Wahrung der Rechte Marias auf den Thron. Mit einer Wiederverheiratung Heinrichs aber drohte die Geburt eines männlichen Thronerben und damit der Verlust dieses Rechts für seine Cousine, wobei er von vornherein die Chancen Elisabeths als gering einschätzte. Der kaiserliche Gesandte Chapuis war daher nicht wenig überrascht, als er auf seine Anfrage den diskreten Hinweis erhielt, daß eine Verstoßung der „Konkubine" fürs erste nicht wünschenswert sei. Zunächst möge er doch die Ansicht der Prinzessin zu der Frage einholen, was ihr wichtiger sei: die Thronfolge oder die Entfernung der Usurpatorin? Marias Antwort ließ nicht lange auf sich warten und machte Chapuis völlig ratlos. In jedem Fall, schrieb Maria, stelle sie ihre persönlichen Interessen hinter die ihres Vaters zurück. Für sie sei einzig wichtig, daß er sein Seelenheil rette, indem er das sündige Leben aufgebe, das er an der Seite einer Hure führe. Was tun? Dem Willen seines Auftraggebers entsprechend versöhnlich wirken? Oder dem Drängen der Konspiranten nachgeben, die sich im Namen des Katholizismus Maria verschworen hatten und nur auf ein Zeichen warteten, um loszuschlagen? Die Unterstützung der Bevölkerung, vor allem in den nordischen Provinzen von Cumberland, Yorkshire und Northumberland war ihnen sicher. Aber Karl V. dachte nicht daran, dieses Zeichen zu geben. Ganz im Gegenteil. Er riet der Prinzessin, etwas mehr Nachgiebigkeit an den Tag zu legen und ihre Lage nicht durch Obstination zu verschärfen. Ihre Heiratspläne mit dem Dauphin, von denen in den Kreisen der Opposition dauernd die Rede war, behagten ihm überhaupt nicht, denn ihre Verwirklichung gefährdete die Seeverbindung zwischen Spanien und den Niederlanden durch den Ärmelkanal. Als Gegenvorschlag soll er Heinrich VIII. seinen Schwager Dom Luis von Portugal zum Schwiegersohn empfohlen haben, wodurch Maria zeitweilig aus dem Königreich entfernt und damit den Wünschen der „Konkubine" Rechnung getragen sei!

Zum ersten Mal fühlte Cromwell seine Bemühungen nach einer Annäherung an Habsburg ernstlich von der Gegenseite bestätigt und beeilte sich, von Chapuis genaueres über die Bedingungen zu erfahren, die der Kaiser für die Neuorientierung der Bündnisse stellte. Es gab mehrere,und sie erschienen ihm nicht unannehmbar, bis auf eine: Unterstützung gegen die Türken und wohlwollende Neutralität bei anderen Feldzügen (sprich Frankreich)? Das ließe sich machen. Erhebung Marias in den Rang der Prinzessin von Wales, den sie vor der Geburt Elisabeths bekleidet hatte? Auch darüber ließe sich reden, wenn auch einige Hindernisse aus der Welt zu schaffen wären. Drittens: Anerkennung der Oberhoheit des Papstes...? Undenkbar! Das war eine bittere Pille, die weder Cromwell noch Heinrich zu schlucken bereit waren. Aber eine glatte Absage hätte den Abbruch der Verhandlungen bedeutet. So beschränkte sich Cromwell darauf, die Diskussion über diesen Punkt auf einen späteren Zeitpunkt zu verschieben und gleichzeitig zu unterstreichen, wie stark immer weitere Kreise im Land und sogar in der engsten Umgebung des Königs — er dachte an Norfolk — ein Abrücken von Frankreich und ein Bündnis mit Habsburg befürworte.

Natürlich wurden diese Verhandlungen in größter Heimlichkeit geführt, und ich habe erst viel später Einzelheiten darüber erfahren. Trotzdem blieb es Anna nicht verborgen, daß sich die Reihen ihrer Parteigänger lichteten. Früher holte sich der König in manchen politischen Fragen ihren Rat, lobte ihre Anregungen in Sachen der Verwaltung, wenn er ihnen auch nur selten folgte. Minister und Staatsbeamte schätzten ihre Intelligenz und Urteilskraft. Damit war es vorbei. Sie war der Inbegriff einer Politik der Annäherung an Frankreich, die der Vergangenheit angehörte. Spätestens seit ihrer erlittenen Fehlgeburt paßte sich der Hof der Auffassung Heinrichs und seines Kanzlers an.

Eines Abends wurde ich Zeuge eines Gesprächs, das der König mit einem seiner Höflinge führte und das mich in helle Panik versetzte. Anna habe ihn verhext, hörte ich ihn laut und deutlich sagen. Er wisse jetzt, daß seine Ehe mit ihr auf Zauberei beruhe und daher fluchbeladen sei. Aus diesem Grund verweigere ihm der Himmel die Geburt eines Thronfolgers! Angsterfüllt eilte ich zu der Königin, die resigniert meinen Bericht zur Kenntnis nahm. „Was kann ich dagegen tun", meinte sie, „er wird von Tag zu Tag unberechenbarer. Weißt Du, was er vorhatte? Er wollte Katharina und Maria im Tower verschwinden lassen und dachte sogar daran, sie umzubringen, wie Fisher und Morus, weil sie sich weigerten, den Eid zu leisten! Katharina ist gerade zur rechten Zeit gestorben, sonst wäre das Land in einen Bürgerkrieg gerissen worden, wie man ihn sich fürchterlicher nicht vorstellen könnte!"

An diesem Abend vertraute sie mir auch an, daß sie alles versucht habe, sich nach Katharinas Tod mit Maria auszusöhnen, ein Schritt, den ich nur als Verzweiflungstat deuten kann. Sie habe ihr angeboten, erst über Lady Shelton, dann in einer persönlichen Aussprache, ihr eine zweite Mutter zu sein, ihr alle Wünsche zu erfüllen, sie an Festen und Empfängen in allen Ehren an ihrer Seite zu haben, wenn sie nur ihrem Vater zu Willen sei und auf die Königswürde verzichte. Aber all ihre Mühen seien nur auf kalte Ablehnung und feindseligen Trotz gestoßen und sie wisse jetzt − wie konnte sie je etwas anderes erwarten, − daß Maria ihr nur stolzen Haß weihe, der mit anderen Mitteln gebrochen werden müsse. Ob sie noch die Macht dazu hatte?

* * * *

Inzwischen wurde immer deutlicher, daß Heinrichs Interesse für Jane Seymour sich langsam zur Leidenschaft steigerte. Das Gegenteil behaupten, hieße den Kopf in den Sand stecken. Der ganze Hof schwirrte von mehr oder weniger fundierten Gerüchten, und in den Straßen Londons waren Spottliedchen auf des Königs jüngste Liebschaft zu hören. Ganz offensichtlich handelte es sich aber nicht um ein pikantes Abenteuer, sondern um eine ernste Gefahr für die Königin. Schon tuschelte man und debattierte über die Aussichten auf eine bevorstehende Hochzeit. Wetten wurden darüber abgeschlossen, ob sich der König nach seinen jüngsten Erfahrungen und trotz der schier unlösbaren Probleme, die eine Scheidung mit sich brachte, noch ein drittes Mal die Ketten der heiligen Ehe anlegen ließe. Keiner wollte sich zu dieser Möglichkeit entscheiden, es sei denn, er würde sich von vornherein so absichern, daß er seine Freiheit jederzeit wiedererlangen könne, sobald sein Interesse anderweitig geweckt wäre. Da Jane Seymour, wie die anderen Damen ihres Alters (sie war etwa fünfundzwanzig) eigentlich kein unbeschriebenes Blatt mehr zu nennen war, stand ihrem Weg zur Position einer Favoritin im Grunde nichts im Wege.

Nichts außer dem Willen des Königs, dessen Gedanken mehr denn je auf die Geburt eines Thronfolgers fixiert waren, und nichts außer dem Ehrgeiz der Seymour, die den Clan Boleyn aus seiner schon bröckelnden Machtposition zu verdrängen strebte. Nichts schien dem entgegenzustehen, seit Königin Anna mit ihrer Fehlgeburt nicht nur alle Chancen auf eine neue Mutterschaft verloren hatte, sondern auch, wie ich schon schrieb, vom König öffentlich der Hexerei beschuldigt wurde. Die Seymours taten denn auch alles, ihn in dieser Wahnvorstellung zu bestärken und ihm immer wieder vor Augen zu führen, daß seine zweite Ehe von seinen Untertanen als gotteslästerlich, also illegitim betrachtet wurde.

Es zeigte sich auch bald, daß sich Jane niemals mit der Rolle einer Favoritin zufriedengeben würde. Sie hatte Höheres im Sinn und wurde dabei tatkräftig von ihrem ehrgeizigen Bruder unterstützt und beraten. Jedenfalls bediente sie sich zur Erreichung ihres Ziels derselben Mittel wie Anna vor acht Jahren: Reserve und Sittsamkeit. Wie weit Heinrich sich von der Echtheit ihrer Tugend überzeugen ließ, weiß ich nicht zu sagen. Aber vielleicht wollte er sich, alt und bequem geworden, überzeugen lassen? Jedenfalls war er bald dem Charme der jungen Dame völlig verfallen. Man erzählte, daß er eines Tages tief beeindruckt war, als sie die Gabe einer mit Sovereigns gefüllten roten Seidenbörse mit den Worten zurückwies – die sie fast textgenau von Anna übernommen hatte – daß der größte Reichtum einer Dame in ihrer Tugend liege und daß sie ein so kostbares Geschenk nur von ihrem Gemahl anzunehmen gedächte.

Wenn aber Anna seinerzeit mit der Feindschaft aller Hofschranzen, allen voran der des Lordkanzlers Wolsey zu rechnen gehabt hatte, durfte Jane nicht nur auf den Beistand ihrer Familie, sondern auch auf den Cromwells, seiner Minister, ja des ganzen Hofes zählen. Ich glaube, daß sie alle jetzt endlich die Stunde gekommen sahen, in der sie die eigenwillige, politisch unbequeme Königin an der Seite des Monarchen durch eine fügsamere Persönlichkeit ersetzen konnten. Täglich wurde deutlicher, daß hier ein Spiel gespielt wurde, das einzig und allein gegen Anna gerichtet war und in dem alle Beteiligten gemeinsam und methodisch vorgingen, daß eine Parade bald unmöglich wurde.

Heinrich fand Vergnügen an diesem Spiel. Er hatte nur noch Augen für Jane und keinen anderen Gedanken, als sie und ihre Familie mit Ämtern und Ehren zu überhäufen. Der Aufstieg der Familie Seymour glich auf das Haar dem der Boleyn. Wie Annas Bruder George wurde Edward Seymour, von Wien an den englischen Hof zurückgerufen, zum Ritter der königlichen Kammer ernannt. Damit tat er den ersten Schritt in eine Karriere, die ihn später in die höchsten Sphären des Reiches führen sollte. Das hat Anna nicht mehr erlebt, aber schon in diesen ersten Monaten des Jahres 1536 war er dem König so unentbehrlich geworden, daß er ihn täglich um sich zu haben wünschte, was wohl niemand über seine wahren Absichten täuschte. Eines Tages sah sich Thomas Cromwell höchstpersönlich aufgefordert, Hals über Kopf seine Gemächer in Greenwich an Sir Edward abzutreten, weil es einen geheimen Gang von dort zum Appartement des Königs gab.

Cromwell nahm Seymour diese Ausquartierung nicht weiter übel – was sollte er auch dagegen tun? Er hatte seine Partei gewählt und gab seine Feindschaft gegen Anna so unverblümt zu erkennen, daß Heinrich ihn einmal daran erinnerte, daß er von der Königin spreche! Ich glaubte, aus diesem Vorfall schließen zu dürfen, daß er vielleicht doch nicht an eine Scheidung dachte. Aber Anna schüttelte den Kopf, „Nein", antwortete sie mir, „das ist nur der Ausdruck seines Stolzes, der es nicht zuläßt, daß andere für ihn eine Entscheidung als definitiv hinstellen, die er selbst noch nicht gefaßt hat, oder über deren Ausführung er sich noch nicht im Klaren ist".

In ähnlicher Weise zwang der König auch den kaiserlichen Gesandten, seiner Gemahlin in aller Öffentlichkeit die Ehre zu erweisen, eine unerwartete Auszeichnung, die Chapuis liebend gern vermieden hätte. Aber Heinrich bestand darauf, die Annäherung zwischen Habsburg und England vor aller Augen zu bekunden und haßte es, wenn man versuchte, sich seinen Wünschen zu entziehen. Da nützte keine Ausrede. Chapuis mußte eines Sonntags nach der Messe, in Anwesenheit des Hofes, vor Anna das Knie beugen, und ihre Hand küssen. In die Enge getrieben, kam er dieser Pflicht respektvoll lächelnd nach. Was zum Teufel, mochte er sich fragen, soll das nun wieder heißen? War es nichts mit der Scheidung? Bedeutete diese Ehrung Annas Rückkehr in die königliche Gnade oder einfach eine Laune des Fürsten? Wahrscheinlich das Letztere, und das sollte sich noch am selben Abend erweisen.

Minister und Gesandte, Herren und Damen des Hofes waren zu einem Bankett geladen, das in den Gemächern der Königin aufgetragen wurde. Ein gutes Zeichen. Aber Chapuis nahm nicht an ihrer Seite, sondern ihr schräg gegenüber Platz, was nach dem Vorfall am

Morgen fast einem Affront gleichkam. Sie ließ sich nichts anmerken und richtete, der neuen kaiserfreundlichen Politik eingedenk, mit ausgesuchter Höflichkeit das Wort an ihn. Sie bedauerte den französischen Einfall in Savoyen, bemerkte, daß die Ansprüche Franz I. auf das Herzogtum Mailand juristisch anfechtbar seien ... als Heinrich sie plötzlich unwirsch unterbrach. „Es mißfalle ihm, festzustellen", meinte er zum Gesandten gewandt, „daß es der Kaiser ihm gegenüber an der Ehrerbietung fehlen lasse, die ihm und der englischen Nation gezieme!" Die deutlich vernehmbaren Worte prasselten wie ein plötzlicher Gewitterregen in einen Maientag. Betretenes Schweigen breitete sich an der Tafel aus. Anna erblaßte, Cromwell rutschte unbehaglich auf seinem Sitz hin und her, Chapuis lief krebsrot an. Aber der König ließ es nicht auf dieser Bemerkung beruhen. Unbekümmert fuhr er fort: „Wenn Karl V. seine Freundschaft wünsche, so möge er doch bei Papst Leo die Aufhebung seines Urteils erwirken!" Allgemeines Erstaunen, Verwirrung: Bedeute das etwa den Abbruch der seit Monaten geführten Verhandlungen mit Habsburg?

Alle hatten diesen Eindruck, Cromwell als erster, und jeder konnte sehen, wie er den König nach dem Mahl um eine Unterredung bat. Ein heftiger Wortwechsel folgte, den der Lordkanzler abrupt abbrach und in höchster Erregung den Saal verließ. Chapuis verabschiedete sich wenig später mit verschlossener Miene.

„Ich begreife nichts mehr", flüsterte mir die Königin fassungslos zu, als wir ihr Schlafgemach aufsuchten. „Was will der König? Verbindung mit Habsburg? Mit Frankreich? Oder will er nur einfach mir widersprechen? Mir verbieten, daß ich mich mit Politik befasse?

− Vielleicht will er ernsthaft eine Rückkehr zum Bündnis mit Frankreich?

− Wenn dem so wäre, weißt Du, wie er die Sache anpackt? Indem er den neuen französischen Gesandten, Monsignore Castelnau, mit Vorwürfen gegen den französischen König überhäuft. Und behauptet, Karl mache ihm Angebot über Angebot, erbitte seine Hilfe im Kampf um Savoyen und Mailand, schlage ihm ein Bündnis vor, um Seite an Seite gegen die Türken ins Feld zu ziehen und dann gemeinsam in Rom Einzug zu halten! Kein Mensch glaubt ihm diese Märchen. Schon gar nicht nach dem Vorfall heute abend. Castelnau kann sich nur ins Fäustchen lachen!"

Sie irrte sich. Der Bischof von Tarbes glaubte nicht nur an diese Märchen, sondern an noch ganz andere Geschichten, die Heinrich ihm auftischte. Nämlich, daß er die Angebote des Kaisers zurückgewiesen und sich geweigert habe, in Savoyen gegen die französische Besetzung einzugreifen, daß er überhaupt nicht gewillt sei, an einer Kriegshandlung gegen Franz I. teilzunehmen, sondern ihm vielmehr gerne beim Ausbau seiner Stellungen in der Bresse Hilfe leiste und daß er voll und ganz seinen Anspruch auf das Herzogtum Mailand unterstütze..., woran natürlich kein wahres Wort war. Aber Castelnau bemerkte von dieser Spiegelfechterei nichts. Von der Ehrlichkeit des englischen Königs überzeugt, sandte er einen Bericht an Franz I., in dem er versicherte, daß der allerchristlichste König von Frankreich keinen besseren Freund und keinen treueren Verbündeten besitze als seinen Vetter Heinrich.

Diese verwirrenden Einzelheiten über den plötzlichen Sinneswandel des Königs erfuhr Anna über den Umweg eines Berichts, den ihr alter Freund Jean du Bellay ihr durch einen Vertrauten aus Paris überbringen ließ, in der Annahme, es sei gute Botschaft für sie. Glaubte er tatsächlich, daß Heinrich allen Ernstes, einer plötzlichen Eingebung folgend, wieder auf den Kurs umgeschwenkt war, den Anna immer befürwortet hatte, nämlich die Annäherung an Frankreich? Er vielleicht, sie nicht. Sie hatte unterdessen den Sinn hinter Heinrichs scheinbar widersprüchlichem Vorgehen erkannt: Da Karl V., im Bestreben, Maria Tudor zu unterstützen, ungewollt auch Anna gegen eine Wiederverheiratung Heinrichs deckte und damit seine Pläne für eine Ehe mit Jane Seymour durchkreuzte, mußten die Verhandlungen mit Habsburg unterbrochen werden, bis er die Königin losgeworden war. Sobald wie möglich. Es fragte sich nur wie.

FÜNFZEHNTES KAPITEL
(1536)
Die Falle

Cromwell war von dem Streit mit dem König völlig vernichtet nach Hause gekommen und hatte sich mit Fieber zu Bett gelegt. Längere Zeit hielt ihn die Krankheit vom Hof fern, und er hatte Gelegenheit darüber nachzugrübeln, was Heinrich zu seiner plötzlichen Sinnesänderung veranlaßt haben konnte, die mit einem Schlag seine seit Monaten aufgebaute Politik zunichte machte.

Vielleicht hatte er der Tatsache nicht genügend Beachtung geschenkt, daß Onkel Norfolk von seinen Ländereien nach London zurückgekehrt war und sich die Abwesenheit des Kanzlers zunutze machte, die Staatsgeschäfte auf seine Weise in die Hand zu nehmen und seinen Interessen gemäß zu lenken. Norfolk war einer der reichsten und mächtigsten Männer im Königreich und der einzige, der damals überhaupt den Herzogstitel trug. Was ihn zur Rückkehr an den Hof bewegte, weiß ich nicht zu sagen, aber es ist möglich, daß es die Hoffnung auf eine baldige Ungnade der Königin, seiner Nichte, war. Wahrscheinlich wollte er auch den Aufstieg der Seymour bremsen, gegen die er einen gesunden Haß nährte. Schließlich stand in seinen Augen Cromwells Politik viel zu sehr im Zeichen einer Annäherung an Habsburg und damit an den Papst. Der Gedanke, daß die Einziehung der Kirchengüter, von der er bisher nicht schlecht profitiert hatte, dieser Annäherung zuliebe womöglich eingestellt oder gar rückgängig gemacht werden könnte, beunruhigte ihn. Er hatte also ohne Rücksicht auf außenpolitische Komplikationen das widersprüchliche Verhalten Heinrichs in allen Punkten befürwortet und Castelnaus Botschaft an Franz I. gutgeheißen.

Kaum aber hatte sich dieser in Dover eingeschifft, kamen Heinrich Bedenken. Hatte er nicht zuviel versprochen? Würde Franz nicht seine Forderungen höher schrauben, sobald er über den Abbruch der Verhandlungen mit Karl V. unterrichtet und seiner Sache sicher war? Sollte er nicht, um dem vorzubeugen, doch wieder eine diskrete Fühlungnahme in Richtung des Kaisers aufnehmen? In dieser Ungewißheit fand ihn Cromwell, als er gesundet bei Hof erschien und erkannte, daß einiges geschehen müßte, wenn er seinen Einfluß auf den König voll und ganz zurückgewinnen wollte. Auf die Dauer würde sich die Richtigkeit seiner Politik erweisen, dessen war er sicher, aber vorläufig war es Norfolk, auf den der König hörte und es schien Cromwell nicht ratsam, mit dem mächtigen Herzog auf so schwankendem Boden die Klinge zu kreuzen. Er mußte seinen Einfluß auf einem Umweg wiedererlangen, den Umweg über des Königs private Sphäre, und diese war bei Heinrich von einem einzigen Gedanken beherrscht, der weder Kaiser noch Franz, sondern Jane Seymour hieß.

Um den König zum Ziel seiner Wünsche zu führen, mußte der Vorgang ablaufen wie bei Anna Boleyn, d.h. um Jane heiraten zu können, mußte Heinrich Anna verstoßen wie er vorher Katharina verstoßen hatte. Dabei gab es vor allem zwei Hindernisse zu überwinden: zum einen Heinrichs Abscheu vor klaren Entscheidungen und zum andern hätte eine zweite Scheidung zur Folge, daß sie die wahren Gründe der ersten enthüllte, oder doch wenigstens durchscheinen ließ. Eine undenkbare Bloßstellung vor aller Welt. Cromwells Chance bestand darin, daß er sich zutraute, diese Klippen zu umgehen und das Problem wunschgemäß zu lösen, ohne die Hände des Königs zu beflecken. Eine Scheidung, das ahnte er schon jetzt, würde nicht genügen, denn in diesem Falle bliebe Anna immer noch Marquis von Pembroke, begütert und nicht ohne Einfluß, folglich gefährlich. Außerdem verlangte eine Scheidung die Einschaltung des Episkopats. Nein. Er mußte zunächst allein handeln und eine ... endgültige Lösung finden. Je schneller desto besser, denn seine Position stand auf dem Spiel.

Der Augenblick war günstig. Es hatte den Anschein, als wollte der König wieder einmal vom Clan Boleyn Abstand nehmen. Erstes Anzeichen dafür war die Hosenbandorden-Affaire. Durch Todesfall stand eine Verleihung dieses mit großen Ehren verbundenen Ordens in Aussicht, dessen Ritter vom König in den Reihen seiner engsten Vertrauten gewählt wurden. Noch vor wenigen Wochen hätte George Rochford, Annas Bruder, auf diese Gunst hoffen dürfen, denn er stand mit Sir Nicholas Carew als erster auf der Rangliste. Aber es war Sir Nicholas und nicht Rochford, den Heinrich in einer feierlichen Zeremonie zum Ritter schlug, und jeder am Hof wußte, daß diese Geste das Ende der Familie Boleyn bedeuten konnte. Sofort bildeten sich neue Allianzen um Gegner und Parteigänger, Maria Tudor wurde von einer wahren Flut Huldigungen überschüttet, und die Leere um die Königin wurde so fühlbar, daß man glaubte, sie mit Händen greifen zu können.

Das war die Gelegenheit, auf die Cromwell gewartet hatte. Nicht auf ihren Titel als Königin und Ehefrau, über Scheidungsprozeß oder Verstoßungsverfahren, durfte sich sein Angriff richten, sondern gegen ihre Person, ihre Freunde, ihre Familie; auf dem Wege der Justiz oder dessen, was dafür herhalten mußte. Es mußte sich eine Möglichkeit finden, sie auf dem Rechtswege vor Gericht zu stellen, anzuklagen, zu verurteilen und das Urteil zu vollstrecken, egal ob es sich um Exil, Gefängnis oder Hinrichtung handelte, vorausgesetzt, daß ihre Ehe dadurch ausgelöscht war.

Irgendein sechster Sinn ließ Anna Verdacht schöpfen, daß der Lordkanzler etwas gegen sie im Schilde führte. Wahrscheinlich verriet er sich, er, der unbeirrbare, stahlharte Politiker, durch ein etwas zu gezwungenes Lächeln, einen fliehenden Blick oder eine unerklärliche Verlegenheit, die ihn erfaßte, wenn er mit ihr zusammen war und die sie früher nicht an ihm beobachtet hatte. Auch wenn er sich noch so sehr verstellte, die Königin kannte ihn viel zu gut, als daß ihr diese Zeichen entgangen wären.

„Ich weiß nicht was er hat", sagte sie eines Abends zu mir. „Ich bin fast sicher, daß er etwas Ungutes plant.

— Natürlich, das wissen doch alle, er bereitet die Scheidung für den König vor, der an nichts anderes mehr denkt!

— Ausgeschlossen! Das dauert ihnen viel zu lange. Vielleicht will er mich einfach für rechtlos erklären lassen und verbannen?

— Ob er das wagt? Außerdem, was würde es nützen? Der König wäre weiterhin gebunden. Denk an Katharina. Selbst im Exil blieb sie die rechtmäßige Ehefrau.

— Du hast recht. Also etwas Schlimmeres, aber was?"

Mir kam noch der Gedanke, daß man sie für verrückt erklären könnte, aber auch diese Möglichkeit war auszuschließen. Selbst Johanna die Wahnsinnige hat ihre Prärogativen nie verloren und Heinrich VII. war bereit, sie zu ehelichen! Vielleicht Gift? Plante man einen Giftmord an ihr? Ich warnte sie.

„Ich habe auch schon daran gedacht, aber es scheint mir unwahrscheinlich. Die Gerüchte über Katharinas Tod haben einen zu schlechten Eindruck hinterlassen.

– Sei trotzdem auf der Hut!

– Sorge Dich nicht. Ich habe nicht vor, zu sterben".

Immer noch zutiefst beunruhigt hoffte ich, daß Anna im Laufe der Wochen herausfände, welche Gefahr ihr wirklich drohte. Sie war geschickt und intelligent, aber Cromwell überragte sie an teuflischer Raffinesse. Als sie endlich seinen Plan durchschaute, war es für eine Rettung viel zu spät.

Cromwell begann, seinen wohl ausgeklügelten Plan Schritt für Schritt in die Tat umzusetzen. Sein Verhalten in Gegenwart des Königs änderte sich – in diesem Fall natürlich ganz bewußt. Er zeigte sich verlegen, trug eine sorgenvolle Miene zur Schau, tat, als wolle er zum Sprechen ansetzen und schwieg dann wieder, bis ihn Heinrich nach dem Grund seines seltsamen Gehabes fragte. Er hege den Verdacht, erwiderte er, daß sich eine Verschwörung zusammenbraue. Aber Verschwörungen waren nichts Neues und man war immer mit ihnen fertig geworden, wehrte der König ab. Der Kanzler ließ nicht locker.

Das wisse er auch, aber dieses Mal deute alles darauf hin, daß sie in der nächsten Umgebung seiner Majestät ihren Ursprung habe... Jetzt spitzte Heinrich die Ohren ... und daß die Rädelsführer wahrscheinlich im Clan Boleyn zu suchen seien! Bei diesen Worten erwachte der König vollständig aus seiner Gleichgültigkeit. Der Verdacht leuchtete ihm ein. Es hatte in den letzten Wochen genügend Anzeichen dafür gegeben, daß die Mitglieder dieser Familie nicht mehr die gleiche Gunst genossen wie ehedem. Jetzt planten sie ein Komplott. So einfach war das. Mit einem Schlag erfaßte er, welche Waffe sein treuer Ratgeber ihm da in die Hand drückte. Noch zur selben Stunde übertrug er ihm alle Vollmachten, um, wie er betonte, seine Ermittlungen mit rückhaltloser Strenge durchzuführen und keine noch so hoch gestellte Persönlichkeit zu schonen.

Cromwell glaubte sich schon am Ziel und zu völlig freier Handlungsweise ermächtigt. Aber er unterschätzte die Schlauheit seines Königs, wenn er annahm, dieser hätte das Spiel nicht durchschaut. Zuviel Befugnisse in einer Person vereinigt, das könnte einmal gefährlich werden, sagte sich Heinrich. Auch hatte er seinen Ruf für die Zukunft zu verteidigen und hielt es für unumgänglich, jeden Verdacht, es habe sich um einen Scheinprozeß mit falschen Zeugen gehandelt, von vornherein auszuschließen.

Nicht Cromwell allein dürfe die Anklage vertreten, sondern eine Kommission ehrenwerter und unvoreingenommener Notabeln, mit deren sofortiger Einberufung er seinen Kanzler beauftragte. Cromwell begriff und ging mit dem ihm eigenen Geschick zu Werke. Als erstes Mitglied der Kommission ernannte er Thomas Boleyn, Earl of Wiltshire, Annas Vater. Damit war die Frage der Unparteilichkeit glänzend gelöst. Als zweites aber berief er den Herzog von Norfolk und vertraute ihm den Vorsitz an.

Anna erfuhr von der Einberufung dieser Untersuchungskommission durch ihren Vater. Norfolk als Vorsitzender? Das konnte nur Schlimmes für sie bedeuten. Aber was? Vorläufig war ihr über den Anlaß des Verfahrens oder über irgendwelche Anklagepunkte nichts bekannt. Aber egal, um was es sich handelte, im Falle eines im Namen der Krone angestrengten Prozesses gab es keine Verteidigungsmöglichkeit, das wußte sie genau. Nach bestehendem Gesetz wurde ein Angeklagter, der sich für unschuldig erklärte, automatisch wegen Majestätsbeleidigung zum Tode verurteilt. Wo also sollte ein Ausweg sein? Ich glaube, daß Anna von diesem Moment an von der Unabwendbarkeit ihres Schicksals überzeugt war und daß sie mit ihrem Vater darüber sprach.

Vergebens versuchte Wiltshire sie zu beruhigen. Eine Untersuchungskommission, an der er teilnahm, meinte er, konnte unmöglich gegen eine Boleyn gerichtet sein. Als ihm jedoch strengste Geheimhaltung der Verhandlungen auferlegt wurde, schöpfte auch er Verdacht. Und als entschieden wurde, daß diese „neutrale" Kommission nicht vollzählig, sondern im Beisein von nur vier Mitgliedern tagte, darunter Cromwell, Norfolk, aber nicht er, Wiltshire, erkannte er, daß man ihn hintergangen hatte und daß das Ganze nur eine Fassade bildete, hinter welcher das Urteil über seine Tochter längst gesprochen war. Wahrscheinlich stand sein eigener Sturz ebenfalls bevor. Ohne auch nur einen Augenblick zu zögern, beschloß er, die Königin im Stich zu lassen und von jetzt an in den Reihen ihrer Ankläger Platz zu nehmen.

Die Kommission war aufgestellt. Jetzt galt es, die Anklagepunkte zu sammeln, und das Verfahren diesen Anklagepunkten anzupassen. Cromwell überlegte kurz: Giftmord an Katharina? Zu schwach und nicht ungefährlich für den König, also für ihn selbst. Mordabsichten auf die Person des Monarchen? Dazu wären in jedem Falle die Unterlagen zu mager. Blieb das Privatleben der Königin. Wie wäre es mit Ehebruch? Verbunden mit Verschwörung?

Ehebruch? Dafür waren Zeugen in Hülle und Fülle aufzutreiben, wenn nötig mit etwas Nachhilfe. Jedermann wußte von Annas Jugendliebe zu Henry Percy und Thomas Wyatt. Aber beide hatten geschworen, daß die Königin unberührt geblieben war. Überhaupt würde sich schlecht nachweisen lassen, wie locker oder eng die Bande einst geknüpft waren. Nein, diese Vorgänge taugten nicht zum Nachweis eines Ehebruchs, der auf keinen Fall die Legitimität Elisabeths in Frage stellen durfte. Ein Ehebruch vor der Geburt Elisabeths zog Heinrichs Vaterschaft in Zweifel, eine Majestätsbeleidigung schwerster Art, für die sich niemals ein Zeuge kaufen ließ. Es war schon besser, sich der Gegenwart zuzuwenden und das, was vielleicht nicht wirklich war, als möglich erscheinen zu lassen.

Von da an hetzte Cromwell Anna ein ganzes Netz von Spionen und Agenten auf die Fersen, ließ jede ihrer Bewegungen überwachen, jedes Gespräch belauschen. Nichts konnte ihm entgehen und es war nur noch eine Frage der Zeit, bis eine noch so kleine Unvorsichtigkeit, eine Indiskretion, ihm die Handhabe zum Zuschlagen gab.

Er wußte, daß die Königin noch immer in kleinem Maße Hof hielt. Freilich, die Reihen um sie hatten sich gelichtet, der Glanz der früheren Jahre war verblaßt, die Heiterkeit gedämpft. Aber nach wie vor legte sie Wert auf den Gedankenaustausch über Fragen der Poesie und der Musik und ein enger Kreis von Freunden und Anbetern hielt ihr unerschütterlich die Treue. Ich leugne nicht ab, daß dieser Kreis in jenem Frühjahr 1536 einen immer größeren Raum in ihrem Leben einnahm, daß sich in ihren Augen der Wert der letzten Freunde übermäßig steigerte und sie sich mit der Verzweiflung eines Ertrinkenden an diese einzige ihr verbliebene Lebensfreude klammerte. Ich weiß aber auch, daß ihr Verhalten jederzeit untadelig geblieben ist.

Man hat später immer wieder behauptet, daß Anna Boleyn eitel, gefallsüchtig, ja liebestoll gewesen sei und daß ein Mann ihre Gunst jederzeit erschmeicheln konnte, wenn er sich ihr als Galan näherte. Aber diese Behauptungen beruhen auf dem Ruf, den man ihr während des Prozesses angedichtet und seither eifrig genährt hat. Und der Prozeß beruhte auf den Anklagepunkten, die von Cromwells Spionen auftragsgemäß zusammengetragen worden waren. Sie entsprachen einfach nicht der Wahrheit. Zum einen war sie viel zu klug, um sich, vor allem in den letzten Monaten, der Gefahr einer Entdeckung auszusetzen. Zum anderen galten ihre Interessen viel mehr den geistigen Dingen, die ihre Zeit in so reichem Maße bot, als dem, was im Schlafgemach vor sich ging. Sie hatte, wie sie sich ausdrückte, für „diese Dinge" einfach wenig übrig. Zu wenig vielleicht!

In Annas Hofstaat gab es zur Zeit dieser Ereignisse noch fünf oder sechs Edelleute, die zu ihrem engsten Freundeskreis gehörten und die sie alle glühend verehrten. Einer von ihnen ist noch heute berühmt, Thomas Wyatt, der Poet, der Jugendfreund aus den Jahren in Hever Castle, der seine Freundschaft zu ihr nie verleugnet hat. Er war so etwas wie der ruhende Pol in ihrem bewegten Leben, landesweit geschätzt, verehrt und unantastbar. Sein Dichterruhm sollte ihn vor Verleumdung und Schafott bewahren. Die Gegenwart der anderen konnte schon eher mißgedeutet werden, wenn man ihren manchmal recht gewagten Diskussionen folgte, in denen ihre Spottlust vor nichts und niemandem Halt machte. Für einen von ihnen, Marc Smeaton, hatte die Königin eine besondere Schwäche, die ich nie ganz verstehen konnte. Es haftete ihm etwas weichliches und laszives an, das mir nicht gefiel, und außerdem hielt ich ihn für karrierehungrig. Marc Smeaton stammte aus nicht sehr vermögendem Haus, war belesen, kultiviert und ein wahrer Meister am Spinett. Ein Künstler vom Scheitel bis zur Sohle, was in Annas Augen seine anderen Schwächen bei weitem überwog. Und gerade jetzt, als er und seine Kunst der Königin täglich unentbehrlicher wurden, hatte ich den Eindruck, als sei er zusehends auf Abstand bedacht. „Die Ratte ist dabei, das sinkende Schiff zu verlassen", dachte ich bei mir und schickte mich an, die Königin zu größter Vorsicht zu ermahnen. Aber die Ereignisse kamen mir zuvor. Eines Abends wurde ich ungewollt Zeuge eines Wortwechsels, der mich im höchsten Grade beunruhigte. Smeaton war mürrisch und hatte sich auf eine kleine Terrasse zurückgezogen, als Anna mit der Frage zu ihm trat, was denn der Grund seiner schlechten Laune sei.

„Das geht niemand etwas an", entgegnete er patzig.

„Schade", antwortete Anna gekränkt. „Eure ungezogene Bemerkung verrät Eure Herkunft. Erwartet nicht, daß ich Euch je noch einmal mehr sage als Ihr verdient.

— Wie es Euch beliebt. Eure Blicke genügen mir". Sprachs, machte auf dem Absatz kehrt, durchquerte den Saal, eilte die Treppe hinunter und verschwand. Wir sollten ihn nie wiedersehen. Die Unterhaltung war ganz leise, fast im Flüsterton gesprochen worden und doch hatten andere sie mitgehört. Schon am kommenden Tag wurde Smeaton auf seinem Ritt nach London festgenommen, in den Tower gebracht und unter der persönlichen Leitung Norfolks peinlich befragt. Der Herzog hatte sein Opfer sorgfältig ausgewählt, denn in Annas Gefolge war der kunstbeflissene Marc Smeaton sicher derjenige, der den Qualen der Folter am wenigsten Widerstand entgegensetzte. Bis zum Abend hatte er von seinem Gefangenen ein Geständnis erpreßt, das alles enthielt, was er für den Prozeß brauchte: Die Namen von den fünf Edelleuten Henry Norris, Francis Weston, Richard Page, Edward Bryerton und Thomas Wyatt. Jedermann kannte sie und wußte, daß sie zum Hofstaat der Königin gehörten. Aber im Geständnis wurde festgehalten, daß sie ihre Liebhaber gewesen seien und daß Anna außerdem noch blutschänderische Beziehungen zu ihrem Bruder unterhalten habe. Diese Aussagen waren so ungeheuerlich und so absurd, daß ich noch heute nicht fassen kann, daß irgendjemand auch nur einen Moment lang daran glaubte. Und doch war es so, weil man daran glauben wollte. Wenige Tage später waren alle fünf verhaftet.

* * * *

Als Anna im Mai 1534 zur Königin gekrönt wurde, gehörten Smeaton, Weston und Norris bereits der königlichen Kammer an und traten wenig später mit anderen jungen Rittern und Damen in ihren Dienst über. Wie ich schon berichtet habe, war der Kreis um Anna bald für seine heitere Atmosphäre und die Redefreiheit bekannt, die dort herrschte. Es gab keine Tabus, man diskutierte, philosophierte oder lachte über alle Themen der Zeit. Mit dem Tod Katharinas und dem Aufstieg der Seymour hatte es damit ein Ende genommen, der Kreis hatte sich verkleinert, die Stimmung ihre Unbeschwertheit eingebüßt. Von dem zahlreichen Gefolge waren diejenigen übriggeblieben, deren Namen in Smeatons Geständnis auftauchten. Über Thomas Wyatt und Marc Smeaton habe ich schon berichtet. Richard Page und Edward Bryerton waren immer von einer ausgesuchten Zurückhaltung, die sie eigentlich von jedem Verdacht hätte ausschließen müssen. Anders Weston und Norris.

Francis Weston, Sohn von Sir Richard Weston, Vizeschatzmeister des Königreiches, war in der nächsten Umgebung des Hofes aufgewachsen und seit vielen Jahren im Dienste des Königs, zuerst als Page, dann als Ritter der königlichen Kammer. 1533, kurz vor seiner Heirat mit der Tochter des wohlhabenden, verstorbenen Christopher Pickering, hatte Heinrich ihn zum Ritter des Bathordens geschlagen. Er besaß ein großes Vermögen und ausgedehnten Landbesitz und verfügte über zahlreiche Renten und Einkünfte. Sicher war er künstlerisch weniger begabt als Smeaton, aber sehr belesen und vor allem von weit edlerem Charakter. Nichts und schon garnicht die Ungnade, die Anna bedrohte, konnte seine Treue zu ihr beeinträchtigen. Sein Tod unter dem Schwert des Henkers hat mich zutiefst erschüttert.

Es wurde behauptet, daß er die Königin liebte, aber ich habe Gründe anzunehmen, daß sein Herz eher Maggie Shelton gehörte und daß diese seine Gefühle erwiderte. Ihre Liebe mußte geheim bleiben, denn Francis war verheiratet und Maggie vom König mit Henry Norris verlobt worden, als er ihrer überdrüssig geworden war.

Henry Norris, der letzte Angeklagte, zählte jahrelang zu den Günstlingen des Königs, der ihn zum Dank mit dem Titel des Verwalters seiner Privatschatulle und schließlich auch mit seiner Favoritin beschenkte. Er hatte viele geheime Missionen, die Heinrich ihm auftrug, mit Geschick und Weitblick erledigt und man wußte ihn am Sturz Wolseys maßgebend beteiligt. Sein Benehmen Maggie gegenüber konnte nicht gerade galant genannt werden. Er hatte nicht viel für seine Verlobte übrig, und aus seinen verschleierten Worten war für Eingeweihte zu schließen, daß sein Sinnen und Trachten einer hohen, einer sehr hochgestellten Persönlichkeit galt, deren Namen er nicht preisgab.

Anna bemühte sich, den Wirrwarr der Gefühle um sich her in geordnetere Bahnen zu lenken und die jungen Ehemänner an ihre Pflichten zu erinnern. Vor allem Maggie Shelton hätte sie Liebe und Glück gegönnt. Leider kann man nicht behaupten, daß sie mit ihren Bemühungen Erfolg gehabt hätte. Andererseits kannte sie das Leben am Hof, seine Intrigen und seine unterschwelligen Kämpfe um Macht und Einfluß viel zu gut, als daß sie allen Ernstes der angeblichen Liebe ihrer beiden Anbeter Glauben geschenkt hätte. Man könnte eher sagen, daß sie die Verehrung von Weston und Norris als Bestätigung ihrer Weiblichkeit schätzte, daß sie ihr immer unentbehrlicher wurde, und daß sie sich bereits viel zu einsam fühlte, um sich von ihnen zu trennen, als es noch Zeit war.

SECHZEHNTES KAPITEL
(1536)

Der Prozeß

Auf See spricht man von der Stille vor dem Sturm. So lief auch in Greenwich in den letzten Tagen des Aprils 1536 das Leben weiter wie immer, mit Festen, Banketten und Jagden, und ein Uneingeweihter hätte wohl nicht gemerkt, daß eine Tragödie bevorstand. Am 1. Mai fand ein Turnier in Deptford, in der Nähe der königlichen Residenz, im Beisein des Herrscherpaares statt. Wer die beiden in ihren kostbaren Festgewändern, in der mit Purpursamt und Goldbrokat ausgeschlagenen Loge sitzen sah, konnte nicht ahnen, wie zerrüttet ihr Eheleben war.

Da betrat Lord Rochford auf einem herrlichen Rappen, dessen Satteldecke und Saumzeug mit dem Wappen der Boleyn bestickt war, den Turnierplatz. Tosender Beifall ertönte, als er mit Weston und Norris eine Lanze brach, und der König klatschte gutgelaunt mit. Allseits herrschte Feststimmung, als er die Sieger zu sich kommen und ihnen durch die Königin die Ehrenkelche überreichen ließ.

Der Abend brach herein, der letzte Waffengang war ausgetragen und Heinrich winkte zum Aufbruch. Schwerfällig — seit er unter seinem kranken Bein litt, hatte er die Behendigkeit und den Kampfgeist seiner Jugend verloren — ließ er sich in den Sattel heben und rief davonreitend Henry Norris an seine Seite. Was halte er wohl, fragte er unerwartet den jungen Ritter, vom Beichtvater der Königin? Er habe ihn zwar nur einmal gesprochen, antwortete Norris zögernd, hielte ihn aber für einen frommen Priester, der stets weisen Rat zur Hand habe. Und warum, fuhr der König fort, habe er ihm auf die Hostie geschworen, daß das Leben der Königin untadelig sei? Der Beichtvater, stotterte Norris verwirrt, habe ihn etwas unsanft ausgerechnet über diesen Punkt zur Rede gestellt und die Frage habe ihn sehr befremdet. Jetzt ließ Heinrich die Maske fallen. Er sei über seine ehebrecherischen Beziehungen zu der Königin wohl unterrichtet. Wenn er sie eingestehe, wollte er Gnade walten lassen, ihm das Leben schenken und auch noch einige Ämter und Ehren dazu. Wenn nicht, drohte er, dann ziehe er seine schützende Hand von ihm und überantworte ihn dem Gericht. Das hieße einen Meineid schwören, beharrte Norris, obwohl er wußte, daß er damit sein eigenes Urteil aussprach. Sei es nun für seine Ritterehre, die es zu verteidigen galt, sei es, daß eine selbstlose Liebe zur Königin ihn zu diesem todesmutigen Verhalten zwang, jedenfalls wiederholte er, daß er keine tugendhaftere Frau kenne, als die Gemahlin des Königs. Worauf Heinrich seinem Pferd wütend die Sporen gab und davonjagte. Wenig später, als Norris vor dem Torbogen von Schloß Greenwich anlangte, sah er sich von sechs Bogenschützen umringt, entwaffnet und gezwungen, die Straße nach London einzuschlagen. Sir William Fitzwilliam, der die Reisigen anführte, versprach ihm die Freiheit, falls er ein Geständnis ablege, er wisse schon, welches! Vergeblich. Norris blieb bei seiner Aussage. „Wie Ihr wollt", höhnte Fitzwilliam, „dann reite ich eben nach Greenwich und bringe die Königin selbst zum Sprechen!" Sprachs und trabte von dannen.

Das war zwar vorläufig noch eine leere Drohung, aber die Wirklichkeit sah nicht viel rosiger aus. Als Anna erfuhr, daß sich die Tore des Tower hinter Smeaton und Norris geschlossen hatten, rief sie mich zu sich: „Es ist soweit", sagte sie ernst und berichtete, was sich zugetragen hatte. „Unter der Folter werden sie alles gestehen, was man von Ihnen verlangt". Auf meinen Rat ritt sie in den frühen Morgenstunden nach London, in der Hoffnung, Heinrich unter vier Augen zu sprechen. Aber gerade das wollte der König um jeden Preis vermeiden. Er hatte Whitehall verlassen und sich nach Westminster zurückgezogen. Die Aussprache fand nicht statt und Anna sollte ihren Gemahl nie wiedersehen.

Sie war von jetzt an Cromwell und seinen Schergen ausgeliefert. Schon beim Heimritt nach Greenwich am Abend wurde ihr kleiner Trupp in sicherer Entfernung von einigen Berittenen der königlichen Leibwache verfolgt. Einen Augenblick dachten wir an Flucht. Die Bewohner des Palastes lagen in tiefem Schlaf und vielleicht ließe sich ein Ausweg über die Terrassen und Gärten zum Fluß finden? Noch war sie von ihr treu ergebenen Dienstleuten umgeben, mit deren Hilfe man einen kleinen Segler klarmachen könnte! Ich begann bereits, das Nötigste zusammenzusuchen. „Nein", rief sie nach einigem Zögern, „ich kann Elisabeth nicht zurücklassen!

— Aber wenn Dir etwas zustößt" ... ich stockte und wagte kaum, weiterzusprechen, ... „dann ist Elisabeth auch allein dem Schicksal überlassen!

– Das ist etwas ganz anderes. Flucht wäre ein Schuldbekenntnis. Als Tochter einer Ehebrecherin wäre sie den Launen Heinrichs und dem Haß Cromwells schutzlos ausgeliefert und als Bastard von der Thronfolge ausgeschlossen. Die Legitimität ihres Geburtsrechts geht allem anderen vor. Ich will, daß sie einmal regiert".

„Außerdem", fügte sie nach einigem Nachdenken hinzu, „gibt es keine Fluchtmöglichkeit für mich. Gesetzt den Fall, wir kämen wider allen Erwartens unbehelligt zur Küste, von Zöllnern und Küstenwachen unbemerkt... Aber was dann? Wohin? Mit welchem Schiff? Nach Frankreich oder Flandern etwa? Weder Franz I. noch Karl V. hätten Lust, mich aufzunehmen. Nein, es hat alles keinen Sinn, ich muß hier mein Schicksal abwarten".

Schon am nächsten Morgen erhielt sie die Order, vor der Untersuchungskommission zu erscheinen. Zwei Bewappnete der Londoner Stadtvogtei, die sie nicht aus den Augen ließen, brachten sie nach Westminster. Welche Gedanken mögen sie auf dem Weg begleitet haben, den sie so oft Seite an Seite mit dem König geritten war?

Wenig später stand sie vor der Kommission, über deren Machtbefugnisse die Gegenwart Norfolks und Cromwells keine Zweifel zuließen. Ohne große Umschweife zu machen, forderten sie von ihr, ihren Ehebruch mit Smeaton und Norris einzugestehen. Alles Leugnen habe keinen Sinn, denn beide seien geständig. Das war eine Lüge, wenigstens was Norris anbetraf, aber das konnte sie nicht wissen. Als sie empört aufspringen und den Saal verlassen wollte, drückten sie zwei starke Arme unsanft auf ihren Sitz zurück. Auch ein Hinweis auf ihre Königswürde, der sie doch Respekt schuldig sei, nützte nichts, denn niemand hörte auf sie und ihre Worte verhallten in betretenem Schweigen. Nach einer Weile verstummte sie, mutlos, rechtlos, aber nach wie vor zu keinem Geständnis bereit. Drei Stunden hielt sie Norfolks und Cromwells Kreuzverhör stand, dann brach sie schluchzend zusammen. Die Sitzung wurde vertagt.

Am nächsten Morgen brachte man sie nach Greenwich zurück und schloß sie streng bewacht in ihren Gemächern ein. Ich durfte nicht zu ihr, konnte aber herausfinden, daß sie in Begleitung von vier Hofdamen in den Tower überführt werden sollte. Die Auswahl dieser Hofdamen stellte eine subtile Dosierung von Freund und Feind dar, der ich es verdankte, daß ich Anna bis zur letzten Lebensminute beistehen durfte. Auch Lady Boleyn war dabei, eine entfernte Verwandte, sowie zwei mir völlig unbekannte Damen,

Mrs. Stonor und Mrs. Coffin, deren Namen allein mir Grauen einflößte und deren Gegenwart wohl eher der Spionage im Auftrag Cromwells diente als dem Dienst an der Königin.

Der kleine Hofstaat war bestellt, aber meine Hoffnung, Anna nun endlich in die Arme schließen zu dürfen, wurde enttäuscht. Erst wenn die Barke bereit war, die uns bei steigender Flut zum Tower tragen sollte, würde man uns rufen. Die Stunden schleppten sich dahin, für uns wie für die Königin, in zermürbender Sorge vor der Ungewißheit.

So erfuhren wir auch erst später, daß zur gleichen Stunde George Rochford verhaftet worden war. Fürchtete man etwa, daß er Annas Freunde zur Revolte aufrufen würde? Oder stand er tatsächlich unter der Anklage der Blutschande mit seiner Schwester, wie hie und da gemunkelt wurde? Wahrscheinlich beides, woran seine Frau nicht unschuldig war, mit der er seit Jahren im Unfrieden lebte. Seit eh und je hatte sie das innige Verhältnis zwischen Bruder und Schwester, ihre Fröhlichkeit und ihre gemeinsam ausgeheckten Streiche mit äußerster Mißgunst betrachtet und haßte Anna aus tiefstem Herzen. Vor die Untersuchungskommission Cromwells geladen, hatte sie sich nicht lange bitten lassen und mit schamhaft niedergeschlagenen Augen geschworen, daß sie von der sträflichen Liebe der Geschwister zueinander überzeugt sei. Einzig auf ihrer Aussage fußte die teuflische Anklage, denn als man Thomas Boleyn in dieser Sache hören wollte, war er in eine ferne Provinz verschwunden, wo dringende Geschäfte seiner warteten. Allerdings ließ er Cromwell eine Botschaft überbringen, in der er sich von seiner unwürdigen Tochter lossagte, deren sündhaftes Leben er nie und nimmer gutheißen könne.

Von all dem wußte ich natürlich nichts, als in Greenwich beim Mittagsläuten endlich das Boot bereit war, das uns – die Königin mit den vier Hofdamen, von vier Gewappneten bewacht – zum Tower bringen sollte.

Vor uns glitten Cromwell, Norfolk und drei andere Lords mit einigen Reisigen die Themse aufwärts und bahnten den Weg zwischen Fährschiffen, Fischerbooten und Frachtseglern, die geschäftig die Wasser durchfurchten. Die einen bis zum Rand mit Ware beladen, die andern dichtgedrängt mit Gaffern, von den Feinden der Königin in aller Eile zusammengetrommelt, um nur ja ihrem Sturz beizuwohnen. Herzklopfend wartete ich auf ihr Hohngelächter, ihre Schmährufe und Flüche, aber diese letzte Schmach blieb ihr erspart. Wie vor zwei Jahren trug uns der gleichmäßige Ruderschlag drei endlose Stunden lang, umgeben von einer Grabesstille, zum Tower.

Wie bei ihrer Krönung wölbte sich ein tiefblauer Himmel über uns, und das Licht der Maiensonne tanzte auf den Wellen. Cromwell und Norfolk erwarteten uns mit dem Schlüsselbewahrer und Sir John Kingston, dem Gouverneur, auf den Stufen, die vom Fluß zur Festung führten. Sogar Chapuis hatte sich eingefunden, um dem Kaiser berichten zu können, wie „die Konkubine", erniedrigt und haltlos Gottes Strafgericht entgegenging. Aber er sollte nicht auf seine Kosten kommen, denn Anna hat nicht eine Minute lang ihre königliche Würde vergessen.

Schon lenkte Kingston, der aus seiner Treue zu Katharina von Aragon nie einen Hehl gemacht hatte, das Häuflein Menschen zum Eingang des White Tower, der sich wuchtig in der Mitte des Festungsareals erhebt. Wohin wollte er uns führen?

Die mächtige Tür öffnete sich schwerfällig. „Folgt mir", rief Kingston, während er über die Schwelle trat. Anna zauderte: „Hinunter, in ein Verlies?

– Nein Madame, in die Gemächer, die Ihr vor Eurer Krönung bewohnt habt".

Es lag noch ein Duft von Myrrhe, Rosmarin und Bienenwachs in der Luft, als wir in den großen Raum traten, und die abgebrannten Kerzen auf dem Kamin zeugten davon, daß er lange nicht benutzt worden war.

Der Gouverneur wandte sich zum Gehen.

„Herr Kingston", fragte Anna. „Wißt Ihr, warum ich hier bin?"

„Nein", antwortete er, aber wir ahnten, daß er log. Er mußte längst wissen, unter welcher Anklage Smeaton, Norris, Weston und Graf Rochford standen.

„Ich habe gehört, daß vier Männer mit mir angeklagt sind. Aber ich wiederhole, daß ich mit ihnen ebensowenig gesündigt habe wie mit Euch. Man tut mir Unrecht..."
Kingston wandte sich wortlos ab.

„Herr Gouverneur", rief sie ihn noch einmal zurück. „Wird mir Gerechtigkeit widerfahren?

– Gerechtigkeit, Madame, wird auch dem letzten Untertan des Königs zuteil", erwiderte er und schloß die Tür hinter sich.

Da warf Anna ihre Arme in die Höhe und lachte laut auf. Ihr Gelächter hallte im Treppengewölbe wider und begleitete den Gouverneur bis er ans Tageslicht gelangte.

Wenig später betrat Lady Kingston das Gemach und fragte die

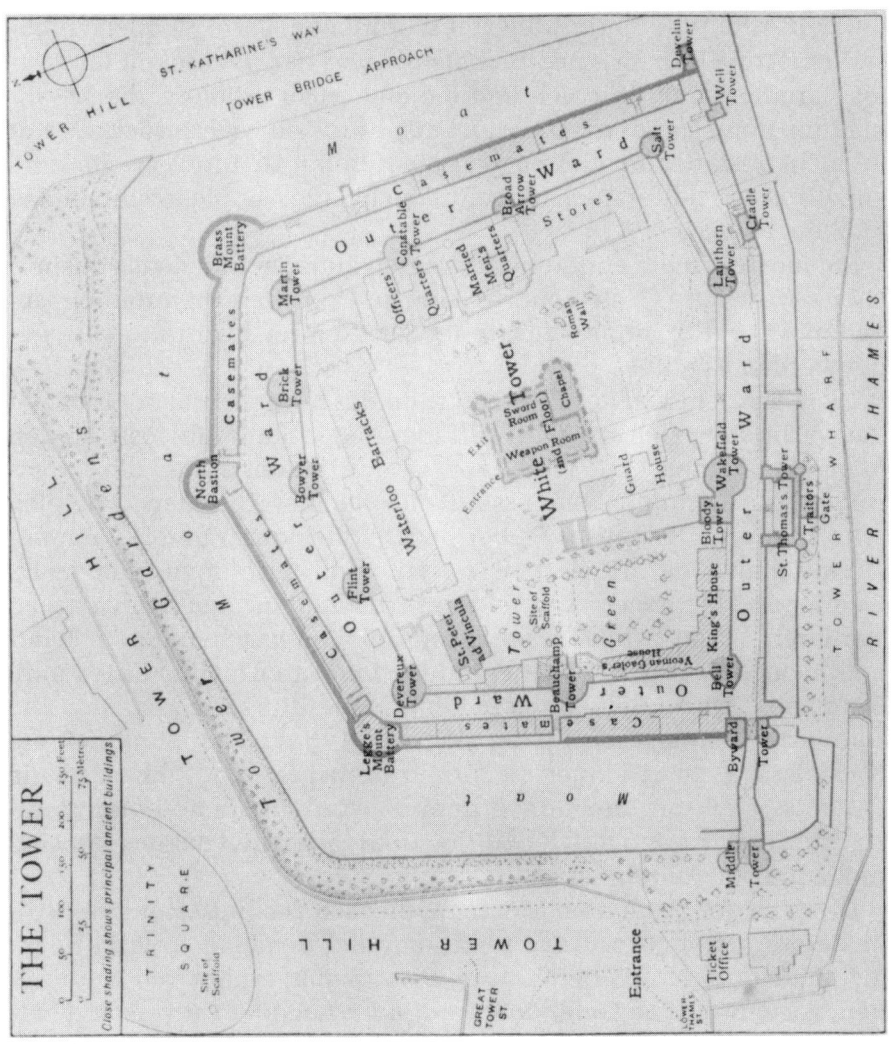

Der Londoner Tower im Grundriß

Rechts unten der „Cradle Tower" war die von der Königsfamilie benützte Einfahrt von der Themse her. Eine Winde zog die Boote aus dem Wasser.

Durch das „Traitors Gate" wurden die Gefangenen in den Tower gebracht.

Zwischen dem Wakefield und dem White Tower, der den Königen als Residenz diente, stand einst die Große Halle des Palastes, in welcher der Prozeß gegen Anna Boleyn stattfand.

Eine Bronzeplatte zeigt die Stelle im Tower Green, wo das Schafott für Hinrichtungen im Tower selbst aufgerichtet wurde. Die eigentliche Richtstätte Londons befand sich auf dem Tower Hill, außerhalb der Festungsmauern.

211

Königin nach ihren Wünschen. Sie wollte alles tun – sie stockte –, um den Aufenthalt ihrer Majestät so angenehm wie möglich zu gestalten. Anna bat um einen Beichtstuhl und das Sakrament,um Gottes Barmherzigkeit für sich und diejenigen zu erflehen, die sie anklagten, denn sie sei unschuldig. Lady Kingston wich zurück. Es war ihr nicht gestattet anzuhören, was die Königin zu ihrer Verteidigung vorzubringen hatte. Auch ich durfte nicht eine Minute mit ihr alleine bleiben.

Immer waren die anderen als Zeugen zugegen, die jedes gesprochene Wort, jede Geste notierten und an Cromwell weitergaben, auf daß nichts verlorenging, das im Prozeß zu ihrer Belastung verwendet werden konnte.

Die Nachricht von der Einkerkerung der Königin und der fünf Edlen verbreitete sich wie ein Lauffeuer in der Stadt und löste an den folgenden Tagen eine Welle von Denunziationen aus, die Cromwells Untersuchungskommission die Nachforschungen erheblich erleichterten. Ein wahres Fieber packte die Herren und Damen der Gesellschaft, egal ob sie bei Hof ein- und ausgingen oder nicht. Gegner und Neider des seit Jahren so mächtigen Clan Boleyn traten aus ihren Schlupfwinkeln, um ihren Sturz zu beschleunigen. Jeder hoffte, durch Verrat und Verleumdung billig zu Amt und Ehren und, wenn möglich, zu Belohnung in klingender Münze zu kommen. Die Akten der Kommission füllten sich von Tag zu Tag, ohne daß die Kommissare einen Finger zu rühren brauchten und ohne daß die Zeugnisse auf ihre Richtigkeit geprüft wurden. Sie notierten, registrierten, klassierten mit der zufriedenen Sicherheit dessen, der sein Ziel nahe vor Augen hat.

Die wenigen zaghaften Stimmen, die sich zur Entlastung der Angeklagten erhoben, wurden rasch mundtot gemacht. Roland Buckley, mit Henry Norris befreundet, Provinzgouverneur von Nordgallien, verschwand im Gefängnis von Cadiz, nachdem er versucht hatte, sich bei Hof Gehör zu verschaffen. Man täte besser daran, seine Hände aus diesem Spiel zu lassen, wurde denen bedeutet, die sich etwa noch veranlaßt fühlten, zugunsten der Angeklagten einzugreifen.

Sogar Thomas Cranmer, Erzbischof von Canterbury, sah sich auf die Finger geklopft, als er ein Supplik verfaßte, in dem er Nachsicht für die Königin erbat, die soviel für die Entstehung der unabhängigen englischen Kirche getan habe. Die Unerbittlichkeit der Beweisführung der Kommission brachte ihn sehr rasch zur Einsicht. Er unterwarf sich und widerrief.

Wenn doch noch Zweifel bestanden hätten, so bewies die Verhaftung von Edward Bryerton, Richard Page und Thomas Wyatt, daß die Kommission vor keiner Willkür zurückschreckte. Acht Gefangene warteten jetzt im Tower auf ihren Prozeß, aus dem es kein Entrinnen mehr gab. Nur zwei wurden in extremis gerettet: Thomas Wyatt dank der Verehrung, die er in ganz England genoß, und Richard Page dank der Fürsprache seines mächtigen Vetters Fitzwilliam. Sie kamen mit dem Leben davon, wurden aber auf unbestimmte Zeit von Hof und Hauptstadt verbannt.

Weniger als zwei Wochen nach ihrer Einberufung legte die Untersuchungskommission ihren Bericht dem obersten Gerichtshof vor, der, auf ihn gestützt, die Liste der Anklagepunkte gegen die Königin aufstellte. Sie lauteten auf:

— Ehebruch mit Smeaton, Weston, Norris, Bryerton und etlichen anderen! Der Anklage zufolge muß Anna eine wahre Messalina gewesen sein.

— Unzucht mit ihrem Bruder George Rochford.

— Anstiftung zur Verschwörung gegen den König

— Versuchter Giftmord an ihm,

— Giftmord an Katharina.

Als besonders gravierend wurde festgehalten, daß sie mit ihrem Bruder wiederholt schamlos über des Königs Kleidung gelacht, über seine Gedichte, Balladen und Kompositionen gespottet und damit bewiesen habe, daß sie ihn nicht liebte. Dadurch sei er an den Rand der Verzweiflung getrieben worden und um ein Haar an gebrochenem Herzen gestorben!

Fast eine Fastnachtsfarce, wenn es nicht so todernst gewesen wäre und nicht ihr Leben auf dem Spiel gestanden hätte. Man sollte meinen, daß kein vernünftiger Mensch je an die Wahrhaftigkeit dieses absurden Sündenregisters glauben würde! Und doch war es so. Da nichts schwerer zu töten ist als eine Legende, wird ihm noch heute blinder Glaube geschenkt und der Betrug dieser Scheinjustiz als bare Münze gewertet!

* * * *

Während die Gefangenen auf ihr Urteil warteten, feierte der „seelisch gebrochene" König mit Festen und Musik, mit Maskeraden und Minnesängern die Einkerkerung seiner Gemahlin, wie er vordem den Tod Wolseys und das Ableben Katharinas gefeiert hatte. Nächtelang klangen Gelächter, Tanzweisen, Trommeln und Schalmeien über die Themse und weckten die braven Bürger Londons aus dem Schlaf. Sogar einen boshaften Schwank über Leben und Tod (auf dem Schafott) von Anna Boleyn soll er verfaßt und vorgetragen haben, was den kaiserlichen Gesandten tief empörte. Ob er mit diesem Lärm die Stimme seines Gewissens zu übertönen hoffte? Ob er nicht doch die Leere spürte, die Anna zurückließ, nachdem sie so viele Jahre an seiner Seite Beweise ihres politischen Fingerspitzengefühls abgelegt und ihn oft gut beraten hatte?

Gegen Mitte Mai trat der Oberste Gerichtshof im „Sternenzimmer" von Westminster zusammen, das sonst dem Kronrat zu seinen Sitzungen diente und dessen Fenster sich auf die blühenden Obstgärten der Abtei öffneten. Er bestand, und damit war seine Befangenheit vollauf bewiesen, aus den Mitgliedern der Kommission, die vollzählig unter dem Vorsitz von Sir Thomas Audley (er wurde später ins Kanzleramt erhoben) die Anklage vertraten. Selbst Wiltshire hatte unter ihnen Platz genommen, um seiner bedingungslosen Königstreue Ausdruck zu verleihen.

Auch die Wahl der zwölf Geschworenen ließ nichts Gutes hoffen. Es waren ausnahmslos Diener des Staates, Besoldete der Krone: Steuereinnehmer, Verwalter und Bewahrer königlicher Schlösser und Gärten, Revisoren des Schatzkanzleramtes, Anwärter auf einen Sitz im Oberhaus. Einer von ihnen stand bei Cromwell mit zehntausend Pfund in der Kreide. Nachdem sie geschworen hatten, das Urteil nach Ehr und Gewissen zu fällen, wurden Smeaton, Norris, Weston und Bryerton vorgeführt. In trotzigem Schweigen hörten sie die Verlesung der Anklagepunkte an. Daß man sie des Ehebruchs mit der Königin bezichtigte, wußten sie längst, hatten aber immer, auch unter der Folter und mit Ausnahme von Smeaton, ihre und der Königin Unschuld beteuert. Die Anklage auf Verschwörung gegen den König dagegen traf sie unvorbereitet. Eine Taktik, sie vielleicht durch Verwirrung gefügiger zu machen oder, noch besser, sie in widersprüchliche Aussagen zu manövrieren. Doch auch diese Finte schlug fehl.

Zwar versuchte Smeaton noch einmal, seine Richter durch ein fadenscheiniges Schuldbekenntnis nachsichtig zu stimmen. Die drei anderen wußten, daß ihr Leben mit oder ohne Geständnis verwirkt war und zögerten nicht, es so teuer wie möglich zu verkaufen. Von ihnen sollte Cromwells Kommission keine Handhabe gegen die Königin ernten!

Weston, Norris und Bryerton erklärten sich, einer nach dem anderen, den Richtern und ihren Gesetzen zum Trotz, sowohl für den ersten wie für den zweiten Anklagepunkt für unschuldig und waren durch keine Drohung von dieser mutigen Haltung abzubringen. Wenn man sie zu verurteilen wage, erklärten sie stolz, so dürfe die Welt auch wissen, daß sie unschuldig und als treue Untertanen ihres Königs vor den Richterstuhl Gottes traten. Gelassen nahmen sie die Urteilsbegründung – verschärft durch das Delikt der Majestätsbeleidigung – und das Todesurteil zur Kenntnis, das die Geschworenen einstimmig über sie verhängten.

Trotz dieser Einstimmigkeit stellte ihre Weigerung, jegliche Beteiligung an den Verbrechen, die man ihnen zur Last legte, einzugestehen, einen Schönheitsfehler dar, der nicht übersehen werden konnte. Immerhin sollte das Urteil ja den Grundstein zum Prozeß gegen die Königin legen und in der Öffentlichkeit dürfte keinesfalls der Verdacht erweckt werden, man habe es mit voreingenommenen Richtern zu tun gehabt. Cromwell und Norfolk beschlossen daher, die Verhandlungen zu vertagen und das Verfahren gegen Anna Boleyn mit einem besonderen Zeremoniell zu umgeben. Nicht ein Geschworenengericht sollte über ihr Schicksal befinden. Nein, ein Sondergericht mußte es sein, bestehend aus Mitgliedern des Hochadels, aus Bischöfen und geistlichen Würdenträgern, denen niemand nachsagen konnte, daß sie im Sold der Krone standen.

Auf Wunsch des Königs trat dieses Sondergericht auch nicht in Westminster zusammen, denn auf dem Weg dorthin könnte es zu Sympathiekundgebungen für die Königin kommen. Es sollte, entschied er, im Großen Saal des White Tower tagen, der schon seit Jahrhunderten Zeuge englischer Geschichte gewesen sei.

SIEBZEHNTES KAPITEL
(1536)

Die Hinrichtung

Was ich jetzt erzählen werde, ist mir wie ein Alptraum in der Erinnerung geblieben. Jeder kennt diesen Zustand, in dem man sich gleichzeitig innerhalb und außerhalb des Lebens fühlt, in dem alle Dinge und Ereignisse verschleiert und unwirklich erscheinen. Das Leben wickelt sich ab wie auf einer Bühne, zu der man keinen Zutritt hat und doch ist man mitten in sie hineingestellt, passiver Zuschauer und aktiver Teilnehmer in einem. Man hört die Worte, sieht die Gesten, ohne sie tatsächlich wahrzunehmen.

So erinnere ich mich dunkel an diesen riesigen Saal, der von hunderten von Kerzen und Fackeln fast taghell erleuchtet war und doch im Rauch der unzähligen Flammen bis zur Unwirklichkeit verschwamm. An einem Ende des Saales war eine Estrade errichtet, auf der hinter einem langen Tisch die Richter, ihre Beiräte und Geschworenen Platz nahmen. Den Vorsitz führte der Großseneschall, Herzog von Norfolk. Unten, vor der Estrade, eilten Notabeln geschäftig hin und her. Sekretäre und Staatsschreiber standen hinter ihren Pulten, spitzten die Federn und prüften Tintenfässer und Streusandbüchsen. Auch der Lord-Mayor von London war anwesend, umgeben von seinen Räten, daneben die Schöffen und Zunftmeister. Auf den Bänken hinter ihnen hatten, gestikulierend und lauthals diskutierend, die Mitglieder der königlichen Hofhaltung Platz genommen. Im hintersten Teil des Saals aber drängte sich, durch eine Barriere getrennt, ein buntes Gemisch Neugieriger aller Stände, die schon seit Mitternacht vor den Toren des Tower gelagert hatten, um dem Prozeß beizuwohnen.

Es summte im Saal wie in einem Bienenkorb ... nein, schlimmer, wie Donner dröhnte das Stimmengewirr an meine Ohren. Dann, endlich, verlangte Norfolk gebieterisch Ruhe. Eine Türe öffnete sich im Hintergrund ... das Herz schlug mir bis zum Halse! Herein trat Sir John Kingston, der Gouverneur des Tower, vor ihm der Schlüsselbewahrer, hinter ihm die Königin, in einem schlichten braunen Samtgewand, schmucklos, blaß und sehr aufrecht. Fast wollte mir scheinen, als suchten ihre Augen irgendwen oder irgendetwas in dem endlosen, wogenden Saal.

Ihr auf dem Fuße folgten Lady Kingston mit dem Scharfrichter, der traditionsgemäß die Schneide seines Henkerbeils noch von der Angeklagten weggedreht auf der Schulter trug, zum Zeichen, daß das Urteil noch nicht gefällt war. Ein Armstuhl wurde für die Königin zurechtgerückt, aber sie blieb stehen. Totenstille senkte sich über die dichtgedrängte Menge, wie wenn die ganze Welt den Atem anhielte. Ich hörte nichts als den tosenden Pulsschlag meines Blutes an meine Ohren hämmern.

Jetzt erhob sich Norfolk und verlas die Anklageschrift, der die Königin steinernen Angesichts lauschte. Darauf traten zwei Ankläger auf. Der eine, Sir Christopher Hales, sprach im Namen des Reiches, der andere, Thomas Cromwell, im Namen des Königs. Weitschweifig zerlegten sie die Anklage, zerpflückten jedes Wort und untermauerten ihre Strafanträge mit dem, was sie als unwiderlegbare Tatsachen und unverrückbare Schuldbeweise bezeichneten, ein Sündenregister, das der Rache Strahl unbarmherzig treffen müsse.

So war der Beweis für die Unzucht der Königin mit ihrem Bruder, daß sie des öfteren allein mit ihm in einem Gemach geweilt habe.

Der Beweis für ihren Ehebruch mit Francis Weston, Norris und Smeaton wurde dadurch belegt, daß sie ihnen Geldgeschenke gemacht hatte.

Der Beweis für ihren vollzogenen Giftmord an Katharina von Aragon und für den geplanten an Maria Tudor lag eindeutig darin, daß sie Norris über die Geldgeschenke hinaus auch noch einige Medaillen zugesteckt habe.

Der Beweis dafür, daß sie mit Rochford, Weston, Norris, Smeaton und Bryerton gegen die Krone konspirierte, basierte auf der Tatsache, daß sie — für alle deutlich erkennbar — den König gehaßt habe, denn man habe sie laut mit ihren Komplizen über ihn lachen hören...

Selbstzufrieden nahmen Hales und Cromwell Platz: Das Wort wurde der Königin erteilt, die mit eisiger Ruhe und ausgesuchter Höflichkeit die Beweisführung ihrer Ankläger Punkt für Punkt widerlegte.

Gewiß, sagte sie mit fester Stimme, habe sie mit ihrem Bruder Gespräche über Fragen der Reichspolitik unter vier Augen geführt. Dasselbe treffe aber auch auf Wolsey, Cromwell und Cranmer zu. Warum klage man diese nicht an?

Es stimme auch, fuhr sie fort, daß sie Francis Weston, wie allen anderen Edelleuten ihres Gefolges, Geldgeschenke gemacht habe. Doch die Erzbischöfe von Worcester, Salisbury und Canterbury seien gleichermaßen beschenkt worden, ohne daß man ihnen Sittenlosigkeit vorwerfe.

Auch gäbe sie gerne zu, Henry Norris für seine zahllosen Dienste einige Medaillen zu seiner Sammlung überreicht zu haben, aber soviel sie wisse, sei ihm der Zutritt zu Katharinas Residenz in Kimbolton verwehrt gewesen. Auch habe sie nie davon gehört, daß man einen Menschen mit Goldmedaillen vergiften könne.

Gewiß, auch habe sie oft **in Anwesenheit** des Königs gelacht, jedoch niemals **über** ihn, was ihre Ehrfurcht und ihre Liebe für ihn verbiete.

Die Königin schwieg. Ein Murmeln lief durch den Saal. Der ruhige Ton der Königin und die Logik ihrer Aussage brachten die Geschworenen sichtlich in Verlegenheit. Sie zogen sich lebhaft diskutierend zurück. Einen kurzen Augenblick lang faßte ich Mut. Doch das hieß vergessen, daß mit ihrem Hiersein, daß mit diesem ganzen Schauspiel ein von vornherein festgelegter Zweck verfolgt wurde. Sie waren nicht hier, um nach bestem Gewissen zu urteilen, sondern um das vom König diktierte Todesurteil auszusprechen. Schon nach kurzer Beratung kehrten sie mit einem einstimmigen „schuldig" in den Gerichtssaal zurück. Der Scharfrichter kehrte die Schneide des Henkerbeils zur Königin, Norfolk brach den Richterstab. Im Namen des Königs, hob er an, sei die vorgenannte Anna Boleyn ihrer Königswürde und anderen Ehren verlustig erklärt und zu Tode verurteilt. Des Königs unendliche Gnade werde noch darüber entscheiden, ob sie ihn durch die Flammen oder durch das Beil des Henkers zu gewärtigen habe.

Ein letztes Mal bat die Angeklagte um das Wort. „Der König", sagte sie ruhig, „hat mir meine Titel gegeben und wieder genommen. Sein Wille geschehe". Danach wiederholte sie mehrere Male, daß sie unschuldig sei und dem Tod mit dem Gleichmut der Unschuld entgegensehe. Was sie jedoch zutiefst bekümmere, sei der unverdiente Tod ihrer Mitangeklagten.

Für diese, für sich selbst und für den König erflehe sie die Fürbitte der Anwesenden und die Gnade Gottes.

Sie schwieg. Beklemmende Stille senkte sich über den Saal, die

Kerzen knisterten. Da tat sich die Türe im Hintergrund wieder auf und gemessenen Schrittes verließen der Schlüsselbewahrer, der Gouverneur, der Henker, die Königin den Raum. Noch hatte der Letzte nicht die Schwelle übertreten, als in den vordersten Reihen ein gellender Schrei ertönte. Es war einer der Geschworenen, Henry Percy, Graf von Northumberland, Annas Jugendliebe, der sich in Krämpfen wand und unverständliche Worte hervorstieß. Hatten im letzten Moment die Stimmen der Vergangenheit sein Gewissen aufgeschreckt? Man schaffte ihn hinaus, auf daß sein Anblick nicht die Richter verwirre.

* * * *

Es sollte nicht die einzige Unterbrechung des großen Gerichts bleiben. Kaum war die Stille im Saal wiederhergestellt, das Verfahren gegen George Boleyn, den Grafen von Rochford, eröffnet und der Angeklagte hereingeführt, da brach der Herzog von Norfolk, unnachgiebiger Ankläger seiner Nichte, in haltloses Schluchzen aus. Die Verhandlungen wurden erneut unterbrochen und es dauerte über eine Stunde, bis der sonst so furchterregende Großseneschall sich wieder unter Kontrolle hatte.

Bleich und mit kaum vernehmbarer Stimme verlas er seinem Neffen die Anklagen, die gegen ihn vorlagen: Verschwörung, Blutschande und ein weiterer Punkt, der erst später erörtert werde.

George, der wie Anna und alle anderen genau wußte, daß ihn ohnedies nichts mehr vor dem Tode retten konnte, entwickelte zu seiner Verteidigung eine eigene Taktik. Zum letzten Mal in seinem Leben und zum Entzücken des anwesenden Volkes, ließ er seinem unverbesserlich respektlosen Mundwerk freien Lauf.

Ein Komplott? Weil er mit der Königin über den König gelacht habe? Nein, leider habe er nie konspiriert, aber er hätte es tun sollen, denn er habe schon immer wenig von des Königs geistigen Gaben gehalten!

Inzest? Weil er sich einige Male in „blutschänderischen Absichten" mit seiner Schwester allein in einem Gemach aufgehalten hätte? Habe er sich nicht auch mit Cranmer, Cromwell und dem König selber unter vier Augen zurückgezogen, ohne daß die Herren Ankläger etwas Anrüchiges dabei gefunden hätten?

Schon bei seinen ersten Worten war ersticktes Kichern im Saal hörbar geworden. Als er aber geendet hatte, wurden die hinteren Reihen von lautem Gelächter geschüttelt, während die Richter und

Geschworenen auf der Estrade unbehaglich auf ihren Sitzen herumrutschten und fieberhaft die Aktenrollen in ihren Händen drehten.

„Ruhe!", gebot Cromwell mit donnernder Stimme und einige Augenblicke lang hörte man nichts als das Kratzen der Federn der Schreiberlinge auf dem Pergament.

„Der dritte Punkt der Anklage", hob Cromwell wieder an, „müsse geheim bleiben. Bei der Ehre der Königs", fuhr er fort und überreichte George Rochford ein versiegeltes Schriftstück, „habe er es stillschweigend zu lesen und schriftlich darauf zu antworten".

„Bei der Ehre des Königs? Bei welcher Ehre des Königs, gebt her!", rief Rochford, erbrach das Siegel und las mit mächtiger Stimme, damit auch die letzte Reihe im Saal jedes Wort mitbekam, daß er öffentlich Heinrichs Vaterschaft auf Elisabeth und seine Zeugungsfähigkeit überhaupt in Zweifel gezogen habe. Dieses schlüpfrige Thema gab dem Hof seit einiger Zeit einen Gesprächsstoff, über den der König verständlicherweise in maßlosen Zorn geriet. Die Urheberschaft davon George Rochford in die Schuhe zu schieben, war jedoch denkbar ungeschickt, denn er hätte damit seiner eigenen Nichte die Legitimität abgesprochen. Er wies den Vorwurf entrüstet von sich. Aber schon die lautstarke Vorlesung des vertraulichen Schriftstücks hatte eine wahre Panik unter den Anwesenden ausgelöst. Einige stürzten verängstigt zum Ausgang, als ob jeden Augenblick der Blitz einschlagen oder die Decke des ehrwürdigen Gebäudes über ihnen zusammenbrechen könnte. Eilends erhoben sich die Geschworenen, um sich zu einer endlosen Beratung zurückzuziehen. Die Zurückgebliebenen erwogen ernstlich, ob Rochford nicht doch mit dem Leben davonkäme, nachdem er so überzeugend jeden Verdacht von sich gewiesen hatte. Der ganze Prozeß mit seinen unglaubhaften Beweisführungen kam dem Volk verdächtig vor und man begann, auf seinen Ausgang Wetten abzuschließen. Auch unter den Geschworenen soll es zu heftigen Wortgefechten gekommen sein, denn nicht wenige plädierten auf Freispruch, um damit ihre Unparteilichkeit unter Beweis zu stellen. Zum Schluß aber zog Cromwell ein Schreiben von Lady Rochford aus der Tasche, in welchem sie ihre Anklagen gegen ihren Gemahl erneut beschwor. Damit waren die Würfel gefallen. Wenig später nahmen die Geschworenen ihre Sitze im Saal wieder ein und erklärten George Rochford einstimmig und in allen Punkten für schuldig. Das Urteil lautete auf den Tod durch Verbrennung oder Enthauptung, obwohl er, wie der Marquis von Exeter, der es verlas, betonte, die Vierteilung reichlich verdient habe. Norfolk brach schweigend den Stab und verließ wortlos den Raum. Der Gefangene wurde abgeführt, nachdem er sein von der Krone beschlagnahmtes Vermögen seinen Schuldnern vermacht hatte. Die Sitzung des Hohen Gerichts war beendet, der große Saal leerte sich, die Lichter verlöschten.

* * * *

Über Nacht wurde die Richtstätte im Tower Green bereitgemacht und mit schwarzen Tüchern behängt. Im Morgengrauen sagte man Rochford, Smeaton, Weston, Norris und Bryerton in ihren Verliesen, daß ihr letzter Gang bevorstände. Meine letzten, verzweifelten Versuche, wenigstens Weston zu retten, waren fehlgeschlagen. Keinem von ihnen wurde gestattet, von seinen Angehörigen Abschied zu nehmen. Wie Hochverräter hatte man sie von jeder Verbindung mit der Außenwelt abgeschnitten. Trotz allem aber hatte sich die Nachricht von ihrer bevorstehenden Hinrichtung in der Stadt verbreitet und jenseits der Festungsmauern, auf den Höhen des Tower Hill, versammelte sich eine lärmende Menge Schaulustiger, die sich das Ereignis nicht entgehen lassen wollten.

Von all dem wußten wir in unseren Gemächern im White Tower nichts, aber die Geschäftigkeit im Ehrenhof unten ließ uns das Schlimmste ahnen. Anna lag im Gebet vor ihrem Hausaltar auf den Knien, als von fern her ein Trompetensignal und Trommelwirbel zu uns herüberwehte und uns die Gewißheit gab, daß das Urteil des Königs an ihrem Bruder und ihren letzten Getreuen vollzogen worden war.

* * * *

Gegen Abend befand ich mich mit Lady Boleyn im Gemach der Königin, als Kingston eintrat und ankündigte, daß alles für den nächsten Morgen, den siebzehnten Mai des Jahres 1536, bereit war. Es ginge sehr schnell, versicherte er, und sie werde gewiß nicht leiden. „Ich möchte Euch an meiner Stelle sehen, Herr Gouverneur", antwortete sie mit einem spöttischen Lächeln, das ihn unsicher machte. „Er ... wird keine große Mühe mit mir haben", fuhr sie in ihrem scherzhaften Ton fort und legte sich die Hände um den Hals. „Schaut her, ich habe einen so zierlichen Nacken".

Aber nach einer Weile fügte sie nachdenklich hinzu, daß sie am liebsten mit ihrem Bruder auf demselben Schafott gestorben wäre, damit sie zusammen in den Himmel einziehen könnten.

Verwirrt ließ uns Kingston allein und zum letzten Mal flehte sie mich an, soweit es in meinen Mitteln stünde, über Elisabeth zu wachen und ihr als das Vermächtnis ihrer Mutter den Glauben an die Großmacht Englands und an die Unabhängigkeit seiner Kirche zu vermitteln, und daß der Weg dazu über die Herrschaft der Meere führe. Darauf ließ sie ihren Almosenier rufen, um die Beichte abzulegen und die Sterbesakramente zu empfangen. Auch verlangte sie, daß Sir Kingston dabei zugegen sei, damit er ihre letzten Worte vor allen bezeugen könne. Bei der Unsterblichkeit ihrer Seele schwor sie, sie habe dem König, ihrem Gemahl, unverbrüchlich die Treue gehalten,und wer die Legitimität Elisabeths anfechte, mache sich einer schweren Sünde schuldig.

Dann verbrachte sie den großen Teil der Nacht im Gebet mit ihrem Beichtvater.

Der Morgen graute und nichts rührte sich, niemand ließ sich blicken. Es wurde Mittag und noch immer geschah nichts. Erst gegen Abend klärte uns Sir Kingston über den Grund des Verzugs auf. In seiner unendlichen Güte und Nachsicht, berichtete er, habe der König bestimmt, daß seine Gemahlin, die Mutter Elisabeths, nicht durch das Henkerbeil, sondern durch das königliche Schwert den Tod erleiden solle. Da es aber in London weder ein Richtschwert noch einen Scharfrichter gab, der es handhaben konnte, müsse beides in höchster Eile aus Calais über den Kanal herbeigeschafft werden.

„Wann also?" fragte Anna, „an welchem Tag, zu welcher Stunde?" Sie werde es zur rechten Zeit erfahren, antwortete der Gouverneur verlegen. „Ich verstehe", bemerkte sie ironisch, „man will wohl mit allen Mitteln einen Zulauf auf dem Tower Hill für meine Hinrichtung vermeiden. Fürchtet man, das Volk könne einen Spottnamen für mich erfinden? Vielleicht 'Anna, die kopflose Königin' ... eben weil ich für den Geschmack der Männer zuviel im Kopf gehabt habe?"

Und daß im Tower Green eine Richtstätte aufgebaut wurde, nicht höher als einen Fuß, damit sie vom Tower Hill nicht zu sehen war, davon sagte Sir Kingston auch nichts. Aber wir hörten die ganze Nacht das Sägen und Hämmern der Zimmerleute.

Bei Sonnenaufgang öffneten sich die Türen unserer Gemächer, geheimnisvoll, als hätten die Wachen draußen auf ein Zeichen gewartet. Sir Kingston trat der Königin mit dem Schlüsselbewahrer entgegen. Beide verneigten sich tief. Die Stunde war gekommen. Wir hatten die Königin in ein Gewand aus feiner, grauer Wolle gekleidet, die Haare über dem Nacken geknotet. Sie begann langsam, von ihrem Beichtvater geleitet, die Treppe hinunter zu schreiten, Sir Kingston folgend. Am Eingang zum weiten Hof des Tower Green erwarteten uns Cromwell, Norfolk, Suffolk und ein halbes Dutzend Mitglieder des Kronrats sowie der Lord-Mayor von London mit seinen Schöffen. Nur wenigen Höflingen und keinem einzigen Fremden war es erlaubt worden, die Richtstätte zu betreten, in deren Mitte sich das so ungewöhnliche niedrige Schafott erhob. Keine Blicke vom Tower Hill drangen zu uns herüber.

Einen Moment hielt die Königin inne, als sie des Scharfrichters ansichtig wurde, der sie im roten Wams mit dem Richtschwert in der Rechten erwartete. Ich sah, wie sie einige Worte mit dem Geistlichen wechselte und das Kreuz küßte, das er ihr entgegenhielt, während seine Hand auf ihrem Haupt ruhte. Erschüttert, am ganzen Körper zitternd, wandte ich mich ab. Unbewußt suchten meine Augen einen Halt, sie schweiften zurück zum White Tower, den eben die ersten Sonnenstrahlen berührten. Weit oben, an einem der Fenster, erkannte ich die Gestalt von Thomas Wyatt, bleich, die Hände an die eisernen Gitterstäbe seiner Gefängniszelle geklammert. Wie durch einen Schleier vernahm ich die letzten Worte Annas, die dem König für seine Güte und Gnade dankte und den Segen des Himmels für Elisabeth erflehte. Sie bat alle um Verzeihung, denen sie Unrecht getan, sagte, daß sie keinem zürne, der sie angeklagt und gerichtet habe. Dann reichte sie, wie es die Sitte war, dem Henker einen Taler für seine Mühe. Lady Boleyn verband ihr die Augen und wir sanken in die Knie.

Jetzt mußte es kommen, sagte ich zu mir, es mußte ... und schloß die Augen. Bei dem dumpfen Schlag des Schwerts auf den Richtblock verlor ich das Bewußtsein.

* * * *

Als mich ein Kanonenschlag in die Wirklichkeit zurückrief, sah ich Annas Haupt vor mir liegen. Sie hatte die Augen geöffnet und ein Lächeln auf den Lippen.

Geistesabwesend half ich den Hofdamen, den Leichnam in ein weißes Laken zu hüllen und in den schmucklosen, schwarzen Sarg zu legen, den man eilig für sie gezimmert hatte. Vier Männer trugen ihn hinüber, wo sich in der äußersten Ecke des Festungsgeländes die alte Schloßkirche von St. Peter erhebt, in der schon so mancher

Gefangene des Tower eine letzte Heimstätte fand. Niemandem, außer Cromwell und Norfolk war es gestattet, den vier Totengräbern zu folgen und keine von uns hat je erfahren, in welchem Winkel, unter welcher Steinplatte des Kirchenschiffs Anna Boleyn, die Königin der tausend Tage, begraben liegt.

DANACH

Dies England lag noch nie und wird auch nie
zu eines Siegers stolzen Füßen liegen.
Als wenn es erst sich selbst verwunden half...
So rüste sich die Welt an dreien Enden.
Wir trotzen ihr!

William Shakespeare

Elisabeth, Herrin der Meere

Am Tag der Hinrichtung Anna Boleyns, dem 19. Mai 1536, verlobte sich Heinrich VIII. mit Jane Seymour und ließ sich eine Woche später mit ihr in der Schloßkirche von Whitehall trauen. Aber es sollte ihm kein dauerndes Eheglück mehr beschieden sein und auch die von ihm bestimmten Nachfolger schienen vom Unheil verfolgt. Jane starb im Kindbett, als sie dem langersehnten Thronerben im Oktober 1537 das Leben schenkte.

Trotzdem versetzte die Ankunft von Prinz Eduard den alternden König in unbändige Freude. Die ganzen Hoffnungen des Königreiches konzentrierten sich jetzt auf diesen zarten Knaben, denn sein natürlicher Sohn von Bessie Blount, den er 1526 zum Herzog von Richmond erhoben und zur Ausübung gewisser Regierungsgeschäfte erzogen hatte, war im Sommer 1536 gestorben. Zunächst dachte er nicht an eine Wiederverheiratung.

Dann war es Thomas Cromwell, der den König im Januar 1540 zu einer Ehe mit der protestantischen Anna von Kleve drängte, die ihm eine angemessene Partie und, wie der Lordkanzler glaubte, England einen Verbündeten gegen die katholischen Staaten Europas verschaffen sollte. Aber Heinrich konnte die fremdartige, stille Frau, die er vor der Heirat nur auf einer Miniatur gesehen hatte, nicht leiden, verstieß sie noch vor der Vollziehung der Ehe und Cromwell bezahlte seinen fatalen Irrtum mit seinem Kopf.

Noch im gleichen Jahr stand Heinrich wieder auf Freiersfüßen mit der lebenslustigen Katharina Howard, einer Nichte von Cromwells Feind, dem Herzog von Norfolk, der mit dieser Heirat die katholische Partei am Hofe, vor allem aber seinen eigenen Einfluß, zu stärken trachtete. Aber Katharina endete schon 1542 wegen Ehebruchs auf dem Schafott. Norfolk selbst landete mit seinem ältesten

Sohn im Tower und entging der Hinrichtung nur dank Heinrichs Tod, nachdem der nachwuchskranke Monarch 1543 noch eine sechste Ehe mit der hochgebildeten, protestantischen Katharina Parr eingegangen war.

Aber all seinen Hoffnungen zum Trotz waren die drei letzten Ehen Heinrichs VIII. kinderlos geblieben. Er selbst, der ehemals strahlende Held der Renaissance, hatte sich zu einem unförmigen Koloß gemausert, kränklich, mißtrauisch, rachsüchtig und grausam. Das Problem der Thronfolge zermürbte die letzten Jahre seines Lebens und ließ ihn jeden möglichen Thronprätendenten der ferneren Verwandtschaft blindwütig verfolgen. Als er im Januar 1547 starb, riß sein Schwager Edward Seymour die Macht an sich und ließ sich zum Lordprotektor und Herzog von Somerset erheben, trotzdem der König in seinem Testament genaue Vorschriften über einen Regentschaftsrat für den neunjährigen, sehr frühreifen und begabten Eduard VI. hinterlassen hatte.

Unter Somersets Vormundschaft entwickelte sich die Regierungszeit Eduards VI. zu einem fortwährenden Kampf um die Durchsetzung des Protestantismus als der „wahren Religion" in England, wobei Thomas Cranmer, der von Heinrich VIII. ernannte Erzbischof von Canterbury, eine bestimmende, aber mildernde Rolle spielte. Eduard VI. starb, bevor er seine Verantwortung als König voll ausüben konnte. Die Reformen, die Somerset in seinem Namen dem Land aufzwingen wollte, stießen auf immer größeren Widerstand aus allen Kreisen der Bevölkerung, trugen zu Unzufriedenheit und zu sozialen Unruhen bei. Somerset wurde 1549 gestürzt und 1552 hingerichtet. Sein Nachfolger als Vormund des jungen, nun schon schwer schwindsüchtigen Königs, war Dudley, Herzog von Northumberland, dessen Sinnen und Trachten darauf ausgerichtet war, die streng katholische Prinzessin Maria von der Erbfolge auszuschließen. Er brachte es fertig, Eduard zu überreden, seine eigene Schwiegertochter, Lady Jane Grey, zu seiner Nachfolgerin auf dem Thron von England zu bestimmen.

Jane Grey, Enkelin von Heinrichs Schwester Maria, war damals gerade siebzehn Jahre alt, eine vorzügliche Schülerin und überzeugte Protestantin. Mit dreizehn Jahren sprach sie fließend Griechisch, Hebräisch und Lateinisch und korrespondierte mit den bedeutendsten Theologen Englands und des Kontinents. Aber trotz ihrer Gaben war sie dem Land eine Unbekannte und nicht viel mehr als ein Werkzeug in den Händen ihres Schwiegervaters. Ihre Thronbesteigung verursachte eine Krise, da Maria nicht bereit war, auf die ihr verbrieften Thronansprüche zu verzichten. Sie konnte die Stimmung des Volkes für sich gewinnen und wurde im Juli 1553, dreizehn Tage nach Jane Greys Ernennung, in London zur Königin von England proklamiert. Jane Grey und Northumberland starben wenig später auf dem Schafott.

Doch Maria, später unter dem Namen „die Blutige" bekannt, war unfähig, sich auf die Dauer die Anhänglichkeit ihrer Untertanen zu erhalten. Bei ihrem Regierungsantritt war sie schon 37 Jahre alt, unvermählt und ohne jeden politischen Weitblick. Ihr einziges Ziel bestand in dem fanatisch verfolgten Wunschtraum, England wieder dem Katholizismus und der Allgewalt Roms zuzuführen. In diesem Gedanken setzte sie auch ihre Heirat mit Philipp II., Sohn Karls V., gegen den Willen ihrer Ratgeber und ihrer Untertanen durch. Sie ließ die Protestanten grausam verfolgen und übte nachträglich Rache an Thomas Cranmer, der die Ehe ihrer Mutter mit Heinrich VIII. annulliert hatte: der Erzbischof von Canterbury, Primas von England und Taufpate Elisabeths, wurde 1555 als Ketzer verbrannt. Philipp II. dachte nicht daran, sich an der Seite seiner Gattin dem Schicksal Englands zu widmen. Marias Ehe blieb kinderlos, ihr Traum eines katholischen Englands unerfüllt. Auch ihr 1557 gegen Frankreich geführter Krieg war ein Fehlschlag. Sie verlor Calais, den letzten Außenposten des großen kontinentalen Erbes, auf den noch ihr Vater riesige Summen verwendet hatte.

Vereinsamt und verbittert entschloß sie sich auf ihrem Totenbett, im November 1558, sich endlich mit ihrer Halbschwester Elisabeth auszusöhnen. Deren Ernennung zur Thronfolge, die sofort vom Kronrat bestätigt wurde, war das Eingeständnis ihres eigenen Scheiterns.

Als sämtliche Glocken des Königreiches im November des Jahres 1558 die Thronbesteigung Elisabeths I. einläuteten, bedeutete dies gleichzeitig den Eintritt Englands in ein neues Zeitalter, das man das Elisabethanische nennen sollte.

Die Königin war damals fünfundzwanzig Jahre alt, belesen und hochgebildet. Von ihrem Vater hatte sie Musikalität und Kunstsinn, von ihrer Mutter die Sprachbegabung geerbt. Und doch sollte gerade während ihrer Regierungszeit der Hof in London zu einem englischen Königshof werden, an dem englische Poesie, englische Prosa und englische Dramaturgie zu dem wurde, was wir heute noch kennen.

Elisabeth mag auch, von ihrer Mutter Seite, politischen Weitblick, Ehrgeiz und Zielstrebigkeit, von ihrem Vater die bis zur Unent-

Größter Triumph Königin Elisabeths, der Tochter von Anna Boleyn, war, als ihre Flotte den Landungsversuch der Armada von Philipp II. verhinderte. In der oberen Bildhälfte die britische Flotte, in der unteren die spanische Armada. (Greenwich National Maritime Museum)

schlossenheit sich steigernde, abwartende Vorsicht in sich vereint haben, eine Mischung, die sich bewähren sollte.

Ihre Jugendjahre, in denen sie zunächst von ihrem Vater zum Bastard erklärt, dann legitimitiert wurde, später verbannt, verdächtigt, von den einen hofiert, von den anderen gehaßt, gefangengesetzt und wieder rehabilitiert ... hatten sie äußerste Vorsicht und kluge Zurückhaltung gelehrt. Sie hatten ihr aber auch gezeigt, wohin blinder Fanatismus, sei es von katholischer, sei es von calvinistischer Seite aus, das Land geführt hatte. Sie schlug daher in der von Tragödien belasteten religiösen Frage einen Mittelweg ein, oft nach langen Auseinandersetzungen mit dem Parlament, in dem sich die verschiedensten Strömungen bekämpften. Um die Zerrissenheit der Nation zu beenden, beschloß sie, die Grundlagen der unabhängigen englischen Kirche so allumfassend zu gestalten, daß darin Raum für alle Untertanen blieb. Ihr Vater war „Oberhaupt" (supreme head) der Kirche gewesen, sie gab sich mit dem Titel „Höchster Verwalter" (supreme governer) zufrieden, was aber nicht ihre Exkommunikation (1570) und die unerbittliche Feindschaft der katholischen Staaten ausschloß.

Sie haßte den Krieg, dessen Irrsinn sie erkannt hatte, konnte es aber nicht vermeiden, in die Konflikte auf dem Kontinent hineingezogen zu werden. So brachte der Aufstand der Niederländer gegen die spanische Oberherrschaft schließlich auch Elisabeth den Krieg mit Philipp, der ihr nie ganz verziehen hatte, daß sie ihm nach Marias Tod nicht die Hand zum Bund der Ehe reichte.

Spaniens Reichtum beruhte auf seinen Einfuhren aus dem neuentdeckten Kontinent. Englands wachsender Reichtum dagegen sollte sich, und dazu war die Königin fest entschlossen, auf die Ausfuhr eigener Ware, auf neuen Handelsbeziehungen und auf der Schaffung einer eigenen Handelsflotte gründen. Unter ihrer Regierung erlangte London seine einmalige Stellung als Welthandelsmetropole.

Den Konflikt, den die französischen Guise gegen sie über Maria Stuart, die flüchtige Königin von Schottland, anzuzetteln versuchten, beendete sie nach langen Gewissenskonflikten und Zweifeln mit der Enthauptung ihrer Rivalin im Jahre 1587.

Jetzt stand noch die letzte große, unvermeidliche Auseinandersetzung mit Spanien bevor, die sowohl religiöse, wirtschaftliche, wie auch − besonders von Philipp II. aus gesehen, der ein Anrecht auf die Krone Englands zu haben glaubte − persönliche Gründe hatte. Elisabeth war nicht gewillt, der Drohung nachzugeben, sondern rüstete England auf den Angriff durch den Bau einer Flotte von fast hundert Schiffen, durch die Ausbildung von Milizen für den Fall einer Landung feindlicher Armeen und die Befestigung der Küstenstädte. Nichts sollte dem Zufall überlassen werden, währenddessen der sonst so zögernde König von Spanien der Eröffnung der Feindseligkeiten mit rastloser Ungeduld entgegenhetzte. Was niemand erwartet hatte, geschah. Die Armada, die England erobern sollte, wurde im Sommer 1588 zersprengt. Die Gefahr war gebannt. Elisabeth hatte sich gegen eine große Übermacht durchgesetzt, ihr Land und ihren Thron gerettet. Fünfzehn Jahre später sollte sie beides intakt ihrem Nachfolger übergeben. Sie war die letzte Tudor.

„Was für eine heldenhafte Frau!", soll Papst Sixtus V. 1588 bewundernd ausgerufen haben. „Sie trotzt den stärksten Mächten zu Lande und zur See... Schade, daß Elisabeth und ich nicht heiraten können, unsere Kinder würden die Welt beherrschen!"

* * * *

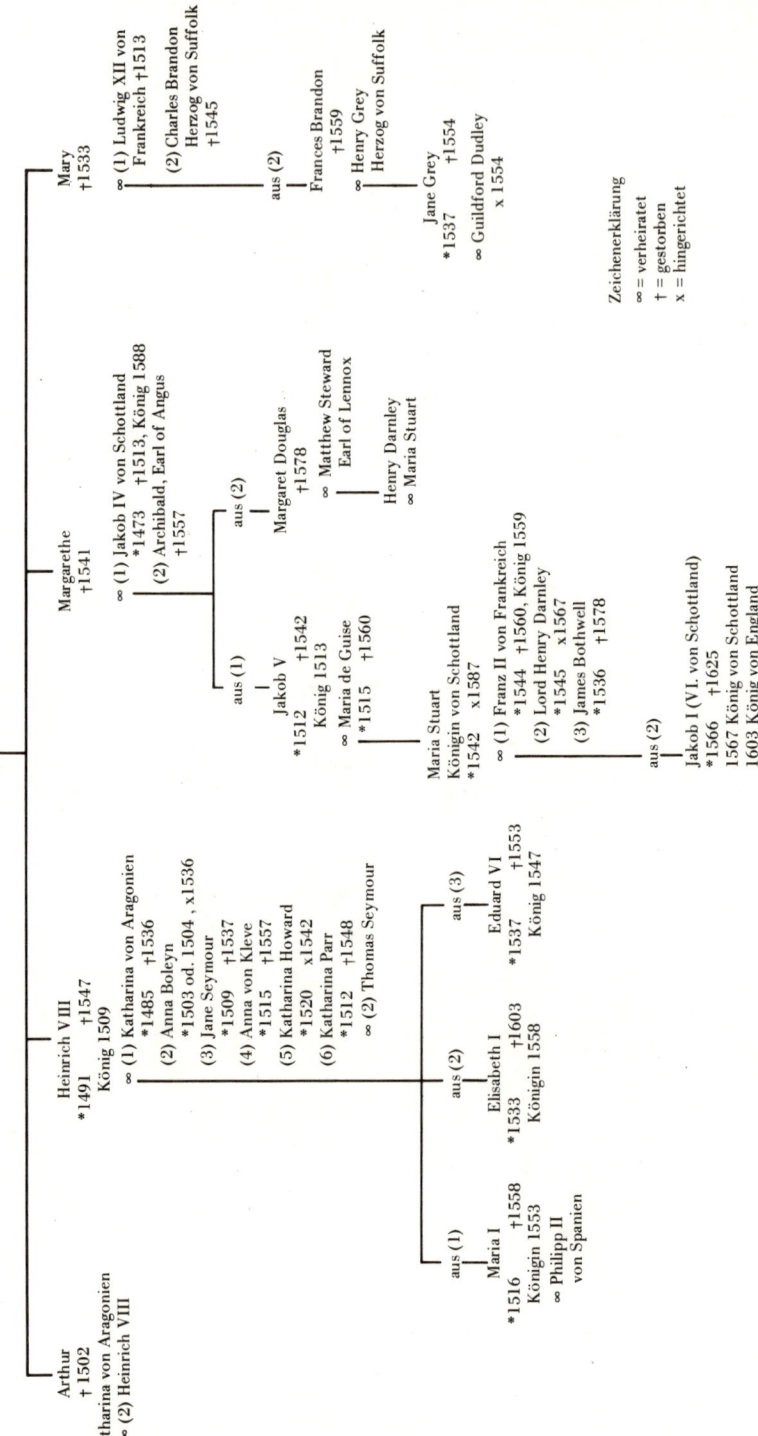

Stammbaum der Familie Tudor

Heinrich VII
*1457 †1509
König 1485
∞ Elisabeth von York, †1503

Arthur
† 1502
∞ Katharina von Aragonien
∞ (2) Heinrich VIII

Heinrich VIII
*1491 †1547
König 1509
∞ (1) Katharina von Aragonien
*1485 †1536
(2) Anna Boleyn
*1503 od. 1504 , x1536
(3) Jane Seymour
*1509 †1537
(4) Anna von Kleve
*1515 †1557
(5) Katharina Howard
*1520 x1542
(6) Katharina Parr
*1512 †1548
∞ (2) Thomas Seymour

aus (1)
Maria I
*1516 †1558
Königin 1553
∞ Philipp II
von Spanien

aus (2)
Elisabeth I
*1533 †1603
Königin 1558

aus (3)
Eduard VI
*1537 †1553
König 1547

Margarethe
†1541
∞ (1) Jakob IV von Schottland
*1473 †1513, König 1588
(2) Archibald, Earl of Angus
†1557

aus (1)
Jakob V
*1512 †1542
König 1513
∞ Maria de Guise
*1515 †1560

aus (2)
Margaret Douglas
†1578
∞ Matthew Steward
Earl of Lennox

Henry Darnley
∞ Maria Stuart

Maria Stuart
Königin von Schottland
*1542 x1587
∞ (1) Franz II von Frankreich
*1544 †1560, König 1559
(2) Lord Henry Darnley
*1545 x1567
(3) James Bothwell
*1536 †1578

aus (2)
Jakob I (VI. von Schottland)
*1566 †1625
1567 König von Schottland
1603 König von England

Mary
†1533
∞ (1) Ludwig XII von
Frankreich †1513
(2) Charles Brandon
Herzog von Suffolk
†1545

aus (2)
Frances Brandon
†1559
∞ Henry Grey
Herzog von Suffolk

Jane Grey
*1537 †1554
∞ Guildford Dudley
x 1554

Zeichenerklärung
∞ = verheiratet
† = gestorben
x = hingerichtet

Stammbaum der Familie Howard

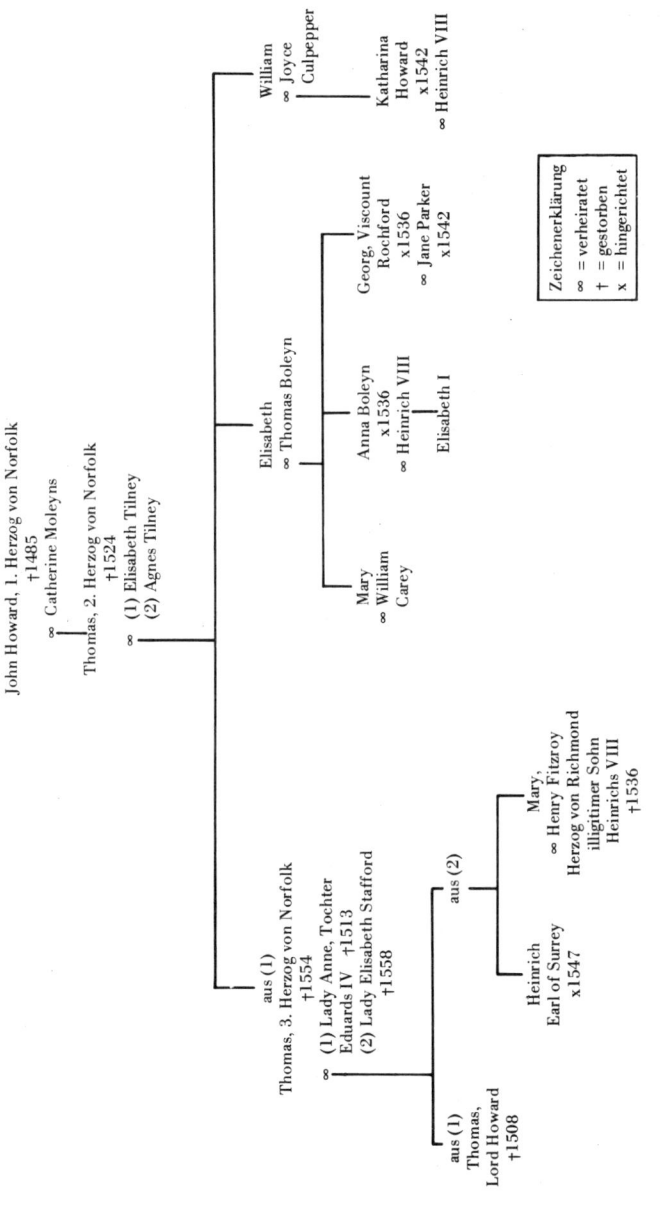

John Howard, 1. Herzog von Norfolk
†1485
∞ Catherine Moleyns

Thomas, 2. Herzog von Norfolk
†1524
∞ (1) Elisabeth Tilney
(2) Agnes Tilney

aus (1)
Thomas, 3. Herzog von Norfolk
†1554
∞ (1) Lady Anne, Tochter
Eduards IV †1513
(2) Lady Elisabeth Stafford
†1558

aus (1)
Thomas,
Lord Howard
†1508

Heinrich
Earl of Surrey
x1547

aus (2)

Mary,
∞ Henry Fitzroy
Herzog von Richmond
illigitimer Sohn
Heinrichs VIII
†1536

Elisabeth
∞ Thomas Boleyn

Mary
∞ William
Carey

Anna Boleyn
x1536
∞ Heinrich VIII

Elisabeth I

Georg, Viscount
Rochford
x1536
∞ Jane Parker
x1542

William
∞ Joyce
Culpepper

Katharina
Howard
x1542
∞ Heinrich VIII

Zeichenerklärung
∞ = verheiratet
† = gestorben
x = hingerichtet